Henri J. M. Nouwen
Ich hörte auf die Stille

Henri J. M. Nouwen

Ich
hörte
auf die
Stille

Sieben Monate
im Trappistenkloster

Herder
Freiburg · Basel · Wien

Aus dem Amerikanischen übersetzt
in der Trappistinnenabtei Maria Frieden
und in der Trappistenabtei Mariawald
Die Originalausgabe erschien unter dem Titel
„The Genesee Diary – Report from a Trappist Monastery"
1976 im Verlag Doubleday & Company, Inc., Garden City, New York
© 1976 Henri J. M. Nouwen

Dreizehnte Auflage

Alle Rechte vorbehalten – Printed in Germany
© Verlag Herder Freiburg im Breisgau 1978
Herstellung: Freiburger Graphische Betriebe 1993
ISBN 3-451-18023-5

Inhalt

Vorwort zur deutschen Übersetzung   7

Einführung 11

Juni: Ein Fremdling im Paradies 15

Juli: Du bist die Herrlichkeit Gottes 46

August: Nixon und der heilige Bernhard 93

September: Bete für die Welt 118

Oktober: Fremde und Freunde 139

November: Viele Heilige, aber ein einziger Herr . . . 155

Dezember: In Stille und Freude warten 175

Nachwort 199

Anmerkungen 202

Allen kontemplativen Männern und Frauen, die sich dem immerwährenden Gebet verschrieben haben und uns inmitten einer Welt voller Verwirrung und Ängste zu Zeichen der Hoffnung werden

Viele Freunde haben mich dazu ermutigt, dieses Tagebuch zu veröffentlichen. Ich möchte Ellie Drury, Louis Dupré, Bob Lifton, Mu-Gak, Eric Olson, Colin Williams, Richard White, Arnold Wolf und Phil Zaeder meinen tiefen Dank für die Zeit und die Aufmerksamkeit aussprechen, die sie den Aufzeichnungen gewidmet haben, aus denen das vorliegende Tagebuch eine Auswahl darstellt. Ohne ihre ermutigenden Worte wäre ich niemals imstande gewesen, allen Ernstes daran zu glauben, daß mein Tagebuch auch über einen engen Freundeskreis hinaus für andere Menschen von Interesse sein könnte.

Ein besonderes Wort des Dankes schulde ich Dorothy Holman, die mich als erste auf den Gedanken gebracht hat, dieses Tagebuch zu veröffentlichen, als sie zu mir sagte: „Von allem, was du bis jetzt geschrieben hast, ist dies das Spontanste und Absichtsloseste. Vielleicht solltest du es gerade deshalb drucken lassen, weil du es geschrieben hast, ohne diese Absicht im Kopf zu haben." Freilich brachte es diese Absichtslosigkeit auch mit sich, daß die Notizen viele sprachliche und stilistische Schwächen aufwiesen. Ich bin Stephen Leahy, Bob Werner und John Mogabgab für die Sorgfalt, mit der sie das Manuskript korrigiert haben, sehr zu Dank verpflichtet.

Schließlich möchte ich auch noch Bob Heller für die Hilfe bei der Herausgabe und Pat Murray Kelly, Cyndy Halverson, Katie Hicks und Claire Mattern für ihren Dienst als Sekretärinnen danken.

Vorwort zur deutschen Übersetzung

An Büchern, die zur Stille und zur Meditation einladen, fehlt es in unseren Tagen nicht. Seltener sind die Bücher, die uns über die Schwelle führen und uns den Raum beschreiben, in den man gelangt, wenn man wirklich dieser Einladung folgt. Henri Nouwen nimmt uns mit auf seine Expedition ins Schweigen und läßt uns an seinen Erfahrungen teilhaben. Er schildert seine Eindrücke, Empfindungen und Reaktionen im Klima eines amerikanischen Trappistenklosters des Jahres 1974.

Die „Methode", nach der er dort geführt wird, ist diejenige des frühen christlichen Mönchtums: „Geh in deine Zelle, bleibe dort, und die Zelle wird dich alles lehren!" In einer vom Schweigen und vom steten Rhythmus des Gebets, der Arbeit und der Lesung geprägten Umgebung wird er sozusagen „aufs Trockene gesetzt"; die üblichen Möglichkeiten der Ablenkung, Zerstreuung und Flucht werden ihm entzogen, und er ist mit sich allein, mit seinen Stimmungen, seinen Gedanken, seinen Fragen. Eine Art innerer Gärungsprozeß setzt ein, der in regelmäßigen, relativ großen Abständen – ungefähr wöchentlich – im Gespräch mit dem geistlichen Leiter überprüft und gedeutet wird.

Henri Nouwen schildert uns in aller Ehrlichkeit und Offenheit diesen inneren Entwicklungsprozeß, der bei ihm stattgefunden hat, seine Konflikte, seine Freuden, seine Tröstungen und seine Schwierigkeiten.

Als die Mönchsväter des 3. und 4. Jahrhunderts in ihre Zellen in der Wüste gegangen sind, um sich darin „belehren" zu lassen, sind sie dort den Dämonen ihrer heidnischen Umgebung begegnet, den Grundfragen und Versuchungen, denen ihre Zeitgenossen ausgesetzt waren. Henri Nouwen geht in seine Zelle in einem Kloster des 20. Jahrhunderts, und er begegnet darin den Problemen und Anfechtungen des Menschen unseres Zeitalters. Und das in einer so typischen, exemplarischen Weise, daß sich jeder Leser ein ganzes Stück weit in ihm wiederfindet. Seine Erfahrungen werden dem Leser zum Spiegel, in dem er sich selbst besser sehen, verstehen und beurteilen kann.

Doch geht es in diesem Buch um mehr als um ein wenig Selbsterfahrung: es geht um die Suche des Menschen von heute nach einem Lebensstil, bei dem das Evangelium ernst genommen und der Glaube nicht nur als Garnierung, sondern als Grundlage des Lebens verstanden wird. Und es geht um die Suche des Menschen von heute nach Gott, nach dem lebendigen Kontakt mit Gott, nach dem Gebet.

Deutschen Lesern, die sich für den Alltag und die Spiritualität eines heutigen Trappistenklosters interessieren, standen bislang nur die Frühwerke des 1968 verstorbenen amerikanischen Trappisten Thomas Merton zur Verfügung, namentlich seine beiden Bücher „Der Berg der sieben Stufen" und „Das Zeichen des Jonas". Sie sind vor rund dreißig Jahren geschrieben worden und seit etlichen Jahren vergriffen. Inzwischen hat der kirchliche Umbruch der letzten beiden Jahrzehnte auch in den Trappistenklöstern manches verändert, und Mertons Schilderungen sind damit in vielen Einzelheiten überholt. Henri Nouwen bietet uns nun zugleich mit seinen tiefgründigen geistlichen Skizzen einen guten Einblick in den Alltag eines Trappistenklosters, das im Sinne des Zweiten Vatikanischen Konzils erneuert worden ist. Bei den Trappisten hat diese Erneuerung bedeutet, sich von manchen allzu starren Formen zu lösen, sich auf die Grundwerte der mönchischen Berufung, namentlich auf die geistlich-mystische Tradition des frühen und des zisterziensischen Mönchtums neu zu besinnen und sich in einer gesunden Weise für die geistigen Strömungen, die Ereignisse und Probleme der Welt von heute zu öffnen. Wo diese Erneuerung ernsthaft in Angriff genommen worden ist, hat sie den Gemeinschaften neue Vitalität und geistliche Dynamik geschenkt. Wesentliches zu dieser geistlichen Erneuerung des Ordens hat Thomas Merton durch seine Schriften beigetragen, und auch in diesem Buch ist sein Einfluß spürbar.

Die Abtei Genesee ist als noch junges Kloster von besonderer Dynamik erfüllt. Sie ist im Frühjahr 1951 gegründet worden, in der Zeit also, in der sich der Trappistenorden in den USA in aufsehenerregend rascher Weise ausgebreitet hat: von 1944 bis 1956 sind dort neun neue Abteien entstanden. Die Gründermönche von Genesee kamen aus der Abtei Gethsemani in Kentucky. Sie bauten im Tal von Geneseo (das ist ein alter indianischer Name) im Norden des Staates New York ein Kloster in einer Art einfachen Bungalow-Stils. Erst 1974, zur Zeit des Aufenthalts von Henri Nouwen, wurde die Kirche errichtet, und der Leser wird dem Autor dieses Buches ziemlich oft beim

Steinesammeln für diesen Bau begegnen. Heute zählt Genesee knapp fünfzig Mönche und ist gerade dabei, ein Tochterkloster in Brasilien zu gründen.

Die wichtigste Rolle neben dem Autor selbst spielt in diesem Buch der Abt von Genesee, John Eudes Bamberger. Jahrgang 1926, ist er nach dem Studium der Medizin und der Psychiatrie als Dr. med. in Gethsemani eingetreten. Nach dem Theologiestudium in Rom wurde er 1956 zum Priester geweiht und hat eine Zeitlang zusammen mit Thomas Merton die Novizen von Gethsemani ausgebildet. 1969 wurde er zum Generalsekretär des Trappistenordens ernannt. Als solcher bereiste er die Klöster des Ordens – heute 86 Männer- und 51 Frauenklöster in allen fünf Erdteilen –, beriet und half bei den Fragen des Umbruchs und der Erneuerung und konnte viele praktische Erfahrungen sammeln. 1971 haben ihn die Mönche von Genesee zu ihrem Abt gewählt.

Henri Nouwen ist in Holland geboren und aufgewachsen, hat dort Theologie studiert und ist 1957 zum Priester geweiht worden. Dann studierte er Psychologie an der Universität Nimwegen und in den USA. Er ist in Amerika geblieben und lehrt derzeit an der Yale Divinity School in New Haven (Connecticut). Er hat bereits mehrere Bücher mit geistlich-psychologischer Thematik veröffentlicht.

Wenn zwei Psychologen miteinander zu tun bekommen, nimmt natürlicherweise die Psychologie einen breiten Raum in ihren Gesprächen ein. Aber in den Unterredungen zwischen Abt John Eudes und Henri Nouwen bleibt es nie beim bloßen Psychologisieren; immer machen sie ihre psychologischen Einsichten fruchtbar für das geistliche Leben, ordnen sie ihrem größeren Anliegen der Gottsuche und des Gebets unter. Nirgends lösen sie den Anspruch des Evangeliums und der Askese des Gebets in reine Psychologie auf, sondern sie läutern und klären mit ihren psychologischen Einsichten die Fragen des geistlichen Lebens. Mit dieser fruchtbaren Verbindung von Psychologie und spiritueller Theologie – einer Verbindung, die auch die frühen Zisterzienser mit den Mitteln ihrer Zeit angestrebt und verwirklicht haben – gelingt es ihnen, dem Gebet und der Askese des heutigen Mönchslebens eine solide, glaubwürdige Grundlage zu schaffen.

Aber weit über den Rahmen eines Trappistenklosters hinaus

kann dieses Buch jedem Christen fruchtbare Impulse und Erfahrungen für sein eigenes Leben des Gebets und der Meditation vermitteln. So möge es dazu beitragen, den von der Gemeinsamen Synode der Bistümer in der Bundesrepublik Deutschland an die kontemplativen Klöster gestellten Auftrag einzulösen, ihren Dienst vor Gott wirksamer in das kirchliche Leben einzubringen und heutigen Christen angemessene Hilfen zum Gebet zu geben.

Abtei Mariawald,
im Herbst 1977 *Br. Bernardin Schellenberger OCSO*

Einführung

Mein Wunsch, sieben Monate in einem Trappistenkloster zu leben, und zwar nicht als Gast, sondern wie ein Mönch, ist nicht über Nacht aufgekommen. Er hat sich nach vielen Jahren ruhelosen Suchens ergeben. Während ich Unterricht gab, Vorlesungen hielt und darüber schrieb, wie wichtig Einsamkeit, innere Freiheit und der Friede des Herzens seien, stolperte ich fortwährend über meine eigenen Zwänge und Illusionen. Was trieb mich eigentlich von einem Buch zum andern, von einem Ort zum andern, von einem Vorhaben zum andern? Was ließ mich über die „Wirklichkeit des Unsichtbaren" denken und reden mit dem Ernst eines Menschen, der tatsächlich alles das, was wirklich ist, gesehen hat? Welche Kraft verkehrte meine Berufung, Zeuge der Liebe Gottes zu sein, in einen ermüdenden Job? Diese Fragen schlichen sich immer und immer wieder in meine wenigen unausgefüllten Augenblicke ein und forderten mich heraus, meinem ruhelosen Ich ins Gesicht zu blicken. Vielleicht redete ich mehr über Gott, als daß ich mit ihm sprach. Vielleicht hielt mich mein Geschreibe über das Gebet ab von einem Leben, das wirklich vom Gebet erfüllt war. Vielleicht kümmerte ich mich mehr um das Lob von Männern und Frauen als um die Liebe Gottes. Vielleicht war ich dabei, langsam ein Gefangener dessen zu werden, was die Leute von mir erwarteten, statt ein Mensch, der durch die Verheißungen Gottes die Freiheit erlangt hat. Vielleicht... Mir standen alle diese Fragen nicht so klar im Bewußtsein, aber ich erkannte jedenfalls, daß ich nur dann zu größerer Klarheit kommen konnte, wenn ich einmal auf Abstand gehen und den unbarmherzigen Fragen erlauben würde, an mich heranzukommen, selbst auf die Gefahr hin, daß sie mich verletzen könnten. Doch es war nicht so leicht, Abstand zu gewinnen. Es war mir gelungen, mich mit so vielem zu umgeben – Schulstunden, die ich vorbereiten, Vorlesungen, die ich halten, Menschen, die ich treffen, Anrufen, die ich tätigen, und Briefen, die ich beantworten mußte –, daß ich nahe daran war zu glauben, ich sei ein unentbehrlicher Mensch.

Als ich meinen Zustand näher betrachtete, wurde mir klar, daß ich mich in einem Spinnennetz seltsamer Widersprüche verfangen hatte. Ich klagte zwar darüber, daß man so viele Forderungen an mich stellte, aber mir wurde unbehaglich zumute, wenn sie einmal ausblieben. Ich jammerte über die Last der Korrespondenz, aber ein leerer Briefkasten machte mich trübsinnig. Ich murrte über die ermüdenden Vortragsreisen, aber ich empfand tiefe Enttäuschung, wenn keine Einladungen kamen. Ich schwärmte voller Heimweh von einem leeren Schreibtisch und fürchtete zugleich den Tag, an dem mein Schreibtisch tatsächlich einmal leer sein würde. Kurz: ich war voll Sehnsucht nach dem Alleinsein und hatte zugleich doch Angst davor, allein gelassen zu werden. Je mehr ich mir dieser Widersprüche bewußt wurde, desto mehr begann ich einzusehen, wie sehr ich in Wirklichkeit in meine eigenen Zwänge und Illusionen verliebt war und wie sehr es mir nottat, auf Abstand zu gehen und der Frage auf den Grund zu kommen: „Gibt es unterhalb des Hin- und Hergewoges von Bestätigt- und Zurückgewiesenwerden in meiner kleinen Welt einen ruhigen, beharrlichen Strom? Gibt es einen Fluchtpunkt, in dem mein Leben verankert ist und von dem aus ich voll Hoffnung und Mut und Zuversicht in die Welt hinausgehen kann?"

Ich erkannte, daß es für mich immer dringlicher wurde, Abstand zu gewinnen, aber ich wußte zugleich, daß ich das niemals allein fertigbringen würde. Anscheinend braucht man für seine lebenswichtigen Entscheidungen und grundlegenden Erfahrungen einen Führer. Den Weg zu „Gott allein" geht ein Mensch selten allein. Für mich war es eigentlich gar keine Frage, daß ich auf eine Führung angewiesen war. Zuerst war mir sehr unklar, was das genau bedeuten sollte. Doch wurde ich durch meine eigenen Reisen auf den Straßen der Vereinigten Staaten, wie auch auf den Pfaden des geistlichen Suchens, allmählich auf eine Antwort vorbereitet.

Vor etwa zehn Jahren kehrte ich auf einer langen Fahrt von Miami nach Topeka in der Trappistenabtei Gethsemani in Kentucky ein, in der Hoffnung, dort jemanden zu finden, mit dem ich über meine Fragen sprechen könnte. Als der Gastpater hörte, daß ich Psychologie studiert hatte und in Kürze unter die Lehrkräfte einer psychologischen Fakultät aufgenommen würde, sagte er mit einem vergnügten Augenzwinkern: „Wir Trappisten haben auch einen Psychologen! Ich will ihn bitten, Sie zu besuchen." Wenig später betrat Pater John Eudes Bamberger das Gästezimmer. Sehr bald wußte ich, daß ich einer seltenen und sehr überzeugenden Persönlichkeit begegnet war. John Eudes hörte mir aufmerksam und interessiert zu, zugleich jedoch verriet er eine tiefe eigene Überzeugung und eine klare Sicht der Dinge. Er widmete mir viel Zeit und Aufmerksamkeit, erlaubte mir aber nicht, auch nur eine Minute zu vergeuden. Er ließ mir völlige Freiheit, meine Gefühle und Gedanken zum Ausdruck zu bringen, zögerte aber auch nicht, seine eigenen Empfindungen darzulegen. Er bot mir den Spielraum, meine Wahlmöglichkeiten abzuwägen und Entscheidungen zu treffen, hielt aber dabei nicht mit seiner Meinung hinter dem Berg, daß bestimmte Wahlmöglichkeiten und Entscheidungen besser seien als andere. Er ließ mich meinen eigenen Weg finden, ohne dabei die Landkarte zu verstecken, die die rechte Richtung zeigte. In unserem Gespräch erwies sich John Eudes nicht nur als guter Zuhörer, sondern auch als geistlicher Führer. Ich brauchte nicht lange, um mir darüber im klaren zu sein, daß dies der Mann war, den ich so nötig hatte.

John Eudes' Werdegang, in dem sowohl die Psychologie als auch die Theologie eine wichtige Rolle gespielt haben, erwies so viele Ähnlichkeiten mit meiner eigenen Entwicklung, daß ich das lebhafte Gefühl bekam, bei unserer Begegnung sei die Führung Gottes im Spiel gewesen. Seine medizinische und psychiatrische Ausbildung, sein theologisches Studium und seine monastische Formung sowie die weitreichenden Erfahrungen von seiner Dienstzeit bei der US-Marine bis zu seinen Aufgaben als Krankenwärter und Novizenmeister schienen mir viele meiner eigenen Unternehmungen, Bestrebungen und Traumvorstellungen widerzuspiegeln.

Diese ungewöhnliche Kombination von Verschiedenheiten und Ähnlichkeiten bot den günstigen Nährboden, auf dem eine geistliche Führung wachsen und weiterwachsen konnte. Kein Wunder also, daß ich während meiner vielen weiteren Besuche in Gethsemani John Eudes nicht nur als einen sehr einsichtsvollen, sondern auch als einen sehr mitfühlenden geistlichen Führer kennenlernte.

Ich war dann drei Jahre in Europa und hatte in dieser Zeit nur sehr wenig Kontakt mit John Eudes. Dann hörte ich, er sei zum Abt der Abtei Genesee im Norden des Staates New York gewählt worden. Mein erster Besuch dort brachte mich auf den Gedanken, daß ich vielleicht in naher Zukunft einmal aus meiner Arbeit ausbrechen, meine Zwänge und Illusionen erforschen und als „Mönch auf Zeit" unter der regelrechten Führung von John Eudes leben könnte. Ich erinnere mich lebhaft, mit welchem Zögern ich diese Idee vorbrachte. Ich war mir der Ungewöhnlichkeit meines Wunsches, ein Trappist auf Zeit zu werden, so sehr bewußt, daß ich als Antwort nicht viel mehr als ein Lächeln erwartete, das besagte: „Wir treten hier auf Lebenszeit ein, nicht für eine Sabbatzeit." Aber das Nein, das ich erwartet hatte, blieb aus. John Eudes zeigte Verständnis für diese Idee und sagte: „Obwohl unsere Mönchsgemeinschaft keine Mitglieder auf Zeit aufnimmt, will ich doch über Ihren Wunsch nachdenken, ihn mit den Mönchen besprechen und sehen, ob wir eine Ausnahme machen können." Ein halbes Jahr später kam ein Brief mit der guten Nachricht, ich sei „hereingewählt" worden und könne kommen, sobald es mir möglich sei. Schließlich flog ich am 1. Juni 1974, nach einer großen Aufräumaktion auf meinem Schreibtisch, nach Rochester im Staat New York, um sieben Monate lang als Trappistenmönch zu leben; und an Pfingsten, dem 2. Juni, begann ich die Aufzeichnungen, die in diesem Tagebuch ihre endgültige Form gefunden haben.

JUNI *Ein Fremdling im Paradies*

Sonntag, 2. Juni

Gott sei Dank, daß ich hier bin! Als Walter mich gestern abend am Flughafen in Rochester abholte und mich durch das dunkel werdende Genesee-Tal zum Trappistenkloster fuhr, empfand ich tiefe Dankbarkeit. Ich wußte, es war eine gute Entscheidung gewesen, mein Leben für sieben Monate zu unterbrechen und mich den dreißig Mönchen anzuschließen, die mich bei meinem Besuch vor drei Jahren so tief beeindruckt hatten.

Als wir an die Gebäude heranfuhren, war der flammendrote Himmel schwarz geworden. Walter zeigte mir mein Zimmer in der Mitte eines schmalen Ganges, an dem die Zellen der Mönche liegen. Es war still ... Der Abt, John Eudes, hatte mir durch Walter eine Karte geschickt, um mich willkommen zu heißen, und auf meinem Tisch fand ich eine freundliche Notiz vom Prior, Pater Stephan, auf der er mir mitteilte, das Frühstück stehe zwischen 3 und 5 Uhr auf dem Tisch. Im Dunkeln fand ich die Kapelle und betete.

Wieviel Grund zu danken, wieviel Grund zu bitten: Gott möge mein Herz zu sich bekehren und mir durch seine Liebe zur Freiheit verhelfen! Sieben Monate: Das einzige, was ich beim Gedanken daran empfinde, ist, dies werde zu kurz sein, zu sehr „auf Zeit", zu sehr ein Experiment. Doch heute ist Pfingsten, und Weihnachten ist noch weit.

In meine „Zelle" zurückgekehrt, packte ich meinen Koffer aus und war überrascht, welche Auswahl von Büchern ich mitzunehmen beschlossen hatte: eine spanische Bibel, die Werke des heiligen Johannes vom Kreuz, eine Geschichte der Vereinigten Staaten, ein Buch über Wildpflanzen und den Roman „Zen und die Kunst, ein Motorrad zu warten". Vielleicht ist diese Zusammenstellung ein Ausdruck meiner unbewußten Angst, mich könnte in einem Trappistenkloster die Langeweile überkommen.

Montag, 3. Juni

Ich habe Bruder Elias kennengelernt, den Einsiedler der Abtei. Bruder Christian, der Koch, mit dem ich schon bei einem früheren Besuch Freundschaft geschlossen hatte, hat mir den Weg durch die Wälder gezeigt und mich diesem bemerkenswerten Mann vorgestellt. In den zwanzig Minuten, die wir miteinander sprachen, sagte mir Elias praktisch alles, was für mich wichtig war. Er sagte, jeder Wetterumschwung in diesem oft rauhen Klima sei gut – guuuut sagte er –, weil das die Sehnsucht nach Gott vertiefe. Wie die Stürme in ihm den Wunsch nach einer sanften Brise weckten, die Wolken den Wunsch nach der Sonne und die Trockenheit den Wunsch nach Regengüssen, so lerne auch sein Herz, nach Gott zu verlangen und nichts als selbstverständlich hinzunehmen. „Was diesen Teil des Landes auszeichnet", meinte er, „ist der Umstand, daß er den Menschen erkennen läßt, wie sehr alle guten Dinge eine Gabe Gottes sind. Wenn die Sonne immer scheint, dann vergißt man, daß sie ein Geschenk Gottes ist, und man beachtet sie nicht mehr." Während er das sagte, schien sein kleines, rundes, bärtiges Antlitz mit den fröhlichen Augen ganz durchsichtig zu werden.

Seine Unmittelbarkeit und Einfachheit waren bezaubernd. Als er von seiner Liebe zu Gott sprach, meinte er: „Wenn ich so voller Jubel über Gott bin, dann fühle ich die Versuchung, hinauszugehen und allen Menschen von ihm zu erzählen – aber das sollte ich nicht tun – ich soll hier bleiben und beten." Und er blickte mir mit seinen großen Augen geradewegs ins Gesicht und fügte hinzu: „Machen Sie sich keine Sorgen, wie Sie über Gott sprechen sollen. Wenn Sie ihm erlauben, in Ihr Herz einzukehren, dann wird er Ihnen auch die rechten Worte schenken."

Es war nötig, daß ich das gesagt bekam, denn tatsächlich machte ich mir immer noch Sorgen darüber, daß ich zuwenig Zeit zum Studieren und Lesen haben würde, und ich mußte an die Kurse denken, die ich nach Ablauf meiner Zeit hier würde halten müssen. War es wirklich klug, meine Arbeit um dieses einfachen Lebens willen zu unterbrechen? Wie könnte mir das helfen, ein besserer Lehrer zu werden? Ich wußte, diese Fragen waren falsch. Ich wußte, daß die Theologie aus dem Gebet herauswachsen mußte – doch es war notwendig, daß mir Bruder Elias das noch einmal sagte, damit ich es nicht vergäße.

Wir sprachen auch über Thomas Merton. Elias brachte es fertig, seine Kritik in Form eines Kompliments anzubringen: „Er war ein guter Schriftsteller – seine Bücher sind sehr gut; für das bißchen Einsamkeit, das er hatte, hat er sehr gut darüber gesprochen." Ich wußte, wie recht er hatte. Mertons tiefe Sehnsucht nach der Einsamkeit hatte in dauernder Spannung zu seinem geselligen Wesen gestanden. Er hat immer viele Menschen um sich gehabt, wenn nicht körperlich, so durch Briefe und Bücher. Und er war dabei in seinem Element. Doch bis in die letzten Tage seines Lebens träumte er noch immer von einer Einsiedelei, in der er mit Gott allein sein könnte. Während seiner Reisen durch Indien schrieb er von der Möglichkeit einer Einsiedelei in Alaska. Gerade die Spannung zwischen dem großen Verlangen nach Einsamkeit und seinem tiefen Mit-Leiden mit so vielen Menschen hat Merton zu dem Schriftsteller gemacht, der er geworden ist. Und Bruder Elias wußte das.

Bruder Elias zeigte uns seine paar Gemüsestauden und erklärte, er brauche kein Wasser zu trinken, weil in den Gemüsesorten, die er esse, genügend Flüssigkeit sei. Ich fragte ihn nach seiner Lebensweise. Er sagte: „Ich stehe um 2 Uhr auf, mache die Gymnastikübungen der kanadischen Armee, um meine Muskeln zu stärken, und dann übe ich Yoga." Während der Nachtstunden betet er und kümmert sich um seine verschiedenen Bedürfnisse – geringe, aber echte Bedürfnisse: Kleidung, Nahrung, Instandhaltung seiner kleinen Hütte. Am frühen Morgen verläßt er die Einsiedelei und geht zu seiner Schreinerwerkstatt, um die Einrichtung für die neue Kirche zu tischlern. Am Nachmittag studiert und meditiert er. Gegen 7 Uhr geht er zu Bett, um am nächsten Morgen frisch gestärkt aufstehen zu können.

Wir besichtigten seine kleine Eremitage. Sie besteht aus einem einzigen Raum, in dem ein Winkel als kleine Kapelle abgeteilt ist. Zwei Tische voller Bücher, ein Klappbett an der Wand und eine kleine Matte für seine Yoga-Übungen. Er zeigte uns alles voll Freude. Er bat mich um meinen Segen, sagte, wie sehr es ihn gefreut habe, mich kennenzulernen, und winkte uns lange nach, als wir wieder weggingen.

Dienstag, 4. Juni

Heute war „hermit day", „Wüstentag". Das bedeutet, daß man von 6 bis 16.30 Uhr frei hat und tun kann, was man will. Es war ein guter Tag für mich. Nach einem Spaziergang durch die feuchten Felder schlief ich fast den ganzen Morgen. Mein

Schlaf war tief und schwer, wie schon die ganze Zeit, seit ich hier bin. Ich habe anscheinend viele „Doppelträume": Träume über das Träumen, Träume über das Aufwachen, Träume über das Einschlafen und so weiter. Ich muß sehr müde sein, aber ich scheine aufzuholen. Nichts Überraschendes.

Das ständige Schweigen ist für mich eine wirklich heilsame Erfahrung. Die Mönche verständigen sich hauptsächlich durch die Zeichensprache. Nur wenn die Sache für ihre Finger zu kompliziert wird, bitten sie einander in die für das notwendige Sprechen reservierten Räume.

Es hat mir Spaß gemacht, das Mittagessen selbst zuzubereiten. Beim Versuch, ein bißchen Wasser zum Kochen zu bringen, verbrannte ich mir den Daumen. John Eudes bemerkte, wie ich versuchte, trotz meiner schmerzenden Hand das Schweigen zu wahren, und er hieß mich den Finger in die Butter stecken. Das tat ich, und der Schmerz war bald vergangen.

Mittwoch, 5. Juni

Nach den Laudes – dem gemeinsamen Morgengebet um 5 Uhr – stellte mich Bruder Anthony in der Bäckerei ans Fließband mit dem heißen Brot. Mit einer Art großer Baseball-Handschuhe packte ich die heißen Brote – erst braunes, dann weißes, dann Rosinenbrot – und setzte sie auf fahrbare Regale, die dann in den Kühlraum geschoben wurden. Der gutmütige Bruder Christian tat dasselbe, und wenn er dabei ist, sieht alles gleich viel leichter aus. Als ich diese Hunderte von Broten auf mich zukommen sah, erfaßte mich Panik. Bruder Christian lächelte und nahm ein paar von „meinen Laiben", als er bemerkte, daß ich nicht nachkam.

Ich meditierte dazu über den Satz: „Im Schweiße deines Angesichts sollst du dein Brot essen" (Gen 3, 19). Nie in meinem Leben hatte ich die Verbindung von Brot und Schweiß intensiver erlebt.

Hatte ein gutes Gespräch mit John Eudes. Ich habe ihm gesagt, wie sehr ich bis jetzt meinen Aufenthalt hier genoß, wie gern ich die Kommunität mochte und wie sehr mir diese ganze Erfahrung als ein Luxus erschien. Nicht nur, daß er das nicht leugnete – er sagte im Gegenteil, daß dies ja gerade die Absicht sei. Das monastische Leben sollte lebenslange Ferien schaffen!

„Das kann man nicht als einzelner. Darum schließen wir uns zu Gemeinschaften zusammen, und wir erfahren das ganze Leben als ein Geschenk Gottes. Darum stehen der Lobpreis und die Anbetung so sehr im Mittelpunkt – der Lobpreis für die Gaben Gottes." Ich wandte vorsichtig ein, daß ich das vielleicht nach einigen Monaten anders empfinden und daß es vielleicht mehr Spannungen geben würde, als ich vorausgesehen hätte. Aber er sagte: „Nein, nein, Sie werden dieses Leben um so lieber mögen, je länger Sie hier sind. Die Zisterzienser haben das Kloster immer als ein kleines Paradies auf Erden betrachtet. Lesen Sie den heiligen Bernhard!" Offen gesagt, eine so starke Bestätigung meiner Aussage, daß ich mich wohl fühlte, hatte ich nicht erwartet, aber ich war um so dankbarer dafür. Die restliche Zeit sprachen wir von Büchern über die Spiritualität der Wüstenväter (den Hesychasmus). John Eudes wird für ein tieferes Eindringen in diese Tradition ein guter Führer sein. Er machte mir sehr hilfreiche Vorschläge; wir gingen in die Bibliothek und suchten für den Anfang einige Bücher aus.

Donnerstag, 6. Juni

Das war ein ausgefüllter Arbeitstag! Ich habe am Heißen-Brot-Fließband gearbeitet, zusammen mit Bruder James, dem Postulanten, der auf eine so fromme Weise im Chor sitzt, daß man glaubt, jeden Augenblick müsse ihm der Kopf herunterfallen. Ein feiner Mensch. Sohn eines Milchviehbauern in Rochester. In der Pause zwischen dem weißen und dem braunen Brot hat er mir erzählt, sein Vater bewirtschafte den Hof nicht weiter, sondern wünsche, daß ihn einer seiner Söhne übernehme. James hat es für eine Weile getan; dann ist er vor vier Monaten bei den Trappisten eingetreten. Jetzt versucht es einer seiner Brüder. Er sagte, er habe genug Brüder, aber keiner scheine bereit, den Hof zu übernehmen. Als nach zweistündiger Arbeit das herrlich duftende Rosinenbrot das Förderband herabkam, drehte James sich um, schaute mich an und sagte, übers ganze Gesicht strahlend: „Wenn ich hier fertig bin, könnte ich einen ganzen Laib davon aufessen!"

Am Nachmittag habe ich mit Bruder Brian gearbeitet. Er hat die Gemeinschaft von Oxford in Nord-Carolina[1] verlassen und hofft nun, in Genesee bleiben zu können. Wir verstauten eine

Ladung Bauholz im Speicher des Waschhauses. Es war sorgfältig bearbeitete Eiche für den Fußboden der neuen Kirche.

Als ich meinte, ich hätte genug gearbeitet, bat mich Anthony, schwere Betonblöcke auf den Lastwagen zu packen und auf einem Müllplatz in den Wäldern abzuladen. Ich machte zwei Fahrten und hörte dann auf. Anthony hatte von dieser Arbeit wie von einer kleinen Gefälligkeit gesprochen. Nach der zweiten Fahrt, bei der ich beinahe einen Bruch gebaut hätte, erklärte ich Anthony, daß ich wahrscheinlich so um Weihnachten herum zu dieser Aufgabe fähig sein würde. Er lächelte.

Ich habe im Laufe des heutigen Tages viel über einen Abschnitt aus dem Roman „Zen und die Kunst, ein Motorrad zu warten" nachgedacht. Pirsig trifft darin eine Unterscheidung zwischen selbstsüchtigem und selbstlosem Klettern beim Bergsteigen. Das scheint ein für mich sehr bedeutsamer Abschnitt zu sein, wert, ihn hier zu zitieren. Pirsig versucht darin zu erklären, warum sein elfjähriger Sohn Chris keine Freude an einer Zeltfahrt den Kamm einer tiefen Bergschlucht entlang hatte; er schreibt: „Dem ungeübten Beobachter erscheinen vielleicht ichbezogenes Bergsteigen und ichloses Bergsteigen als ein und dasselbe. Obwohl grundverschieden, setzen beide Bergsteiger einen Fuß vor den andern. Beide atmen im selben Rhythmus ein und aus. Beide machen Rast, wenn sie müde sind. Beide gehen weiter, wenn sie sich ausgeruht haben. Aber welch ein Unterschied! Der ichbezogene Bergsteiger ist wie ein falsch eingestelltes Gerät. Er setzt seinen Fuß einen Augenblick zu früh oder zu spät auf. Er übersieht wahrscheinlich, wie schön das Sonnenlicht in den Bäumen spielt. Er geht immer noch weiter, wenn die Unsicherheit seiner Schritte schon anzeigt, daß er müde ist. Er macht zu wahllosen Zeiten Rast. Er schaut den Weg hinauf, um zu sehen, was ihn erwartet, auch wenn er es schon weiß, weil er eine Sekunde zuvor schon einmal hinaufgeschaut hat. Er geht zu schnell oder zu langsam für die herrschenden Bedingungen, und wenn er redet, spricht er unweigerlich von anderswo, von etwas anderem. Er ist hier und ist doch nicht hier. Er lehnt sich auf gegen das Hier, ist unzufrieden damit, möchte schon weiter oben sein, doch wenn er dann oben ist, ist er genauso unzufrieden, weil eben jetzt der Gipfel das ‚Hier' ist. Worauf er aus ist, was er haben will, umgibt ihn auf allen Seiten, aber das will er nicht, *weil* es ihn auf allen Seiten umgibt. Jeder Schritt ist eine Anstrengung, körperlich wie geistig-seelisch, weil er sich sein Ziel als äußerlich und weit weg vorstellt."[2]

Pirsig scheint mich und mein Problem zu beschreiben. Ich bin ins Kloster gekommen, weil ich lernen wollte, in der Gegenwart Gottes zu leben, ihn hier und jetzt zu verkosten. Aber ich bin mit so viel „ichbezogenem Bergsteigen" beschäftigt! Ich habe so viele Ideen, über die ich schreiben, so viele Bücher, die ich lesen, so viele Fertigkeiten, die ich erwerben möchte – die Motorradpflege gehört mittlerweile auch dazu –, und so viele Dinge, die ich jetzt oder später anderen sagen möchte, daß ich einfach nicht *sehe,* wie Gott rings um mich ist. Ich will immer sehen, was vor mir liegt, und ich übersehe ihn, der mir so nahe ist. Vom ichbezogenen zum ichfreien Bergsteigen – das scheint mir ein guter Vorsatz für meine Zeit der Einkehr zu sein. Aber der Weg ist lang, und der Berg ist hoch.

Vielleicht ist es notwendig, daß ich erst einmal steckenbleibe, um das zu lernen. Ich kann nicht ohne weiteres aus meinem ichbezogenen Bergsteigen ein ichfreies Bergsteigen machen. An einer anderen Stelle seines Buches schreibt Pirsig: „Man sollte das Festsitzen nicht zu vermeiden suchen. Es ist der psychische Vorläufer jedes echten Verstehens. Die ichlose Hinnahme des Festsitzens ist ein Schlüssel zum Verstehen jeglicher Qualität, in der Mechanikerarbeit ebenso wie in allen anderen Bereichen menschlichen Strebens."[3] Das scheint mir ein sehr wichtiger Gedanke zu sein. Gott möge mir helfen, wenn ich festsitze! Bisher war alles so schön, so reich, so voller Freude. Ich möchte nur einfach „Danke" sagen.

Nun werde ich wohl besser versuchen, noch etwas zu schlafen. Zwei Uhr ist immer noch ein bißchen früh für mich.

Freitag, 7. Juni

Christian hat mir eine mönchische Ausstattung verschafft. Er hat mich mit in die Schneiderei genommen, und es gab etlichen Spaß, bis wir uns entschieden hatten, wie lang mein Frack werden sollte. Ich wollte ihn kürzer als er, aber schließlich einigten wir uns auf „kurz und dezent".

In einem Habit fühlt man sich ganz wohl. Ein Kittel mit angenähter Kapuze, dunkelgraue Hosen und ein Ledergürtel. Jetzt fühle ich mich eher als Teil der Gemeinschaft. Etliche schmunzelten und machten in der Zeichensprache ihre Bemerkungen. Die Leute scheinen den „Instant-Mönch", den „Mönch-im-Handumdrehen", ganz sympathisch zu finden. Heute morgen hat mir Christian einen Zettel ins Fach gesteckt: „Sie sehen in Ihrem monastischen Habit ausgezeichnet aus, und Sie halten sich, was die Anpassung ans Mönchsleben angeht, allgemein sehr gut. – Beste Wünsche für weiteren Erfolg!" Das ist ein ermutigender Zettel. Mittlerweile fühle ich mich wie ein etwas zu groß geratener Zwerg aus Schneewittchens Hofstaat.

Seit einigen Tagen lese ich die Berichte über die verschiedenen Abteien, die auf dem Generalkapitel in Rom letzten Monat zur Diskussion gestanden haben. Sie berichten vom Leben in den Trappistenkommunitäten auf der ganzen Welt, fassen die Schwierigkeiten zusammen und machen einige Vorschläge. Da ich einige Abteien kenne, habe ich die Berichte über diese Häuser mit besonderer Aufmerksamkeit gelesen. Obwohl aus allen ein sehr sympathischer, im ganzen positiver Ton sprach, war doch Kritik nicht vermieden. Drei Aspekte tauchen immer wieder auf und beeindrucken mich besonders: die entscheidende Rolle des Abtes (von seinen Führungsqualitäten scheint viel vom Klima in einem kontemplativen Kloster abzuhängen); der Kampf um die Armut (manche Klöster sind ziemlich reich geworden, und das ist eine ständige Bedrohung fürs geistliche Leben); das Problem der geistlichen Lesung („freie Zeit" gut zu nutzen ist nicht so leicht, wie man meinen möchte, und nicht immer ist die notwendige geistliche und intellektuelle Bildung und Formung dafür da). Ganz allgemein scheint ein großes Bedürfnis nach geistlicher Führung zu bestehen.

Nachmittags habe ich mit Bruder Brian im Bett des Salt Creek gearbeitet. Wir suchten Granitsteine für die neue Kirche. Keine leichte Aufgabe, Sandstein von Granit zu unterscheiden, weil viele Steine mit Kalk überzogen sind, so daß sie am Anfang alle gleich aussehen. Aber langsam habe ich dank der diagnostischen Hilfe des stillen Brian ein Gefühl dafür bekommen.

Den ganzen Nachmittag habe ich mit der alten Frage gekämpft: Warum macht mir die Arbeit keine rechte Freude, und warum will ich lieber zurück an meine Bücher, um über das geistliche Leben zu lesen? Ist das Steinesammeln im Bachbett nicht das bestmögliche geistliche Leben? Warum möchte ich immer *über* das geistliche Leben lesen, statt es wirklich zu leben? Brian war so still und zufrieden, und ich war so ruhelos und ungeduldig. Ich sagte fortwährend zu mir selbst: „Entspann dich einfach, und hab Freude an dem, was du tust." Nach einer Weile fühlte ich mich wohler. Ich fand ein paar lustig aussehende Steine, machte mit Brian Späße darüber, daß wir Gold finden (und die Bäckerei zumachen!) würden, und als ich heimging, war mir besser zumute.

Samstag, 8. Juni

Heute morgen bekam ich meine Finger in die Rosinen. Bruder Theodor, der Bäckerei-Chef, hat mich gebeten, vierzig Kartons Rosinen zu waschen. Man mußte sie auf eine Art Rost ausleeren. Dann mußte man die Blöcke gepreßter Rosinen mit der Hand zerbröseln und sanft durch den Rost schieben. Theodor stand am anderen Ende und paßte auf, ob auch alles nur Rosinen waren, was da herauskam. Offenbar wollte er vermeiden, daß die Leute Holz, Papier oder Steine in ihr Brot bekamen.

In den letzten paar Tagen habe ich mich mit Pater John angefreundet, einem der Pioniermönche. 1951 ist er von Gethsemani gekommen, um die Fundamente für dieses Kloster zu legen. Pater John ist ein großer Naturliebhaber und ein echter Vogelfachmann. Heute morgen um 10 Uhr nahm er mich mit zu einer, wie er es nannte, „ersten Unterrichtsstunde im Vogel-Beobachten". Es wurde schließlich mehr eine Vogel-Hörstunde, da wir nur wenige Vögel sahen, aber viele hörten. Ich war sehr beeindruckt, wie scharf Pater Johns Ohr die Laute unterschied. Es muß viel Freude machen, wenn man durch die Wälder gehen und alle Laute erkennen und so gewissermaßen ein Zwiegespräch mit der Natur führen kann. Ich hörte noch nicht einmal den Unterschied zwischen dem Keckern der Eichhörnchen und dem Schwatzen der Vögel. Ich muß also eine Menge über Rotkehlchen, Grasmücken, Golddrosseln und Spatzen lernen. Die Krähen und der rotbäuchige Specht (bei dem nicht der Bauch, sondern die Kappe rot ist) waren am leichtesten zu erkennen. Aber ich hörte auch die Spottdrossel und den Kiebitz. Und auf dem Heimweg sah ich ein paar Rauchschwalben hoch in der Luft spielen. Unterdessen wurde ich von den Mücken zerstochen.

Die Geschichte der Bäckerei ist des Erzählens wert. Alles hat mit Bruder Sylvester angefangen. Vor vielen Jahren hat er begonnen, Brot für die Mönche zu backen und dabei seine Erfahrungen von der Marine auszunützen. Er hat sein altes Marine-Rezept genommen und ein bißchen abgewandelt. Er erklärte: „Da wir keine Butter aufs Brot streichen durften, versuchte ich ein Brot zu backen, das auch ohne Butter schmeckt. Die Gäste, die ins Kloster kamen, machten so viele lobende Bemerkungen, daß ich anfing, ein paar Laibe extra zu backen." Nun gut, bald begannen sich die Bestellungen zu häufen, und die Mönche rochen nicht nur das Brot, sondern auch das Geschäft. Bruder Sylvester ließ sein Rezept patentieren. Man kaufte ein paar Maschinen, und bald war das „Mönchsbrot" eine wohlbekannte Feinkostsorte im Norden des Staates New York. Heute kommen an drei Tagen pro Woche ungefähr 15 000 Laibe von den Förderbändern. Sylvester arbeitet an der Brotschneidemaschine und verbringt den Rest seiner Arbeitszeit als Pförtner und Schuster. Von Zeit zu Zeit heftet er Zettel ans Schwarze Brett, wie zum Beispiel diesen: „Ich werde keine Schuhe mehr reparieren, wenn man den Dreck nicht abputzt, bevor man sie zu mir bringt!" Sylvester ist ein echter Mönch und sehr demütig. Für Unsinn ist er nicht zu haben.

Ich sollte wohl besser anfangen, ein wenig mehr über meine Einstellung zur Arbeit nachzudenken. Wenn ich diese Woche überhaupt etwas gelernt habe, dann dies: es gibt eine kontemplative Weise zu arbeiten, die für mich wichtiger ist als Beten, Lesen und Singen. Die meisten Menschen glauben, man gehe ins Kloster, um zu beten. Nun, ich habe diese Woche zwar mehr gebetet als früher, aber ich habe auch entdeckt, daß ich noch nicht gelernt habe, meiner Hände Arbeit zum Gebet zu machen.

Sonntag, 9. Juni
Nach den Laudes hat John Eudes eine Ansprache über die Heilige Dreifaltigkeit gehalten. Er sprach klar, kurz und bündig, mystisch und – äußerst praktisch. Von dem, was er sagte, beein-

druckte mich am meisten der einfache Gedanke, daß der Lobpreis Gottes der Maßstab des benediktinischen Lebens schlechthin sei. Er sagte: „Sogar der Verkaufspreis für unsere Erzeugnisse und der Gebrauch, den wir von unserem Geld machen, sollte vom Lobpreis der geheimnisvollen Gegenwart Gottes in unserem Leben bestimmt sein." Das traf mich sehr, denn ich fing gerade an, mir klar darüber zu werden, wie sehr mein eigenes Leben von egoistischer Ruhmsucht motiviert ist. Auch daß ich ins Kloster gegangen war, konnte eine Form der Suche nach Selbstbestätigung sein. Meine Schwierigkeit mit der Arbeit hängt offensichtlich mit meiner Neigung zusammen, körperliche Arbeit bloß als eine notwendige Verpflichtung anzusehen, mit der ich mir freie Stunden für meine eigene Arbeit erkaufe. Selbst wenn diese Arbeit geistlich zu sein scheint, wie zum Beispiel das Lesen über das Gebet, sehe ich darin doch oft eher eine Gelegenheit, mir interessante Aufzeichnungen für künftige Vorlesungen oder Bücher zu machen, als daß ich sie als eine Möglichkeit, Gott zu loben, betrachte. Ich erinnere mich lebhaft, wie ich in der Oberschule bei den Jesuiten fast über jede Seite „A.M.D.G." schreiben mußte: „Ad majorem Dei gloriam – Zur größeren Ehre Gottes", aber nun bin ich überwältigt von der Einsicht, wie wenig davon in den vierundzwanzig Jahren seit der Oberschule wahr geworden ist.

Und doch weiß ich: wenn ich für die Ehre Gottes leben würde, dann würde dadurch alles anders. Selbst das Für-einander-Leben wäre dann ein Leben für die Ehre Gottes. Es ist die Ehre, die Herrlichkeit Gottes, was in einer von Liebe erfüllten Gemeinschaft sichtbar wird. Das klingt fromm und süßlich. Aber als John Eudes sagte: „Wir lernen einander so gut kennen, daß wir uns gegenseitig für selbstverständlich halten und vergessen, uns klarzumachen, daß wir mehr sind als bloß unser Charakter", da wurden mir die gewaltigen Konsequenzen bewußt, die ein Leben zur Ehre Gottes mit sich bringt. Wenn wir tatsächlich am Leben Gottes teilhaben, werden wir immer mehr entdecken, daß in jedem von uns sein Geheimnis verborgen ist. John Eudes beschrieb den Himmel als eine ständig fortschreitende Entdeckung dieses Geheimnisses Gottes, das sich dadurch erschließt, daß wir mit Gott und miteinander in innigster Gemeinschaft leben. Das christliche Leben auf Erden ist einfach der Beginn dieser himmlischen Daseinsweise.

Montag, 10. Juni

Das war ein sehr guter Tag, besonders deshalb, weil ich nicht so sehr vom Gedanken an „Zeit für mich" in Anspruch genommen war und wirklich Freude an der Arbeit hatte. Während ich an der Brotschneidemaschine arbeitete, sprach ich das Jesus-Gebet „Herr Jesus Christus, erbarme dich meiner", meditierte über die Frage, warum wohl die Leute ihr Brot in Scheiben geschnitten haben wollten, anstatt es selbst zu schneiden, und lernte von Bruder John Baptist ein paar technische Kniffe für den Fall, daß das Brot falsch geschnitten wird und als unförmige Masse aus der Maschine kommt. Zweimal drückte ich auf den Alarmknopf, als das Brot sich für die Plastiktüten als zu hoch erwies und herumzufliegen begann. Wenigstens anfangsweise etwas Einsicht.

Dienstag, 11. Juni

Heute ist der Gedenktag des Apostels Barnabas. Es war mir nie bewußt gewesen, daß das Wort „Barnabas" „Sohn des Trostes" heißt. In den Vigilien[4] hatten wir einen wunderbaren Hymnus und auch eine Lesung von John Henry Newman über den Trost. Barnabas wurde als ein sehr gütiger und liebevoll umsichtiger Mann beschrieben.

Nixon hat seine Reise in den Mittleren Osten angetreten. Alle Zeitungen schreiben von seinen Versuchen, die Aufmerksamkeit von seinen Schwierigkeiten mit Watergate abzulenken. Dennoch scheint das Mißtrauensvotum im Senat immer wahrscheinlicher zu werden. Ich wundere mich noch immer über meine Reaktion darauf. Sollte ich nicht für ihn beten, statt nur auf eine sensationelle Mißtrauenserklärung im Parlament zu hoffen? Er sagt mir in mancherlei Hinsicht, woran ich selbst mich hänge und wie gefährlich meine eigenen Spielereien mit der Macht sind.

Donnerstag, 13. Juni

Heute nachmittag habe ich einige Stunden allein im Bach gearbeitet. Ich schleppte schwere Granitbrocken ans Ufer und schichtete sie auf. Währenddessen wurde mir deutlich, wie schwierig die „nepsis", die Wachsamkeit des Herzens oder Kontrolle der Gedanken, wirklich ist, von der ich heute morgen etwas gelesen hatte. Nicht nur, daß meine Gedanken in alle Richtungen wanderten; sie begannen auch noch, viele negative Gefühle auszubrüten, Gefühle der Feindseligkeit gegenüber Leuten, die mir nicht die gewünschte Aufmerksamkeit geschenkt hatten, Gefühle der Eifersucht gegenüber solchen, die mehr empfingen als ich, Gefühle des Selbstmitleids im Hinblick auf Menschen, die mir nicht geschrieben hatten, und viele Gefühle des Bedauerns und der Schuld gegenüber Menschen, zu denen meine Beziehungen gespannt waren. Während ich mit dem Brecheisen stemmte und zog, stemmten und zogen alle diese Gedanken an mir herum, und ich schaute oft auf zur Flußbiegung, ob Brian nicht käme, mir Gesellschaft zu leisten und mir zu helfen, diese Gedanken zu beruhigen.

Meine Lesung über die Spiritualität der Wüste hat mir die Wichtigkeit der „nepsis" zu Bewußtsein gebracht. Nepsis meint geistige Nüchternheit, geistliche Aufmerksamkeit auf Gott, Wachsamkeit, die die bösen Gedanken fernhält und freien Raum schafft für das Gebet. Während ich an den Steinen arbeitete, wiederholte ich mir einige Male die berühmten Worte der alten Wüstenväter: „fuge, tace, quiesce – „fliehe, schweige, werde still". Doch allein Gott weiß, wie weit ich davon entfernt bin – nicht nur von dieser Wirklichkeit, sondern sogar vom Verlangen danach.

Hin und wieder fluchte ich, wenn ein Felsbrocken zu schwer zum Schleppen war oder mir mit lautem Pflatschen aus den Armen ins Wasser rutschte. Ich versuchte, mein Fluchen in ein Gebet umzuwandeln: „Herr, schick deine Engel, daß sie diese Steine tragen." Aber es geschah nichts Aufsehenerregendes. Ich hörte nur ein paar rotgefiederte Drosseln in der Luft einigen häßlichen Lärm machen. Meine Muskeln waren überanstrengt, meine Beine müde. Auf dem Heimweg wurde mir klar, daß es genau der Mangel an geistlicher Wachsamkeit war, der mir das Herz so schwer werden ließ. Wie genau stimmt es doch, daß die Traurigkeit oft das Ergebnis unserer Anhänglichkeit an die Welt ist!

Beim Mittagessen hat der Tischleser, Bruder Justin, mit einem neuen Buch begonnen: „Oder du wirst Trauer tragen" von Larry

Collins und Dominique Lapierre. Das Buch handelt von dem spanischen Stierkämpfer Manuel Benítez, "El Cordobés", der als armer andalusischer Junge rasch zu einem der größten spanischen Helden von heute aufgestiegen ist. Am Nachmittag vor seinem ersten Stierkampf sagte er zu seiner Schwester, die gegen seine Pläne war: "Weine nicht, Angelita, heute abend kauf' ich dir ein Haus – oder du wirst Trauer tragen." Er hat ihr mehr als ein Haus gekauft; heute besitzt er mehrere Hotels. Sein Foto in dem Buch habe ich mir lange angeschaut. Die ungeheure Anspannung bei seinen mutigen Stierkämpfen hat sein Gesicht schwer, ernst und sehr traurig werden lassen. Wie wird sein Leben enden? Wird das spanische Volk ihm erlauben, einen unheroischen Tod zu sterben? Seit die Stierkämpfe in ihrer heutigen Form eingeführt wurden (Francisco Romero begann damit Anfang des 18. Jahrhunderts) sind mehr als 400 Toreros von den Hörnern der Stiere getötet worden. Ich bin sehr neugierig auf die ganze Geschichte. Es ist eine Art Ersatz fürs Zuschauen bei einem Stierkampf. Was steckt bloß in uns, daß wir so begierig darauf sind, einen Menschen sein Leben aufs Spiel setzen zu sehen? Eine Antwort ist: Mangel an "nepsis", an geistlicher Nüchternheit.

Freitag, 14. Juni

Während der Eucharistiefeier heute morgen haben wir gesungen: "So spricht der Herr: Durch Warten und Ruhe sollt ihr gerettet werden. In Stille und Vertrauen liegt eure Kraft" (Jes 30,15). Für meine ruhelose Seele könnte das als Motto über den nächsten sechs Monaten stehen. Ich bin ungeduldig, ruhelos, voller Voreingenommenheit und schnell mißtrauisch. Vielleicht sollte ich nur diesen Satz recht oft wiederholen und ihn tief in mein Herz einsinken lassen: "Durch Warten und Ruhe sollst du gerettet werden. In Stille und Vertrauen liegt deine Kraft." Könnten diese Worte aus meinem Kopf in mein Herz hinabsteigen und zu einem Stück meines innersten eigenen Wesens werden, dann wäre ich wirklich ein bekehrter Mensch. "Herr Jesus Christus, Sohn des lebendigen Gottes, erbarme dich meiner, des Sünders."

Viereinhalb Stunden lang habe ich mit Bruder Theodor und Bruder Benedikt an der Rosinenwaschmaschine gearbeitet. Theodor wusch, Benedikt fing die Rosinen auf, und ich faltete leere Schachteln. Plötzlich schaltete Theodor die Maschine ab und klopfte sich mit der Faust an den Kopf. Da ich die Zeichensprache nicht kenne, fragte ich: „Was ist los?" – „Ein Stein ist durchgerutscht", sagte er. „Woher wissen Sie das?" – „Ich habe es gehört." – „Wie können Sie das hören, bei dem Lärm der Maschine und der durchprasselnden Rosinen?" – „Ich höre es eben", sagte er und fügte hinzu: „Wir müssen diesen Stein finden! Wenn eine Dame ihn in ihr Brot bekommt, kann sie sich einen Zahn daran ausbrechen, und wir kriegen einen Prozeß an den Hals!" Und er zeigte auf den großen badewannenartigen Behälter voller gewaschener Rosinen und meinte: „Wir müssen sie nochmals durchlaufen lassen, bis wir den Stein finden."

Ich konnte es nicht glauben. Benedikt hatte den Stein nicht entdecken können, als die Rosinen herausgeglitten waren – aber Theodor war seiner Sache so sicher, daß jeder Einwand nutzlos war. Millionen von Rosinen liefen zum zweitenmal durch die Maschine, und als ich die Hoffnung gerade aufgegeben hatte, den Stein je zu finden – es schien, als ob wir eine Stecknadel in einem Heuhaufen suchen wollten –, klickte etwas. „Da ist er!" rief Theodor. „Er ist gegen die Metallwand der Waschtrommel gesprungen." Benedikt spähte sorgfältig und bewegte seine Hände durch das letzte Viertelpfund Rosinen. Da war er! Ein kleiner, violett schimmernder Stein, genauso groß wie eine Rosine. Theodor nahm ihn und überreichte ihn mir mit einem strahlenden Lächeln.

Auf eine eigenartige Weise hatte dieser Vorfall für mich große Bedeutung. Gestern habe ich Granitsteine aus dem kleinen Fluß geschleppt. Heute haben wir einen kleinen Stein unter Millionen von Rosinen gesucht. Ich war beeindruckt, nicht bloß von Theodors wacher Aufmerksamkeit, sondern mehr noch von seiner Entschlossenheit, diesen Stein zu finden und keinerlei Risiko einzugehen. Er ist wirklich ein sorgfältiger Diagnostiker. Dieses Steinchen hätte jemandem schaden können – einer Dame oder einem Kloster.

Und ich habe über Reinheit und Reinigung nachgedacht. Selbst dieses Steinchen, das genauso ausschaut wie alle diese wohlschmeckenden Rosinen, mußte herausgefischt werden.

Meine eigenen kleinen Sünden kann ich noch nicht einmal erkennen; aber es tröstet mich zu wissen, daß da einer ist, der sorgfältig auf mich acht hat und die Maschine ausschalten wird, wenn er einen Stein unter den Rosinen hört. Das nennt man liebevolle Sorge!

Samstag, 15. Juni
Heute hatte ich mein zweites Gespräch mit John Eudes. Er hat mich dazu eingeladen, und ich war froh, daß er mir die Gelegenheit gab, etwas Zeit mit ihm zu verbringen. Ich versuchte, meine Gefühle über diese ersten beiden Wochen hier zum Ausdruck zu bringen, und ich sagte ihm nicht nur, daß alles gut gehe, sondern auch, daß mein geschäftiger Geist noch recht weit vom echten inneren Schweigen und der Einsamkeit entfernt sei. Er reagierte sehr liebenswürdig darauf und empfahl mir, mehr in meinem Zimmer zu bleiben, auch wenn ich nur mit Lesen oder Studieren beschäftigt sei. Bisher hatte ich mich zum Lesen oder Schreiben immer in die Bibliothek gesetzt, wo die anderen aus und ein gehen. „Versuchen Sie nur, mehr allein zu sein – das wird Ihnen helfen, die Einsamkeit zu finden."

Wir sprachen auch über die Arbeit und die krankhaften Vorstellungen meines Geistes während der Routinearbeiten in der Bäckerei oder im Flußbett. John Eudes sagte ein paar sehr hilfreiche Dinge. „Zuallererst: es ist ganz gewiß außerordentlich schwer, solche Gedanken *nicht* zu haben! Sie sollten sie ruhig in den Blick nehmen und vorüberziehen lassen. Zum zweiten: Fahren Sie fort, einfache Arbeiten zu tun, die Ihre Aufmerksamkeit fesseln. Es ist gut, wenn man Interesse an den verschiedenen Gesteinsarten, am Gesang der Vögel, an den vielerlei Bäumen usw. hat. Aber machen Sie daraus kein gezieltes Programm. Haben Sie einfach Freude daran, seien Sie wirklich dort gegenwärtig, wo Sie im Augenblick sind, bei dem, was Sie tun. Und dann versuchen Sie, Ihren eigenen Rhythmus herauszufinden. Fragen Sie sich, wieviel Sie arbeiten können, ohne davon *zu* müde zum Beten zu werden. Es wird seine Zeit dauern, bis Sie Ihren ausgewogenen Rhythmus gefunden haben."

Dann redeten wir ein wenig über die Habichte und Füchse, die John Eudes beobachtet hatte, und schließlich schlossen wir das Gespräch mit einem Meinungsaustausch über Bücher. Er meinte, es wäre nicht schlecht, wenn ich die „Paradiesesleiter" des Johannes Klimakus[5] lesen würde. Er nannte es „das beliebteste Buch in den Klöstern des Ostens". Außerdem gab er mir ein Exemplar seiner eigenen Übersetzung des „Praktikos" von Evagrius Ponticus[6] sowie einen Manuskriptdruck der Apophthegmen, einer Sammlung von Sprüchen, die den Wüstenvätern zugeschrieben werden.

Ich habe mit Christian in der Küche beim Kartoffelschälen gearbeitet. Er hat ein scheußliches, zuckersüßes Madonnenbild überm Herd hängen. Wahrscheinlich hätte das meine freundschaftlichen Gefühle für Christian ziemlich abkühlen lassen, hätte er nicht in den Rahmen ebendieses Bildes ein Schild gesteckt, auf dem es in den prächtigsten verschnörkelten Buchstaben heißt: „Bless this Mess – Segne diesen Saustall." Das läßt mich Christian um so lieber haben. Er hat einen Humor, der allen schlechten Geschmack relativiert.

Sonntag, 16. Juni
Heute ist Fronleichnam. Nach der Messe hielten wir eine kurze Prozession, die auch eine einfache Zeremonie des Baubeginns für die neue Kirche einschloß. John Eudes setzte das Allerheiligste auf einem kleinen Altar bei der Rasenfläche vor dem Haus ab, marschierte mit einem großen Spaten los, stach ein paar Erdschollen um, sagte einige Worte über den „neuen Tempel", und Anthony schoß ein Foto „für die kommenden Geschlechter". Das war alles.

Was ich jedoch festhalten möchte, ist die Ansprache, die John Eudes nach den Laudes hielt. Weil seine Meditationen so offensichtlich aus der Kontemplation aufsteigen, scheint John Eudes über den Punkt hinausgreifen zu können, an dem „Konservative" und „Progressive" verschiedene Wege einschlagen. Er erreicht einen Punkt, der so tief in der Mitte des geistlichen Lebens wurzelt, daß er meinen argwöhnischen Geist versöhnlich stimmt und mich von der Ebene weglockt, auf der mein Verstand streiten, zustimmen oder ablehnen möchte. Ich hatte immer schon Schwierigkeiten mit solchen Festen wie Dreifaltigkeit, Fronleichnam und Herz Jesu. Sie schienen mir aus einer bestimmten Epoche der Kirche zu stammen, in der man fromme

Andachten pflegte, und ich fühle mich darin nur schwer zu Hause. Ich hatte immer den Eindruck, das Geheimnis des dreifaltigen Gottes, der göttlichen Gegenwart in der Eucharistie und der Liebe Christi zu uns Menschen stünden so sehr im Mittelpunkt des christlichen Lebens, daß man unmöglich einen besonderen Tag festsetzen könne, um sie zu feiern. Und so konnte ich mich nie mit dem Gedanken anfreunden, eigens einen Sonntag für das Gedächtnis der Eucharistie zu reservieren. Ich ging also voller Auflehnung hin, um John Eudes zu hören. Doch was er sagte, führte mich weit weg von dieser Art Voreingenommenheit und öffnete mir neue Horizonte.

Der Herr ist die Mitte aller Dinge, und doch auf eine ganz stille, unaufdringliche, sich jedem Zugriff entziehende Weise. Er lebt bei uns, mit uns, sogar körperlich – doch nicht in derselben körperlichen Weise, wie andere Elemente für uns anwesend sind. Diese transzendente körperliche Gegenwart macht das Wesen der Eucharistie aus. In ihr ist schon die andere Welt in dieser Welt gegenwärtig. In der Feier der Eucharistie ist uns mitten in unserer Welt des Raums und der Zeit eine Insel aus der anderen Welt geschenkt. Gott in Christus ist hier wirklich anwesend – und doch ist seine körperliche Gegenwart nicht von den Grenzen der Zeit und des Raums bestimmt, wie wir sie kennen.

Die Eucharistie kann nur von denen gesehen werden, die den Herrn schon lieben und an seine wirkende, liebevolle Gegenwart unter uns glauben. Aber trifft das nicht auf jede gute Beziehung zu, die wir kennen? Bei der Freundschaft ist es doch genauso und ebenso in der menschlichen Liebe. Die Bande, die uns mit denen verbinden, die wir lieben, sind unsichtbare Bande. Sie werden nur indirekt sichtbar, nämlich nur in dem, was wir aufgrund dieser Bindungen tun. Die Bindungen selbst jedoch sind unsichtbar. Die Art und Weise, wie Freunde füreinander gegenwärtig sind, ist etwas sehr Wirkliches. Diese Anwesenheit ist körperlich spürbar, sie trägt uns in schwierigen oder freudigen Augenblicken, und doch ist sie unsichtbar.

Das kontemplative Leben ist eine Antwort des Menschen auf die grundlegende Tatsache, daß die zentralen Dinge im Leben, obwohl sie geistlich wahrnehmbar sind, in einem großen Ausmaß unsichtbar bleiben und von dem unaufmerksamen, geschäftigen, zerstreuten Ich, das in jedem von uns steckt, sehr leicht unbemerkt bleiben können. Der kontemplative Mensch schaut nicht so sehr die Dinge an: er schaut vielmehr durch sie hindurch, schaut in ihre Mitte. Und durch ihre Mitte hindurch entdeckt er eine Welt geistlicher Schönheit, die wirklicher, dichter, trächtiger, energiereicher und intensiver ist als alles Stoffliche. Tatsächlich ist ja alle äußere Schönheit der Dinge nur der schwache Widerschein einer inneren Herrlichkeit. Auf eine Welt, die in dieser Weise angelegt ist, gibt die Kontemplation eine Antwort. Die griechischen Väter, die große Kontemplative waren, sind deshalb bekannt als die „dioretischen" Väter: „diorao" bedeutet „hineinschauen", „hindurchschauen". Wenn wir das Fest „Fronleichnam", das Fest des Leibes Christi, feiern, dann feiern wir die Gegenwart des auferstandenen Christus unter uns. Im Mittelpunkt unseres Lebens, in der Mitte unseres Seins, im Herzen unserer Gemeinschaft, im Herzen der Schöpfung...

Montag, 17. Juni

Als ich heute morgen aufgewacht bin, habe ich entdeckt, daß ich noch immer die Gewohnheit an mir habe, mir Sorgen wie diese zu machen: „Was werde ich heute tun – wie soll ich es tun – was als erstes, als zweites, als drittes?" Dann ist mir aufgegangen, daß all das nicht mehr nötig ist. Was ich heute tun werde, wird Bruder Anthony entscheiden, und der Tag wird ohne sorgenvolle Gedanken darüber vorbeigehen, in welcher Reihenfolge ich die Dinge anpacken soll.

Ich glaube, meine Erschöpfung ist im Grunde nicht so sehr eine Folge der Art von Arbeit, die ich verrichte, als vielmehr der unguten Spannungen, die ich mit der Arbeit verbinde. Ich müßte ganz einfach still den Tag verleben und mich zwanglos der Tagesordnung und den kleinen Anweisungen überlassen, die ich jeweils auf einem Zettel an die Tür meines Faches gesteckt finde: „5.30 – 8.15 h Heißbrot-Fließband"; „13–15 h Arbeit am Bauholz mit der Baumannschaft." Mein Geist wäre dann leerer für Gott und freier für die einfachen Dinge, die sich jeden Augenblick ergeben.

Ich fange an, die „andere Welt" zu entdecken, in der ich lebe. Wenn ich renne, lächeln die Mönche; wenn ich sehr angespannt arbeite, machen sie mir Zeichen, ich solle langsamer tun; und wenn ich mir besorgte Gedanken mache, weiß ich, daß das gewöhnlich ganz unnütz ist. Letzte Woche habe ich John Eudes gefragt, wie es seiner Meinung nach um mich stehe. Er antwortete: „Ich nehme an, gut. Bisher hat keiner eine Bemerkung über Sie gemacht." Nun, das wäre anderswo kein gutes Zeichen! Ich muß wirklich auf diese „andere Seite" gelangen, muß in die stille, rhythmische, dichte und dauerhafte Seite des Lebens hineinfinden, in die tiefe, ruhige Strömung unterhalb der ruhelosen Wellen meines Meeres.

Manche Dinge kann man nicht erklären. Ich glaube, das kontemplative Leben ist eines davon. Während des Mittagessens las Pater Marcellus eine Geschichte über Beethoven vor. Als Beethoven einem Freund eine neue Sonate vorgespielt hatte, fragte ihn dieser, nachdem der letzte Ton verklungen war: „Was bedeutet dieses Stück?" Beethoven ging zurück ans Klavier, spielte die ganze Sonate noch einmal und sagte: „Das bedeutet es!" Dies scheint die einzig mögliche Art der Antwort auf die Frage zu sein: „Was bedeutet das kontemplative Leben?" Und trotzdem kann man auch weiterhin darüber schreiben, genauso wie man noch immer über Beethovens Werke schreibt.

Heute ist David, ein Dreiundzwanzigjähriger, als „Beobachter"[7] in die Gemeinschaft eingezogen, und ein langhaariger, langbärtiger, freundlicher junger Mann aus Brooklyn ist in die Familie der Brüder aufgenommen worden. „Ich hoffe, lebenslänglich!" hat er gesagt. Das klang in meinen Ohren schrecklich.

Dienstag, 18. Juni
Manchmal, wenn ich über meinen Aufenthalt hier bei den Trappisten nachdenke, komme ich mir wie ein Kuckuck vor. Der Kuckuck ist ein fauler Vogel. Er baut kein eigenes Nest, sondern legt seine Eier in die Nester der anderen Vögel, der Grasmücken, Spatzen und Fliegenschnäpper. Manche dieser „Gastgeber" sind nicht sehr gastfreundlich, durchlöchern die fremden Eier und werfen sie aus dem Nest. Aber die meisten Vögel dulden sie. Auch ich baue mir hier kein Nest und möchte doch, daß die Mönche mich dulden und meinen Hoffnungen und Erwartungen die notwendige „Brutzeit" zugestehen. Ich bin sehr dankbar für diese Gastfreundschaft, und es kommt mir immer deutlicher zu Bewußtsein, wie gut diese Menschen zu mir sind. Doch bin ich

nicht sicher, ob ich das alles nicht als zu selbstverständlich hinnehme, und mache mir Gedanken darüber, was diese „Kukkucksmentalität" zu bedeuten hat. Vielleicht steckt die Angst vor einer wirklichen Bindung dahinter. Vielleicht verhalte ich mich nach wie vor zu sehr wie ein Schmarotzer. Es scheint, als ob Gott nicht von mir wolle, daß ich Trappist werde. Jedenfalls kann ich nur wenige Andeutungen in dieser Richtung entdecken. Aber es könnte an der Zeit sein, daß ich mich ein wenig dauerhafter niederlasse.

In den Schriften der Wüstenväter werden Entsagung und Loslösung sehr betont. Wir müssen der Welt entsagen, uns von Besitz, Familie, Freunden, vom Eigenwillen und von jeder Form der Selbstzufriedenheit lösen, damit all unser Denken und Fühlen frei werden kann für Gott. Das zu verwirklichen fällt mir sehr schwer. Ich denke noch immer über Dinge nach, die mich zerstreuen, und ich frage mich, ob ich wohl jemals „leer für Gott" sein werde. Gestern und heute ist mir unversehens die Idee gekommen, ich könnte doch all meine Gedanken, Vorstellungen, Pläne, Vorhaben, Sorgen und Anliegen, statt sie *aus*zuschließen, *ein*schließen und zum Gebet machen. Anstatt meine Aufmerksamkeit allein auf Gott richten zu wollen, könnte ich meine Aufmerksamkeit auf all das richten, an dem ich hänge, und es den allumfassenden Armen Gottes übergeben. Als diese Idee in mir aufstieg, erfuhr ich eine neue Freiheit und spürte einen weiten offenen Raum, in den ich alle, die ich liebe, einladen und beten könnte, Gott möge sie darin mit seiner Liebe anrühren.

Inzwischen hat sich – fast spontan – mein Jesus-Gebet von „Herrn Jesus Christus, erbarme dich meiner" zu „Herr Jesus Christus, erbarme dich unser" umgeformt, und mir war, als könnte vom endlosen Erbarmen des Sohnes Gottes die ganze Schöpfung umgestaltet werden.

Mittwoch, 19. Juni

Da meine anspruchsvollste technische Fertigkeit bislang darin bestanden hatte, einen Volkswagen zu steuern, war Anthonys Auftrag, den Frontlader zu fahren und riesige Sandmassen damit zu befördern, eine ziemliche Kühnheit. Zunächst bat ich etwas verlegen um Hilfe – „weil ich diese Art Traktoren nicht gewöhnt bin" –, machte mich dann aber auf den Weg und arbeitete mich über sandige Strecken bis zu dem großen Sandlager durch. Wenn keiner weiß, wie unpraktisch man veranlagt ist, dann ist es für alle selbstverständlich, daß so etwas eine reine Routinearbeit ist. Es ist ganz gut gegangen. Zuerst glaubte ich, ich hätte den zweiten von den sechs Gängen vermurkst. Aber einer der Brüder beruhigte mich: „Das komische Geräusch ist ganz normal. Wechseln Sie nur rasch in den dritten Gang." Das Rückwärtsfahren war ein ziemliches Problem, denn das spiegelverkehrte Lesen ist nicht gerade meine Stärke. Aber ich gelangte an den richtigen Ort und fand die richtigen Hebel und machte die richtigen Handgriffe, um die schwere Ladung abzukippen. Es gibt mir immer noch ein aufregendes Gefühl der Macht, wenn ich diese riesigen Maschinen lenke, und ich hatte das seltene Gefühl, den Nachmittag gut genutzt zu haben. Bloß indem ich Sand von einem Ort zum anderen geschafft hatte – aber es ist eben ein Unterschied, ob man mit einer Schaufel oder mit einem Frontlader arbeitet.

Donnerstag, 20. Juni

Heute nacht habe ich von Thomas Merton geträumt. Ich hatte nie vorher von ihm geträumt; aber dieser Traum scheint bezeichnend zu sein. Ich befand mich mit einer kleinen Gruppe von Schwestern in einem Erholungsraum. Wir saßen dort beieinander und warteten auf Thomas Merton, der einen Vortrag halten sollte. Die Atmosphäre war gelöst und ungezwungen. Die Schwestern trugen Zivil und unterhielten sich angeregt.

Plötzlich erschien Merton. Er kam mit weit ausgreifenden Schritten herein. Er war kahlköpfig und in ein ganz weißes Habit gekleidet. Sofort nach seinem Erscheinen verließ er den Raum wieder, angeblich, um die Notizen für seinen Vortrag zu holen. Dann verschwanden die Schwestern und kehrten innerhalb von ein paar Minuten zurück, jetzt alle in makellos weiße Gewänder gehüllt. Sie setzten sich auf den Fußboden und nahmen eine sehr kontemplative Haltung ein. Sie sprachen kein einziges Wort, schauten sehr fromm drein und bereiteten sich offensichtlich darauf vor, den Worten des großen geistlichen Meisters zu lauschen.

Als ich das Zimmer verließ, um nachzusehen, wohin Merton gegangen sei, fand ich ihn in einem kleinen Schuppen. Er trug braune Hosen, Tennisschuhe und einen gelben Pulli, auf dem etwas geschrieben stand, was ich nicht lesen konnte. Er war intensiv damit beschäftigt, etwas zu reparieren. Ich begann, ihm zu helfen, ohne genau zu wissen, wie ich es machen sollte. Ich stellte ihm ein paar Fragen über Nägel und Schrauben. Obwohl er einen freundlichen Eindruck machte, antwortete er mir nicht. Dann fing er an, eine alte gelbe Bank mit Sandpapier abzureiben und mit brauner Farbe neu zu streichen. Ich fragte ihn, woher er das Sandpapier und die Farbe habe, aber wieder antwortete er nicht, sondern lud mich mit einer schweigenden Geste ein, ihm zu helfen.

Es war mir ganz gegenwärtig, daß die Schwestern auf seinen Vortrag warteten, aber es schien irgendwie sinnlos, ihm das zu sagen. Ich fing einfach an, mit ihm die Bank zu streichen. Dann wachte ich auf.

Das geistliche Leben besteht nicht aus irgendwelchen besonderen Gedanken, Vorstellungen oder Gefühlen, sondern steckt in den einfachsten, ganz gewöhnlichen Erfahrungen unseres Alltagslebens.

Freitag, 21. Juni

Es lohnt sich, daß wir auf unsere Stimmungen achtgeben. Während dieser ersten Wochen in Genesee habe ich entdeckt, daß ich ganz unterschiedlichen Stimmungen unterworfen bin, die oft sehr schnell wechseln. Gefühle müder Niedergeschlagenheit, geringes Selbstwertgefühl, Langeweile – und auch Gefühle des Ärgers, der Gereiztheit, ja geradezu der Feindseligkeit – und Gefühle der Dankbarkeit, der Freude und der frohen Erregung – sie alle sind da, und manchmal sogar alle an einem einzigen Tag.

Ich habe den Eindruck, daß diese schnell wechselnden Stimmungen zeigen, wie sehr ich noch von all den Dingen abhängig bin, die mir geschenkt werden: von einer freundlichen Geste, einer angenehmen Arbeit, einem Wort des Lobes, einem guten Buch und so weiter. Kleine Dinge können bei mir schnell Traurigkeit in Freude, Abscheu in Zufriedenheit und Ärger in Verständnis oder Mitleid verwandeln.

Irgendwo habe ich in diesen Wochen gelesen, Traurigkeit sei eine Folge der Anhänglichkeit. Losgelöste Menschen lassen sich nicht so leicht von guten oder bösen Ereignissen in ihrer Umgebung bestimmen, und sie können darum in einer gewissen Ausgeglichenheit leben. Ich habe den Eindruck, daß dies eine wichtige Erkenntnis für mich ist. Wenn meine Handarbeit mich nicht interessiert, überkommt mich Langeweile; dann werde ich ziemlich schnell gereizt und manchmal sogar wütend, und ich sage mir, daß ich meine Zeit verschwende. Lese ich aber ein Buch, das mich fesselt, dann werde ich davon so stark in Beschlag genommen, daß die Zeit nur so verfliegt; die Menschen um mich herum erscheinen mir dann liebenswert, mein Aufenthalt hier wertvoll, und alles fügt sich zu einer harmonischen, glücklichen Ganzheit.

Natürlich offenbaren beide „Bewußtseinszustände" eine falsche Anhänglichkeit und zeigen, wie weit ich noch von irgendeiner gesunden Form der „Indifferenz" entfernt bin.

Wenn ich mir all das überlege, komme ich zu dem Schluß, daß das Hauptproblem bei mir noch immer darin besteht, daß ich nicht wirklich das Gebet an die erste Stelle gesetzt habe. Und doch ist der einzige Grund, warum ich hier bin – ich meine, der einzige Grund, warum ich hier sein *sollte* –, der, daß ich beten lerne. In Wirklichkeit aber ist so vieles, was ich tue, durch viele andere Interessen motiviert: wieder in Form kommen, irgendwelche Handfertigkeiten erwerben, mehr über Vögel und Bäume wissen, interessante Menschen kennenlernen, wie zum Beispiel John Eudes, und viele Ideen und Erfahrungen für meine künftige Lehrtätigkeit zu sammeln. Wenn jedoch das Gebet mein einziges Anliegen wäre, könnte ich all diese anderen lobenswerten Dinge als freies Geschenk empfangen. Jetzt aber werde ich von diesen Süchten umhergetrieben. Sie sind nicht in sich selbst falsch, aber sie sind *für mich* falsch, weil sie in meiner Werthierarchie an der falschen Stelle stehen. Das, so vermute ich, ist der Grund für meine ständig wechselnden Stimmungen. Für den Augenblick ist es wichtig, daß ich mir dessen wenigstens bewußt bin.

Sonntag, 23. Juni
John Eudes hat heute morgen über den „glühenden Eifer" gesprochen. Er sagte, obwohl der heilige Benedikt immer wegen seiner Maßhaltung gepriesen worden sei, dürften wir doch nicht übersehen, daß seine ganze Regel „glühender Eifer" beseele.

Auf Eifer und glühende Liebe wird in diesen Tagen unsere Aufmerksamkeit besonders gelenkt, wo wir das Heiligste Herz

Jesu, das Unbefleckte Herz Mariens und das Hochfest Johannes' des Täufers feiern. Auch Maria Magdalena und Maria von Betanien waren beide voller Glut in ihrer Buße und in ihrer Liebe.

Was mich in dieser Konferenz am meisten getroffen hat, war der Gedanke, daß glühende Liebe die Grundlage jeglicher geistlicher Unterscheidung ist. Weder Johannes der Täufer noch der heilige Benedikt waren unmittelbar einbezogen in die politischen Geschehnisse ihrer Zeit. Doch waren sie beide von der Peripherie her – vom Rande der Wüste oder von Montecassino aus – besser imstande, die wirklichen Krankheiten ihrer Zeit zu diagnostizieren, als jene Menschen, die unmittelbar in die Organisation oder die Wiederherstellung der gesellschaftlichen Strukturen verwickelt waren. Beide mochten vielleicht in ihrer Zeit als „Hinterwäldler" bezeichnet worden sein. Doch Johannes der Täufer hat den Herrn erkannt, und der heilige Benedikt hat – indem er sich ganz auf seine eigene Gemeinschaft konzentrierte – die Grundlagen für ein neues Europa gelegt.

All diese Überlegungen scheinen mir mit einer kurzen Diskussion in Beziehung zu stehen, die ich gestern mit John Eudes über Zeitschriften und Illustrierte im Kloster hatte. Er war der Meinung, Mönche sollten zwar mit dem, was in der Welt vor sich gehe, in Fühlung bleiben; aber er habe den Eindruck, daß das, was er „journalistische Schriftstellerei" nannte, der kontemplativen Berufung abträglich sei, weil es den Geist mehr zerstreue, als daß es ihm zur Sammlung verhelfe. Er hat daraus die praktische Konsequenz gezogen, daß er die Abonnements der Abtei auf „Commonweal" und „New York Review of Books" gekündigt hat und auch „National Catholic Reporter", „Time", „Newsweek" und ähnliche Zeitschriften kaum liest.

Ich könnte seinem Prinzip ganz gut zustimmen, fühle mich aber immer noch unwohl mit diesen Konsequenzen. Praktisch bleibt das Kloster damit auf ziemlich konservative und sogar reaktionäre amerikanische klerikale Zeitschriften beschränkt. Doch John Eudes zeigte sich offen für Vorschläge. Inzwischen entdeckte ich mit Freude viele ausgezeichnete französische und deutsche Zeitschriften.

Bei alldem wurde mir sehr stark bewußt, welch großen Einfluß der Abt auf Geist und Gemüt seiner Mönche hat. Sich ganz hinzugeben, ohne ein Fanatiker zu werden, und für alles offen zu sein, ohne sich sein Konzept verwaschen zu lassen und saft-

und kraftlos zu werden: Das ist eine der Hauptaufgaben eines Abtes in unserer Zeit.

Montag, 24. Juni

Heute nachmittag hatte ich ein langes Gespräch mit John Eudes. Er war sehr offen, persönlich, warmherzig und machte es mir leicht, frei zu sprechen. Ich sprach vor allem über meinen Ärger: über meine Neigung, auf Menschen, Gedanken oder Ereignisse ärgerlich und gereizt zu reagieren. In mir waren Gefühle der Empörung über seine leichtfertige Entscheidung aufgestiegen, das Abonnement der „liberalen Zeitschriften" zu kündigen, über Festtage, die für mich einen negativen Beigeschmack hatten und so weiter, und so weiter. Ich erkannte, daß mein Groll mich in Unruhe versetzte, mich zu Grübeleien und innerem Hader verführte und mir so das Gebet fast unmöglich machte. Aber der verwirrendste Ärger war der Ärger über mich selbst, nämlich daß ich nicht auf angemessene Weise reagierte; daß ich nicht wußte, wie ich meine Mißbilligung zum Ausdruck bringen sollte; daß ich äußerlich gehorchte, während ich innerlich voller Auflehnung blieb; und schließlich darüber, daß ich kleine und scheinbar unbedeutende Ereignisse eine solche Macht über mein Gefühlsleben ausüben ließ. Alles in allem: ein passiv aggressives Verhalten.

Wir besprachen die Vielschichtigkeit meines Zustands und die verschiedenen Aspekte, unter denen er zu beurteilen ist. Mir scheinen im Augenblick die folgenden fünf Regeln am wichtigsten zu sein:

Erstens: Erlaube deinen Gefühlen des Grolls oder Ärgers, in dein Bewußtsein zu treten, und sieh sie dir sorgfältig an. Verleugne oder unterdrücke sie nicht, sondern laß sie dir eine Lehre sein.

Zweitens: Zögere nicht, über diese Gefühle des Grolls zu sprechen, selbst wenn sie sich auf sehr kleine oder scheinbar unbedeutende Angelegenheiten beziehen. Wenn du dich nicht mit deinem Ärger über Kleinigkeiten auseinandersetzt, wie willst du dann deinen Ärger in einer echten Krise meistern können?

Drittens: Dein Ärger kann gute Gründe haben. Sprich mit mir (John Eudes) darüber. Vielleicht habe ich eine falsche Entscheidung getroffen, und vielleicht muß ich meine Meinung ändern.

Wenn ich das Gefühl habe, dein Ärger gehe an der Wirklichkeit vorbei oder sei, gemessen an der Ursache, viel zu groß, dann können wir genauer zusehen, weshalb du so überstark reagiert hast.

Viertens: Eine Seite des Problems könnte die Verallgemeinerung sein. Wenn du gegen eine Entscheidung, einen Gedanken oder ein Ereignis aufbegehrst, so kann dich das böse auf mich, auf die Kommunität, auf das ganze Land und so weiter machen.

Fünftens: In einer tieferen Schicht könntest du dir einmal überlegen, wieweit dein Groll aus einer Aufblähung deines „Ich" stammt. Der Ärger enthüllt oft, wie man über sich selbst denkt und fühlt und welch große Bedeutung man seinen eigenen Ideen und Einsichten zumißt. Wenn Gott wieder die Mitte deines Lebens wird und wenn du es fertigbringst, dich mit all deinen Schwächen vor ihn zu stellen, dann könntest du wahrscheinlich wieder etwas Abstand gewinnen, deinen Groll verebben lassen und wieder beten.

Das sind einige der Gedanken, die ich aus unserer Begegnung mitgenommen habe. John Eudes hat sie wohl ungefähr so formuliert, oder vielleicht auch nicht. Aber jedenfalls sind sie mir so haftengeblieben. Sie stellen mich vor genügend viele Aufgaben.

Wir haben auch über die Geschichte der Abtei Genesee gesprochen, über die Aufgabe, Abt zu sein, über einige gemeinsame Bekannte und schließlich über den Gedanken, daß die Einsamkeit erst dann wirklich hart wird, wenn man erkennt, daß keiner mehr an einen denkt. Dann könnte vielleicht ein wenig Raum in unserem so vollbesetzten Geist und Herzen für Gott frei werden.

Es war eine sehr gute Begegnung. Ruhig, aufrichtig und bemerkenswert angenehm.

Mittwoch, 26. Juni

Während ich die heißen Brotlaibe vom Förderband nahm und versuchte, das Jesus-Gebet zu sprechen, wanderten meine Gedanken nach Spanien und zu Angela Benítez, der Mutter von „El Cordobés". Sie ist in Palma del Río an Hunger und Erschöpfung am 7. Mai 1941 gestorben. Von allem, was ich in den letzten Wochen gelesen und gehört habe, haben sich die wenigen Seiten, die während des Mittagessens über den Tod dieser Frau vorgelesen wurden, am tiefsten in mein Gemüt eingeprägt.

Ihre Tochter Angelita erzählt die Geschichte folgendermaßen: „Sie sah uns alle voller Angst an. Manuel war noch so klein, daß er kaum bis zum Bett reichte. Auch er weinte, aber er wußte nicht, daß seine Mutter starb. Meine Mutter schaute mich an und begann zu weinen. Ich glaube nicht, daß sie in diesem Augenblick litt, aber sie war so entkräftet, daß sie kaum noch da war. Sie war völlig verbraucht. Sie legte die Hand auf die Decke und ergriff die meine. Es war keine Kraft mehr in dieser Hand, die so viel gearbeitet hatte. Ich mußte sie halten, sonst wäre sie hinuntergefallen. Dann flüsterte meine Mutter: ‚Angelita, Angelita, ich vertraue dir deine Geschwister an. Jetzt mußt du ihre Mutter sein.‘ Ein paar Minuten später war sie tot, und zurück blieb nur dieser Ausdruck von Müdigkeit auf ihrem Gesicht. Sie war sechsunddreißig Jahre alt gewesen."[8]

Während ich die frischen, heißen Laibe vom Fließband nahm, stand mir ständig diese Frau vor Augen. Wie glücklich wäre sie gewesen, hätte sie die Hunderte von Brotkrumen haben können, die hier abfielen und weggefegt wurden.

Ihr Gesicht wurde zur Anklage. Als Angela starb, war ich neun Jahre alt. Manuel, ihr jüngster Sohn, heute „El Cordobés", war damals fünf. Ich lebte in Holland im Wohlstand. Er war am Rande des Verhungerns, ein paar hundert Meilen südlich von dem Ort, an dem ich wohnte. Und heute? Müssen wir erst warten, bis irgendein afrikanisches oder indisches Kind berühmt genug für ein Buch sein wird, damit wir wirklich die Leiden seiner Mutter, die heute im Sterben liegt, mitempfinden und begreifen?

Mittlerweile wurde mir klar, wieviel ich täglich esse; viel zuviel, und wie schwer es für mich ist, meine leidenschaftliche Eßlust zu überwinden. Johannes Klimakus und Evagrius haben sehr beredt darüber geschrieben. „Selig die Armen" – ich aber bin reich, überfüttert, wohlversorgt. Die Mutter von Manuel Benitez war arm, wirklich arm. Ich esse Brot ohne jede Beschränkung. Sie mußte Gras essen. Und heute gibt es viele wie sie.

Muß ich unbedingt zurückkehren und die gutgekleideten, behüteten, wohlgenährten Leute unterrichten? Gibt es keine andere Wahl? Wofür verwende ich das Geld, das ich durch mein Bücherschreiben verdiene? „Angela Benítez, man wird dich nie heiligsprechen. Aber zu dir bete ich, damit du mir hilfst, mir selbst gegenüber ehrlich zu werden!"

Freitag, 28. Juni

Ärger und Groll: das ist tatsächlich eines der Haupthindernisse für das geistliche Leben. Evagrius schreibt: „Den Zustand des Gebets könnte man passend als einen gewohnheitsmäßigen Zustand unerschütterlicher Ruhe bezeichnen." Je länger ich hier bin, desto mehr spüre ich, wie der innere Groll mir den Weg zu Gott versperrt. Heute ist mir klargeworden, daß sich mein Geist vor allem bei Arbeiten, die ich nicht besonders mag, gern in feindselige Gefühle hineinfrißt. Da kommen Gefühle der Abneigung gegen den Bruder hoch, der mir Anweisungen gibt; ich bilde mir ein, die Leute um mich herum achteten überhaupt nicht auf meine Bedürfnisse, und ich denke, die Arbeit, die ich tun muß, sei gar nicht wirklich notwendig, sondern sei bloß eine Art Beschäftigungstherapie für mich. Je mehr ich dann darüber brüte, desto weiter entferne ich mich von Gott und von meinem Nächsten.

Das Leben in einem Kloster wie diesem hier hilft mir einzusehen, daß die Quelle dieses Grolls wirklich in mir selbst ist. In anderen Lebensverhältnissen gibt es oft genug „gute Gründe", sich zu ärgern und zu meinen, die anderen seien gefühllos, egozentrisch oder schroff. Unter solchen Umständen findet mein Geist schnell Anknüpfungspunkte für seine Feindseligkeit. Aber hier könnte man nicht netter, umgänglicher, rücksichtsvoller sein. Die Mönche sind wirklich sehr liebevolle, mitfühlende Menschen. Da bleibt wenig Spielraum für Projektionen – in Wirklichkeit sogar überhaupt keiner. Nicht *er* oder *sie* sind schuld, sondern ganz einfach *ich*. Ich selbst bin die Quelle für meinen Ärger, und keiner sonst. Ich bin hier, weil ich hier sein will, und keiner zwingt mich, irgend etwas zu tun, was ich nicht tun will. Wenn ich also ärgerlich und mürrisch bin, so habe ich jetzt die beste Gelegenheit, mir die tiefste Ursache, die Wurzeln davon vor Augen zu halten.

Ich habe es immer schon gewußt: „Wo du auch hingehst, du nimmst immer dich selber mit." Jetzt aber kann ich keinem Umstand und niemandem die Schuld für mein Wesen in die Schuhe schieben – außer mir selbst. Wenn ich diese Einsicht annehme, ist das vielleicht ein erster kleiner Schritt auf dem Weg zur Reinheit des Herzens. Wie kraftvoll sind die Worte des heiligen Paulus: „Selbst wenn ihr zürnt, so sündigt nicht; die Sonne soll über eurem Ärger nicht untergehen, sonst gebt ihr dem Teufel Raum ... Seid vielmehr gegeneinander freundlich und gütig, indem ihr einander barmherzig vergebt, wie Gott euch in Christus vergeben hat" (Eph 4,26.27.32).

Morgen ist das Hochfest der Heiligen Petrus und Paulus. Beide Männer mit feurigem Temperament. Und beide durften erfahren, wie ihr aufbegehrendes Wesen in eine Liebe verwandelt worden ist, die allezeit vergibt.

Samstag, 29. Juni
Als ich durch ein Gebäude ging, in dem ich noch nie gewesen war, stand ich plötzlich vor einer Reproduktion des wunderbaren Flötenspielers von Hazard Durfee. Folgender Text von Henry David Thoreau[9] stand dabei: „Wer sagt denn, daß wir verzweifelt dem Erfolg nachjagen und daß wir uns in hoffnungslose Betriebsamkeit stürzen müssen? Findet sich einer, der mit seinen Gefährten nicht im Gleichschritt geht, so hört er vielleicht den Klang eines anderen Trommlers. Laßt ihn doch dem Takt jener anderen Musik folgen, die an sein Ohr dringt, mag sie auch noch so langsam oder von fernher erklingen."[10] Es ist ganz verständlich, daß eines der Bücher über Thomas Merton den Titel „A Different Drummer – Ein anderer Trommler" erhalten hat. Je länger ich das stille, gesammelte Gesicht des Flötenspielers von Durfee anschaue, desto mehr wird mir klar: das kontemplative Leben ist, als höre man einen anderen Trommler ...

Vor meinem Fenster schmettert laut ein Singvogel. Für ihn ist es noch nicht Zeit, ins Bett zu gehen. Es ist sieben Uhr und noch taghell. Aber ich mache wohl besser Schluß, wenn ich um zwei Uhr früh singen will, während der Singvogel schläft.

Sonntag, 30. Juni
In seiner wöchentlichen Ansprache hat John Eudes heute morgen eine Bemerkung über die Beziehung zwischen Einsamkeit und einem intimen Vertrauensverhältnis gemacht, die mich tief berührt hat. Er sagte: „Ohne Einsamkeit kann es keine echten, wahrhaftigen Menschen geben. Je mehr man entdeckt, was der Mensch als Person ist und welche Ansprüche eine menschliche Beziehung stellt, wenn sie tief und fruchtbar und eine Quelle des Wachstums und der Entfaltung bleiben will, desto mehr entdeckt man auch, daß man einsam ist – und daß das Maß der eigenen Einsamkeit zugleich das Maß ist, in dem man zu echter Gemeinschaft, zu Verbundenheit und Austausch fähig ist. In dem Maß, in dem wir gewahr werden, daß Gott jeder einzelnen Person eine unauslotbar tiefe eigene und einmalige Berufung geschenkt hat, in dem Maß werden wir auch zu einem intimen Verhältnis zu anderen fähig. Wenn wir nicht erkennen, daß jeder einzelne Mensch, mit dem wir in Beziehung stehen, zu einer ewigen transzendenten Beziehung berufen ist, die alles andere überschreitet, wie können wir dann von unserer eigenen Herzmitte aus zu der seinigen eine intime Beziehung anknüpfen?"

JULI   *Du bist die Herrlichkeit Gottes*

Montag, 1. Juli
Heute mittag hatte ich eine weitere Unterredung mit John Eudes. Ich kam noch einmal auf meine Neigung zum Ärger zu sprechen und erklärte ihm, mein innerer Groll scheine mir oft mit Erfahrungen des Abgelehntwerdens zusammenzuhängen. Ich nannte als Beispiele drei Begebenheiten der vergangenen Woche: Ein Besucher der Abtei, den ich sehr gut kannte, hatte mich nicht einmal gefragt, wie es mir gehe; Studenten, denen ich für den Sommer zu einem Job verholfen hatte, hatten nicht das geringste Dankeswort für mich übrig gehabt; und ein paar Mönche waren mir unfreundlich vorgekommen, ohne daß sie einen Grund dafür genannt hätten. Bei all diesen Erlebnissen hatte ich mich nicht nur ein wenig verärgert, sondern tief verletzt gefühlt, so sehr, daß ich in Augenblicken des Gebets an grimmigen Gedanken gekaut und mich in düsteren Rachevorstellungen ergangen hatte. Sogar die Konzentration bei meiner Lesung war mir schwergefallen, seit ich praktisch meine ganze Energie auf die Erfahrung der empfundenen Ablehnung gelenkt hatte.

John Eudes riet mir, durch „nuancierteres Antworten" meinen Schwierigkeiten beizukommen. „Das Problem", sagte er, „ist nicht, daß Sie völlig unberechtigte Gefühle haben. Sie können tatsächlich allen Grund haben, sich abgelehnt zu fühlen. Doch das Problem ist, daß Ihre Reaktion in keinem Verhältnis zur Größe der Erlebnisse steht. In Wirklichkeit sind Ihnen die Leute, von denen Sie sich abgelehnt fühlen, gar nicht so übel gesonnen. Aber kleine Erlebnisse des Abgelehntwerdens reißen bei Ihnen einen riesigen Abgrund auf, und Sie plumpsen prompt bis auf seinen Boden hinunter. Sie fühlen sich dann sofort total abgelehnt, aller Liebe beraubt, allein gelassen, und eine Art ‚blinde Wut' steigt in Ihnen auf, die die Oberhand gewinnt und Sie von anderen Sorgen und Interessen ablenkt, die für Sie weit wichtiger wären. Das Problem ist nicht, daß Sie gereizt reagieren, sondern daß Sie sehr primitiv reagieren, nämlich ohne alle Nuancen."

Wir versuchten, den Grund dafür zu finden, weshalb das bei mir so ist. In mir muß ein Bedürfnis nach vollständiger Zuneigung, nach bedingungsloser Liebe, nach einer letzten Erfüllung stecken. Ich erhoffe mir einen Augenblick, in dem ich voll und ganz angenommen werde, und ich klammere mich mit dieser Hoffnung an sehr unbedeutsame Ereignisse. Selbst an ziemlich belanglose Erlebnisse stelle ich den Anspruch auf diese volle, allumfassende Erfüllung, und schon ein winziges Erlebnis der Ablehnung stößt mich leicht in eine verheerende Verzweiflung und in den Wahn, total zu versagen. John Eudes machte mir sehr deutlich, wie verwundbar ich mit einem solchen Bedürfnis bin, denn praktisch kann mir niemand das bieten, was ich erwarte. Selbst wenn mir jemand diese bedingungslose, totale, allumfassende Liebe schenken würde, wäre ich nicht imstande, sie anzunehmen, weil sie mich in ein infantiles Abhängigkeitsverhältnis drängen würde, das ich als Erwachsener nicht dulden kann.

Warum dieses Bedürfnis und die damit verbundenen Ängste? Wir sahen beide ein, daß unmittelbar unter der Schwelle meiner „Tapferkeit" eine schreckliche Unsicherheit und starke Selbstzweifel liegen, die schon von einem kleinen Erlebnis angekratzt und bloßgelegt werden können. Meine starken, oft ganz unangemessen großen feindseligen Gefühle kann man leicht als Reaktion auf den Eindruck verstehen, der Kern meines Ich werde bedroht. Wir ließen es damit bewenden. Es schien eine ganze Menge für fünfundvierzig Minuten zu sein, und sicher genug, um eine Woche lang darüber nachzudenken.

Wir sprachen auch ein wenig über Spanien, Chile und die Buddhisten in Südvietnam.

Heute haben wir ein Solidaritätsfasten für die buddhistischen Mönche gehalten, die wegen ihrer Weigerung, sich für den Wehrdienst erfassen zu lassen, eingesperrt worden sind und für heute einen Hungerstreik geplant haben. John Eudes und viele andere hatten Protesttelegramme gesandt. Das Ergebnis war ein Versprechen, die Mönche freizulassen. In Wirklichkeit aber wurden sie in viele verschiedene Gefängnisse zerstreut. Zum gegenwärtigen Zeitpunkt wußte niemand sicher, ob es bei dem Fastenplan geblieben war, weil die buddhistischen Mönche nun voneinander getrennt waren. Die buddhistische Friedensdelegation in Paris hat bis jetzt kein Wort verlauten lassen. Aber wir haben jedenfalls ein Fasten gehalten, und das hat uns sicher geholfen, uns der großen Leiden anderer Mönche in dieser Welt besser bewußt zu werden.

Dienstag, 2. Juli

Heute hat mir mein Freund Claude, Dozent für Politik-Wissenschaft, einiges Dokumentationsmaterial über die Krise in Chile geschickt. Der Bericht der Chicago Commission und der Bericht von Amnesty über die Lage in Chile sind so beunruhigend, so überwältigend in ihrer Beschreibung des augenblicklichen Terrors, daß ich letzte Nacht kaum schlafen konnte. Die Beschreibung der Folterungen, der Hinrichtungen und der restlos alles erfassenden Unterdrückung versetzte mich in einen Zustand tiefer Verzweiflung.

Der Report von Amnesty, wie ihn Rose Styron in der New York Review of Books in einer Kurzfassung bringt, zeigt deutlich, daß wir es hier nicht mit einem plötzlichen Ausbruch angestauter Rachsucht zu tun haben, sondern mit einem geschickt organisierten Unterdrückungssystem. Styron schreibt: „Die Verdrehung der Wahrheit und der systematische Gebrauch von Unterdrückungsmethoden und Vergeltungsaktionen sind der deprimierendste Aspekt des augenblicklichen Regimes."[11] Ein Zettel, der aus dem Stadion von Santiago herausgeschmuggelt wurde, ist eines von vielen Zeugnissen. Der Verfasser, ein junger Mann, schreibt: „Sie banden mich auf den Tisch. Sie legten Kabel über meinen nackten Körper. Sie machten mich naß und begannen, alle Teile meines Leibes mit Stromstößen zu bearbeiten... Ich bekam Stöße in den Unterleib, auf die Rippen, auf die Brust, auf die Hoden... Sie lachten dabei, versicherten mir aber, daß sie keinen Spaß machten, und gossen mir Säure auf die Zehen. Sie stachen mich mit Nadeln... Sie brachten uns ins Lager zurück. Dort schlief niemand wegen unseres lauten Gestöhns. Die Gefangenen weinten mit uns. Sie holten uns am nächsten Tag wieder, und es wurde noch schlimmer... Sie taten unbeschreibliche Dinge mit uns..., drohten uns mit dem Tod, wenn wir nicht unterschrieben, was der Vernehmungsrichter behauptete. ‚Keiner weiß, daß ihr hier seid', sagte er und folterte uns. Er machte sich einen Spaß mit uns. Wir waren keine Menschen mehr. Wir waren Schatten... Das ist unsere Zerreißprobe. Warum, mein Gott, warum? Wir hatten auf Gerechtigkeit gehofft" (Estado, Chile, Februar 1974)[12].

Mir vorzustellen, daß sich das abspielt, während ich ruhig in einem Kloster schlafe, ist sehr hart, und man neigt dazu, nach einer „vernünftigen Lösung" zu suchen, die diesem Gegensatz einen Sinn gibt. Aber mir ist nichts anderes als die nackte Absurdität unserer menschlichen Situation zu Bewußtsein gekommen. Das Furchtbare ist: Das ist überhaupt nichts Neues. Mit der gleichen systematischen Grausamkeit wurde unter Hitler mit den Juden umgegangen. Ich zitiere aus dem Bericht der Chicago Commission: „Die von der Junta gestartete Terrorkampagne scheint systematischen und organisierten Charakter angenommen zu haben. Die Unterdrückung ist gezielter als während der ersten Monate der Machtübernahme und ist gründlich und gut vorbereitet. Die Namen der Gefangenen, die Stationierung und die näheren Umstände der Haft werden von Computern registriert; man nimmt an, daß die Listen auch potentielle Gefangene enthalten."[13]

Gelegentlich ist mir während der letzten Wochen die harte Sprache der Psalmen recht problematisch vorgekommen, aber jetzt habe ich einen besseren Zugang zu ihnen. Wenn ich mich mit dem Chilenen identifiziere, der den Zettel aus dem Estado in Chile geschickt hat, fällt es mir nicht schwer, Sätze auszusprechen wie:

„Das Stöhnen der Gefangenen dringe zu dir.
Befrei die Todgeweihten durch die Kraft deines Armes!
Zahl unsern Nachbarn siebenfach heim
die Schmach, die sie dir, Herr, angetan (Ps 79 [78]).

Freche Menschen haben sich gegen mich erhoben,
die Rotte der Gewalttäter trachtet mir nach dem Leben;
doch dich haben sie nicht vor Augen.

Du aber, Herr, bist ein barmherziger und gnädiger Gott,
du bist langmütig, reich an Huld und Treue.
Wende dich mir zu und sei mir gnädig...

Tu ein Zeichen, und schenke mir Glück!
Alle, die mich hassen, sollen es sehen und sich schämen,
weil du, Herr, mich gerettet und getröstet hast (Ps 86 [85])."[14]

Ich könnte weitermachen und noch viele andere Psalmen zitieren, denn seit ich diese Berichte über Chile gelesen habe, sind sie wie flammende Gebete. Ich wünschte, die Menschen dort im Gefängnis könnten sie beten und so Mut und Stärke finden. Wenn ich mir all diese Bilder aus den Berichten über die Folterungen durch den Kopf ziehen lasse, fühle ich mich ganz verloren. Was erfahre ich da eigentlich im Grunde? Machtlosigkeit? Zorn? Mitleid? Tiefe Beunruhigung? Den Wunsch, hier wegzugehen und irgend etwas zu *tun*? Mangel an Glauben an einen Gott, der Liebe ist? Lähmende Ohnmacht? Ich habe den Eindruck, daß sich alle diese Gefühle in mir regen und daß alle gegenseitig um das Übergewicht kämpfen, aber sie schwanken ständig vor und zurück.

Eine Frage jedoch scheint mir wichtig zu sein: Ist das, was meine Gefühlsregungen beherrscht, nicht sosehr Mitleid, sondern eher ein blinder Zorn? Wenn mir die Folterszenen durch den Kopf gehen und ich mich frage, was ich in einer solchen Situation tun, denken, empfinden oder sagen würde, dann stelle ich fest, daß sich in mir ein gewalttätiger Zorn regt, das Verlangen, die Folterknechte gedemütigt zu sehen, die Hoffnung auf Sieg über jene, die Unrecht tun. Diese Empfindungen regen sich wirklich in mir, und sie sind meistens stärker als Empfindungen des Mitleids mit denen, die leiden, und als Gedanken der Vergebung für jene, die ihnen Unrecht tun.

Vielleicht ist es realistisch, diese Gefühle anzuerkennen und dankbar zu sein, daß die Psalmen mir die Möglichkeit bieten, sie sogar in der Intimität des Gebets zum Ausdruck zu bringen. Vielleicht müssen diese Empfindungen unmittelbar zum Zentrum meiner Beziehung zu Gott hingeleitet werden, der „langsam im Zürnen" ist, um dort in Mitleid und Vergebungsbereitschaft umgewandelt zu werden. Vielleicht bin ich noch nicht bereit, für das Reich Gottes Leiden auf mich zu nehmen. Mein Herz ist zu unrein, meine Seele ist zu stark geteilt, meine Liebe zu zerbrechlich.

Bevor ich eingeschlafen bin, habe ich mir die Frage gestellt, weshalb ich eigentlich hier im Kloster bin. Es besteht eine echte *Notwendigkeit*, daß ich hier bin, aber ich weiß, ehrlich gesagt, nicht, worauf das alles abzielt. Wenn ich an Chile denke, bekomme ich es sehr mit der Angst zu tun.

Heute morgen hat mir Anthony die Haare abgeschnitten. Praktisch restlos alle. Erst fing er zögernd an, sie ein bißchen zu stutzen, aber als ich ihn ermutigte, so viel wegzuschneiden, wie er wollte, ging er aufs Ganze und legte meinen Kopf so schonungslos frei wie denjenigen aller anderen Mönche auch.

Ich muß gestehen, daß ich an dem bißchen langen Haar gehangen hatte, das nun gefallen war, und als ich meinen abrasierten Kopf im Spiegel betrachtete, kam ich mir sehr seltsam vor. Irgendwie hatte ich das Empfinden, mir habe jemand etwas genommen, das ich nicht hatte hergeben wollen, aber irgendwie hatte ich auch das Gefühl, daß das ganz gut war.

Beim Haarschneiden kommen mir viele Assoziationen: Kardinal Alfrink, der mir 1955 in Rijsenburg bei der Erteilung der Tonsur ein klein wenig Haar abgeschnitten hat; holländische Frauen, die während des Krieges mit den Feinden kollaboriert hatten und denen deshalb zur Strafe der Kopf geschoren worden war; Samson, der sein Haar und seine Stärke verloren hat; das rebellische Haar meines Freundes Richard, das hübsche lange Haar von Jim, Nancy und Frank. Aber während ich mein Haar in den Abfallkorb warf, kam mir folgender Gedanke: Wenn ich meine individuelle Eigenart wegschneide – also „einer von uns" werde, wie es Anthony ausgedrückt hat –, könnte ich mich vielleicht besser auf die innerste personale Einmaligkeit meiner Beziehung zu Gott und zu meinen Mitmönchen konzentrieren und in engere Berührung mit meinem wahren Ich kommen.

Mittwoch, 3. Juli
Heute: Fest des heiligen Tomas, des Apostels. Während einer Dialoghomilie haben zwei Mönche auf verschiedene Weise zum Ausdruck gebracht, daß Tomas treu zur Gemeinschaft der Apostel gehalten hat, obwohl er nicht an die Auferstehung des Herrn glaubte. In dieser Gemeinschaft ist ihm der Herr erschienen und hat seinen Glauben gestärkt. Ich halte das für einen sehr tiefen und tröstlichen Gedanken. In Zeiten des Zweifels oder des Unglaubens kann einen sozusagen die Gemeinschaft „weitertragen"; sie kann sogar stellvertretend für einen etwas darbringen, was man selbst übersehen hat, und sie kann das Umfeld sein, in dem man den Herrn wieder neu zu erkennen vermag.

John Eudes machte die Bemerkung, daß „Didymus", der Beiname des Tomas, „Zwilling" bedeutet, wie das Evangelium sagt, und daß die Väter dazu kommentiert haben, wir alle seien eine „Doppelperson", eine zweifelnde und eine glaubende. Wir sind auf die Unterstützung und Liebe unserer Brüder und Schwestern angewiesen, damit die zweifelnde Person in uns nicht die Oberhand gewinnt und unsere Fähigkeit zum Glauben zerstört.

Donnerstag, 4. Juli

Ein schlechter Tag. Ich bin fast den ganzen Tag in einer niedergeschlagenen, gedrückten, verdrießlichen Stimmung gewesen. Die Morgenarbeit in der Bäckerei hat mich sehr müde gemacht. Am Nachmittag ließ mich Anthony mit einem Vorschlaghammer den Teil eines Torpfostens umlegen, den wir letzte Woche nicht fertig bekommen hatten. Es war sehr heiß, und ich hatte ausgerechnet jetzt keinerlei Kraft mehr. Zudem ärgerte ich mich, denn mit besserem Werkzeug hätte ich in fünf Minuten erledigen können, wozu ich jetzt wenigstens einen Tag brauchte. Ich sagte das zu Anthony, aber er änderte seine Meinung nicht, sondern ließ nur eine schnippische Bemerkung fallen über die spezifisch monastische Weise, Arbeit zu verrichten. Ich sagte darauf, wenn monastisch gleichbedeutend mit unpraktisch sei, hielte ich nicht viel von dieser monastischen Weise. Schließlich ging mir ein junger Bursche namens Frank etwas zur Hand, und Anthony brachte einen noch schwereren Vorschlaghammer. Aber ich konnte ihn kaum heben.

Da sah mich Pater Jean-Vianney, der in meiner Nähe mit dem Traktor arbeitete, und sagte: „Ruhen Sie sich etwas aus, es ist zu heiß für eine solche Arbeit – lassen Sie mich versuchen, ihn mit der Maschine herauszuziehen." Er schlang ein schweres Drahtseil um den Betonpfosten und hängte es am Traktor ein. Er startete den Motor und zog den ganzen Pfosten aus dem Boden, als wäre er ein Streichholz. Ich bedankte mich herzlich bei ihm, säuberte den Platz und ging nach Hause.

Mein Kopf blieb schwer, belastet von Bruder Anthonys „monastischer Art, Arbeit zu verrichten", und von meiner physischen Erschöpfung. Ich konnte mich während der Messe nicht konzentrieren. Für einen Augenblick dachte ich, daß es besser wäre, in dieser Stimmung nicht zu konzelebrieren, aber dann tat ich es doch.

Inzwischen habe ich gelesen, daß der heilige Dositheus [15] ein Heiliger geworden ist, „weil er sich fest an den Gehorsam gehalten und seinen Eigenwillen gebrochen hat" [16]. Eine ziemlich beunruhigende Lesung angesichts eines Tages voller Niedergeschlagenheit. Diese Lesung hat mich nicht besonders getröstet. Es gibt irgendwo eine ungeheure Kluft, über die man eine Brücke schlagen muß. Mich beschäftigt der Gedanke, daß man, um ein Heiliger zu werden, nicht nur dem Willen Gottes gehorchen und sich von seinem Eigenwillen loslösen muß – sondern daß man auch ein Heiliger sein muß, um es sich erlauben zu können, seinen Willen einem anderen als den Willen Gottes hinzustellen.

Aber das ist ein sehr feindseliger Gedanke, bar aller Sanftmut. Ich hoffe, daß der morgige Tag besser wird.

Freitag, 5. Juli
Meine Niedergeschlagenheit ist gegen Abend etwas gewichen, vor allem dank des Umstands, daß ich einen verhältnismäßig kühlen Raum mit gutem Licht gefunden habe und weit weg vom Lärm der Zimmerleute und Lastwagenfahrer war.

Samstag, 6. Juli
Heute habe ich einige wertvolle Seiten über geistliche Führung in den „Unterweisungen des Dorotheus von Gaza" gelesen. Er sagt: „Nichts ist schädlicher, als sich selbst zu führen, nichts verhängnisvoller... Ich habe mir niemals erlaubt, meinem Denken zu folgen, ohne um Rat zu fragen."[17]

Ich habe viele Felsbrocken gesammelt, zusammen mit Pater Stephan, Brian und John, einem neuen „Beobachter". Manchmal haben wir uns zuviel zugemutet und versucht, Brocken von der Stelle zu bewegen, die nicht zu bewegen waren. Man muß den feinen Unterschied zwischen dem Bauen einer Kirche und dem Bauen des Turms von Babel spüren. Ich glaube, wir sind ständig in der Versuchung, diesen Unterschied zu vergessen.

Sonntag, 7. Juli
Heute habe ich eine kurze Biographie von Charles de Foucauld gelesen. Sie stammt von George Gorrée und steht in einem Bildband über Foucaulds Leben.

Ich habe diese bemerkenswerte Geschichte noch einmal gelesen (ich kannte sie bereits aus dem Seminar), um die Wüstenväter und ihre Worte besser in den Kontext unserer heutigen Zeit übersetzen zu können. Ich muß noch mehr über diesen modernen Heiligen lesen, um ganz zu verstehen, was sein Leben für mich bedeutet. Er hat ein üppiges Leben verlassen, um in der Wüste ein Einsiedler zu werden. Irgendwo hat er geschrieben:

„Denke – – –
daß du als Martyrer sterben mußt,
ganz ausgeraubt,
auf den Boden hingestreckt,
nackt, unkenntlich geworden,
mit Blut und Wunden bedeckt,
gewaltsam und qualvoll getötet – – –
und begehre,
daß dies heute geschehen möge." [18]

Am 1. Dezember 1916 ist er von einer Gruppe Fellachen in Tamanrasset ermordet worden. Heute wurde mir zum erstenmal bewußt, daß Charles de Foucauld in zwei Trappistenklöstern (in Frankreich und Syrien) gelebt und eine Zeitlang daran gedacht hat, Trappistenmönch zu werden.

Montag, 8. Juli
Das wichtigste Ereignis dieses Tages war mein Treffen mit John Eudes. Ich berichtete ihm von meiner Niedergeschlagenheit, meiner Ermüdung, meiner Reizbarkeit, meinen Frustrationen, weil ich nicht genug Zeit zum Lesen habe, und von meinem allgemeinen Erschöpfungsgefühl.

Er antwortete sehr sympathisch. Zunächst einmal erklärte er mir, daß dies vorauszusehen war. Er sagte, daß er selbst ein ganzes Jahr gebraucht habe, um sich an das frühe Aufstehen zu gewöhnen, und daß körperliche Arbeit, der Verzicht auf Fleisch und andere Umstellungen im Lebensstil zu Müdigkeit, Depressionen, psychosomatischen Beschwerden und Zweifeln über die Berufung führen können, wenn die Anfangsbegeisterung geschwunden ist. Von da an, wo das monastische Leben nichts Neues mehr bringt, wo die Umgebung einem keine besondere Aufmerksamkeit mehr schenkt und einen nichts „Interessantes" mehr in Beschlag nimmt, wird dieses monastische Leben schwierig. Dann tut sich der Raum für Gebet und Askese auf.

Dann kam John Eudes auf mich zu sprechen und meinte, ich solle damit anfangen, meine Grenzen anzunehmen und eine Zeitlang einige kleine Umstellungen in meinem Tageslauf vornehmen. Nach einigem Hin und Her schien es das Beste, daß ich an Backtagen nur in der Bäckerei und an den anderen Tagen nur am Vor- oder am Nachmittag arbeitete. Die dadurch frei werdende Zeit solle ich zum Studium gebrauchen. John Eudes meinte, ich sollte nichts erzwingen. Im ersten Monat meines Mitlebens hier im Kloster seien mir meine Schwächen zu Bewußtsein gebracht worden, und das könnte mir nun helfen, mein Leben neu zu ordnen. Auch war er der Meinung, ich solle meinen Wunsch, mehr zu lesen und zu studieren, nicht verleugnen. „Wenn Sie daran dächten, hierzubleiben, könnte es besser sein, das asketische Leben ohne allzuviel Reflexion zu leben, aber für Sie scheint es wichtig, daß Sie Ihre Erfahrung ausdrücklicher in Ihr Denken integrieren können."

Dann sprachen wir eine Weile von dem Phänomen, daß man sich im monastischen Lebensraum ganz primitiver Bedürfnisse sehr stark bewußt wird. Ich sagte John Eudes, daß ich viel mehr als je zuvor an Essen denke, obgleich ich nicht irgendwie besonders fastete. Er sagte: „Wir alle wünschen, begehren und brauchen Befriedigung, aber im Bereich des Klosters sind die üblichen Weisen, Befriedigung zu finden – Sprechen, Beachtetwerden, Zerstreuungen und so weiter –, nicht verfügbar. So fängt man an, auf primitivere Dinge zu verfallen: man beginnt, ans Essen und an sexuelle Dinge zu denken. Man wird sich viel stärker sehr elementarer Begierden bewußt. In einem gewissen Sinn sackt man ab und macht Rückschritte, aber zugleich wird man auch empfänglicher für geistliche Führung, und ein Raum tut sich auf, in dem sich das Gebet und das asketische Leben entfalten können. Es geht dabei um ein stärkeres Sensibelwerden. Das kann auch zu egozentrischem Verhalten führen. Man braucht deshalb eine Anleitung, um das zu verhindern."

Das schien mir sehr einleuchtend zu sein. Ich wurde mir dadurch besonders dessen bewußt, wie sehr ich der Führung bedurfte, aber auch, wie dankbar ich sein sollte, an diesem Punkt meines Lebens einen Führer wie John Eudes zu haben.

Dienstag, 9. Juli

Heute morgen habe ich einen Kolibri gesehen – einen lustig aussehenden kleinen Vogel mit einem langen Schnabel, mit dem er Nektar aus den Honigblumen saugt. Der Kolibri schwirrt senkrecht hoch, hängt in der Luft wie ein Hubschrauber und flitzt dann weg wie ein Düsenjäger.

Ich bin immer stärker beeindruckt von Dorotheus von Gaza. Sein Kapitel „Über die Verstimmung" könnte ein moderner Phänomenologe geschrieben haben, und es hat mir sehr gutgetan, das zu lesen. Darin wird bis ins einzelne beschrieben, wie der Geist durch eine kritische Bemerkung beunruhigt werden kann und sich dadurch in ärgerliche Gereiztheit hineinsteigert, aus der Gereiztheit in den Zorn und aus dem Zorn in Rachegefühle. Dorotheus zitiert Evagrius Ponticus, der sagt: „Wer den Zorn überwunden hat, der hat die Dämonen besiegt. Wer dagegen das Opfer dieser Leidenschaft ist, dem fehlt jeder Zugang zum monastischen Leben."[19] Er beschreibt sehr anschaulich, wie man eine krankhaft destruktive innere Einstellung gegenüber seinem Nächsten entwickeln kann. Es kann mit ein bißchen Gegrübel über eine verfehlte Bemerkung anfangen und zu einem verheerenden Krebs auswuchern, der uns den Frieden des Geistes nimmt, für die anderen schädlich ist und uns vom Weg zu Gott abbringt.

Als wichtigstes Mittel, um dieser Leidenschaft entgegenzutreten, empfiehlt Dorotheus das Gebet für den, der uns verletzt hat. Und er zitiert noch einmal Evagrius: „Wer für seine Feinde betet, kann nicht rachsüchtig sein."[20]

Die Mutter von Martin Luther King jr. ist während eines Sonntagsgottesdienstes in der Ebenezer Kirche in Atlanta ermordet worden. Der Mörder hatte vor, ihren Gatten zu töten. Ich muß immer wieder an Martin Luther King sen. denken, der in dieser Kirche vierzig Jahre das Predigeramt versehen hat. Gott prüft wahrhaftig seinen Glauben. Er hat seine beiden Söhne verloren und nun auch seine Frau. Nach diesen Schlägen muß man ein Heiliger sein, um das Evangelium mit reinem Herzen zu verkünden und nicht um Rache, sondern um Vergebung zu bitten.

Mittwoch, 10. Juli

Charles de Foucauld, der moderne Wüstenvater, fasziniert mich noch immer. Obgleich er sich nach einer offensichtlich unreligiösen, vergnügungssüchtigen Jugendzeit bei seiner Konversion von Grund auf verändert hat, behält er durch alle Phasen seines Lebens hartnäckig einen starken Sinn für Freiheit bei. Ich staune, wie frei dieser Mann gegenüber den bürgerlichen Konventionen war, wie mutig in seinem Ungehorsam, wie ausdauernd im Verfolgen eines einmal gesteckten Zieles. Mit der gleichen extremen Einstellung, mit der er militärische Befehle in den Wind schlägt und seine Freundin mit nach Algier nimmt oder als wandernder Jude Marokko erforscht, gibt er sich auch ganz radikal Gott hin.

In ihrem Buch „The Sands of Tamanrasset" hat Marion Mill Preminger ein Gespräch zwischen Charles de Foucauld und seinem geistlichen Führer, Abbé Huvelin, entworfen, in dem dieser Radikalismus sichtbar wird:

„‚Vater', sagte er, ‚ich möchte mein Leben Gott weihen.'

Abbé Huvelin schüttelte traurig den Kopf: ‚Du bist noch nicht bereit, mein Sohn. Du kannst noch nicht sicher sein.'

‚Von dem Augenblick an, wo ich den Glauben hatte, daß es einen Gott gibt, wußte ich, daß ich nicht anders könnte, als für ihn allein zu leben.'

‚Du darfst eine so wichtige Entscheidung nicht impulsiv fällen. Du mußt alles sorgfältig abwägen.'

‚Ich denke schon seit zwei Jahren darüber nach, Vater.'

‚Du hast in deinem kurzen Leben schon vieles unternommen, mein Sohn. Aber wenn du die Welt verläßt, um dich ganz Gott hinzugeben, gibt es kein Zurück.'

‚Ich bin fest dazu entschlossen, Herr Abbé.'

Wieder schüttelte der Priester den Kopf: ‚Bereite dich darauf vor', sagte er. ‚Reise. Wandere über den heiligen Boden, über den unser Herr geschritten ist. Bete, wo er gebetet hat. Wenn du zurückkommst, werden wir über deine Zukunft sprechen.'"[21]

Der Satz „Wenn du die Welt verläßt, um dich ganz Gott hinzugeben, gibt es kein Zurück" trifft mich schwer. Das ist nicht nur ein Echo des Rufes Jesu, alles hinter sich zu lassen und ihm zu folgen, sondern auch ein Echo der vielen Stimmen der Wüstenväter. Mir wird es immer mehr zur Gewißheit, daß ich die Welt immer noch nicht verlassen habe, sondern mich an ihrem Rand herumdrücke. Ich habe schlicht und einfach Angst vor dem „kein Zurück" und fürchte, daß die Straße der totalen Auslieferung an Gott mühsam, schmerzvoll und sehr einsam ist. Das hat mich an John Eudes' scherzhafte Bemerkung im Kapitel erinnert: „Wir sind nicht nur für ein Sabbatjahr hier – sondern das ist für uns lebenslänglich!" Alle lachten und lächelten mir freundlich zu, ich aber begriff, daß er an einen zentralen Nerv meines geistlichen Lebens gerührt hatte.

Trappist auf Lebenszeit zu sein ist etwas grundsätzlich anderes, als Trappist für sieben Monate zu sein. „Trappist für sieben Monate" ist in Wirklichkeit ein Widerspruch in sich. John Eudes sagte: „Wenn während meines Medizinstudiums etwas vorgekommen ist, das mir gegen den Strich ging, konnte ich immer sagen: ‚Na ja, in absehbarer Zeit werde ich aus dieser Situation heraus sein.' Und wenn mir bei der Marine das Leben sauer wurde, konnte ich immer auf den Tag meiner Entlassung spekulieren; aber als ich im Noviziat der Trappisten war, gab es keine solche Ausflucht mehr. Diesmal war es ‚lebenslänglich'; und was da hart, unerfreulich oder unangenehm war, mußte ich annehmen, und ich mußte damit leben und es als Mittel zur Läuterung meines Herzens verwenden."

Es ist diese Art des Radikalismus, des absoluten Anspruchs, der totalen Auslieferung, des bedingungslosen „Ja", des unerschütterlichen Gehorsams gegenüber dem Willen Gottes, was mich erschreckt und mich zu einer so saft- und kraftlosen Seele macht, die in beiden Welten mit einem Fuß stehen möchte. Aber so kommt es dann, daß man stolpert und fällt.

Donnerstag, 11. Juli

Hochfest des heiligen Benedikt. Ich habe darüber nachgedacht, wie gern ich dieser Gemeinschaft von Benediktinern nahe sein und bleiben möchte. In diesem Augenblick gibt es kein Anzeichen dafür, daß ich Trappist sein sollte oder könnte. Genauso wie ich überzeugt bin, daß ich jetzt hier sein soll, genauso bin ich überzeugt, daß ich wieder von hier fortgehen soll. Aber könnte dies hier meine Gemeinschaft, meine Familie, meine „Heimat", mein Orientierungspunkt werden?

Das heutige Evangelium und John Eudes' Predigt haben mir die Wahrheit gesagt. Wir sind dazu berufen, uns radikal von uns selbst zu lösen und uns total Gott auszuliefern. Der heilige Benedikt, der so oft wegen seiner weisen Maßhaltung gepriesen wird und sogar als Humanist bezeichnet worden ist, ist genauso radikal, wenn er von Demut und Gehorsam spricht und davon, daß wir alles gemeinsam haben sollen.

Wenn ich diesen Radikalismus teilen möchte, müßte ich bereit sein, meinem geistlichen Leiter vollkommen zu gehorchen; ich müßte demütig genug sein, um mir von ihm den Weg zeigen zu lassen; und ich müßte willens sein, ihm alle meine Gedanken, Gefühle und Pläne mitzuteilen. Sonst wäre das Ganze nur ein romantisches Unternehmen.

Heute hatte ich viele unerwartete Phantasievorstellungen über meinen Tod. Mir ist der Gedanke gekommen, diese Abtei sei eigentlich der beste Ort, an dem man begraben werden könnte. Aber dann begriff ich, daß einem der Aufenthalt von wenigen Monaten kaum ein Anrecht gibt, innerhalb dieser Mauern hier beerdigt zu werden. John Eudes hat in seiner Predigt gesagt, daß die meisten Mönche dieser Kommunität schon mehr als die Hälfte ihres Lebens unter der Regel des heiligen Benedikt leben.

Freitag, 12. Juli
Wenn du weiterhin begierig zum Postfach gehst, in der Hoffnung, daß irgendeiner „da draußen" an dich gedacht hat; wenn du dich immer noch fragst, ob deine Freunde an dich denken und was sie von dir denken; wenn du weiterhin den heimlichen Wunsch hast, irgendwie eine außergewöhnliche Person in dieser Kommunität zu sein; wenn du immer noch Wunschträume über Gäste hegst, die nach dir fragen; wenn du weiterhin Ausschau hältst nach besonderer Aufmerksamkeit von seiten des Abtes oder irgendeines der Mönche; wenn du dir immer noch interessantere Arbeit und mehr unterhaltsame Ereignisse erhoffst – dann weißt du, daß du noch nicht einmal angefangen hast, für Gott ein wenig Raum in deinem Herzen zu schaffen.

Wenn dir niemand mehr schreibt; wenn kaum mehr einer auch nur an dich denkt oder sich fragt, wie es dir wohl geht; wenn du nur noch einer der Brüder bist und dieselben Dinge tust wie sie, nicht besser und nicht schlechter; wenn du von den Menschen vergessen worden bist – vielleicht sind dann dein Herz und dein Geist leer genug geworden, um Gott eine echte Möglichkeit zu bieten, dir seine Gegenwart kundzutun.

Samstag, 13. Juli

Ich habe immer ein seltsames Verlangen gehabt, anders zu sein als andere Menschen. Wahrscheinlich unterscheide ich mich damit nicht von anderen Menschen. Während ich über dieses Verlangen und seine Auswirkung in meinem Leben nachdenke, wird mir immer deutlicher bewußt, daß ich meinen Lebensstil an dem heute allgemein verbreiteten Verlangen orientiert habe, ein „Star" zu werden. Ich wollte etwas „anderes", etwas „Besonderes" sagen, schreiben oder tun, auf das man aufmerksam werden und über das man sprechen sollte. Für einen Menschen mit sprühender Phantasie ist das nicht zu schwierig, und er kann leicht den begehrten „Erfolg" haben. Er kann seinen Unterricht so gestalten, daß er sich genügend stark von der traditionellen Art abhebt, um aufzufallen; er kann Sätze, Seiten und sogar Bücher schreiben, die als originell und neu betrachtet werden; er kann sogar das Evangelium auf eine solche Art predigen, daß er die Leute glauben macht, niemand vorher habe je diese Gedanken gehabt. Bei all diesen Unternehmen erntet man schließlich Beifall, weil man etwas Sensationelles getan hat und weil man „so anders" ist.

In den letzten Jahren bin ich mir in zunehmendem Maß der gefährlichen Möglichkeit bewußt geworden, das Wort Gottes sensationell aufzumachen. Wie Menschen gebannt einem Artisten im Zirkus zuschauen können, der sich in einem glitzernden Kostüm durch die Luft schwingt, so können sie auch einem Prediger zuhören, der das Wort Gottes dazu benützt, um die Aufmerksamkeit auf sich zu lenken. Aber einer, der sensationell predigt, erregt die Sinne und rührt nicht an den Geist. Statt daß er den Weg zu Gott eröffnet, verstellt er mit seinem „Anderssein" diesen Weg.

Der monastische Weg zur Erfahrung ist das gerade Gegenteil dieser Art, die Aufmerksamkeit auf sich zu lenken. Er verlangt vom Menschen, die Dinge nicht auf neuartige Weise, sondern auf eine sehr geläufige Art zu sagen, zu schreiben und zu tun. Er verlangt, daß man alten Traditionen gehorcht und seinen Geist und sein Herz von altbewährten und erprobten Grundsätzen formen läßt. In der geistlichen Literatur, die ich gelesen habe, seit ich hier bin, spiegelt sich sehr spürbar das Bemühen, dem Evangelium treu zu sein, und ebenso den Worten der frühen Väter, den Einsichten des geistlichen Führers, dem man sich gerade anvertraut; und umgekehrt ganz deutlich die Abneigung dagegen, anders, sensationell und originell sein zu wollen. Es scheint, daß alle großen geistlichen Autoren sagen: „Du kannst nicht originell sein. Wenn etwas, das du sagst, es wert ist, gesagt zu werden, so muß es seinen Ursprung im Wort Gottes und in den Worten seiner Heiligen haben." Der Auftrag, den mir dieses Kloster gibt, ist der, mich anzugleichen, noch mehr den anderen zu gleichen. Ich soll den Mönchen gleichen, den Heiligen; ich soll Jesus gleichen, soll dem himmlischen Vater gleichen. Die Regel des heiligen Benedikt, der ständig wiederkehrende Tagesrhythmus, die beständige Rezitation der 150 Psalmen und die Einheitlichkeit der Kleidung, der Nahrung und des Lebensraums – all das bringt uns allmählich eine überwältigende Gleichheit zu Bewußtsein, die Zeit und Raum übersteigt und uns mit dem einen Gott vereinigt, der der Vater aller Menschen, aller Orte und aller Zeiten ist und der durch die Unendlichkeit der Zeit hindurch der gleiche bleibt.

Das monastische Leben entbehrt wirklich sehr stark aller Sensationen. Ich ertappe mich immer wieder bei dem Wunsch, etwas Besonderes zu tun, einen Beitrag zu leisten, etwas Neues hinzuzufügen, und ich muß mich ständig daran erinnern, daß ich, je weniger ich bemerkt werde, je weniger besondere Aufmerksamkeit ich suche und je weniger ich anders bin, desto besser das monastische Leben lebe. Vielleicht – wenn du dir dessen bewußt geworden bist, daß du nichts zu sagen hast, was nicht schon gesagt worden wäre –, vielleicht könnte dann ein Mönch daran interessiert sein, dir zuzuhören. Das Geheimnis der Liebe Gottes besteht darin, daß wir in dieser Gleichheit unsere Einmaligkeit entdecken. Diese Einmaligkeit hat nichts zu tun mit den „Besonderheiten", die wir normalerweise anbieten möchten und die wie die künstlichen Silberkugeln an einem Weihnachtsbaum glitzern, sondern sie stammt vollständig aus unserer zutiefst personalen und intimen Beziehung zu Gott. Wenn wir das Verlangen, anders zu sein, aufgegeben und uns selbst als Sünder erfahren haben, ohne jedes Recht auf besondere Beachtung, nur dann entsteht ein Raum, in dem wir unserem Gott begegnen, der uns bei unserem Namen ruft und uns einlädt, ihm in einer letzten Tiefe nahezukommen.

Jesus, der einzige Sohn des Vaters, hat sich selbst entäußert, er „wurde wie ein Sklave und uns Menschen gleich. Sein Leben war das eines Menschen; er erniedrigte sich und war gehorsam bis zum Tod, bis zum Tod am Kreuz. Darum hat ihn Gott über alle erhöht und ihm den Namen verliehen, der jeden Namen übertrifft" (Phil 2,7–9). Nur indem er in radikaler Weise uns gleich geworden ist, hat Jesus erreicht, daß ihm ein einzigartiger Name gegeben worden ist. Wenn der heilige Paulus uns aufruft, so gesinnt zu sein wie Jesus Christus, dann lädt er uns zu dieser gleichen Demut ein, durch die wir Brüder des Herrn und Söhne des himmlischen Vaters werden können.

Heute war das Fest des heiligen Heinrich. Alle Aufmerksamkeit hat sich auf Bruder Henry gerichtet. Ich glaube, ich hatte auch auf etwas mehr besondere Aufmerksamkeit mir gegenüber gehofft. Der Umstand, daß ich sie nicht bekommen habe, hat mir geholfen, meinen Betrachtungen über das Gleichwerden etwas mehr „Fleisch und Blut" zu geben.

Meine Nachmittagsarbeit hat aus Anstreichen bestanden. Das Wetter war herrlich sonnig und kühl. Ich kratzte mit Vergnügen die blätternde Farbe ab, schmirgelte die beschädigte Stelle mit Sandpapier und strich sie neu an und schaute dabei von meinem Aussichtspunkt, an dem ich arbeitete, über die Felder. Eine große Wespe leistete mir den ganzen Nachmittag Gesellschaft, stach mich aber nicht. Bruder Pascal sagte: „Machen Sie keine schreckhaften Bewegungen. Seien Sie einfach freundlich, und sie wird Ihnen nichts tun." Es zeigte sich, daß er recht hatte.

Sonntag, 14. Juli
Mein Vater, der letztes Jahr von der Universität Nimwegen in den Ruhestand gegangen ist, hat mir geschrieben: „Als Mensch im Ruhestand erfährt man, wie sich die Welt zurückzieht. Niemand braucht einen mehr, so muß man auf eigenen Füßen stehen. Darum wird die Abtei eine gute Vorbereitung für die Zeit sein, die nur scheinbar so weit von dir entfernt ist."

Mein Vater ist kein verbitterter Mann. Im Gegenteil: er ist ein froher Mensch und voller Leben und Energie. Ich möchte sogar sagen, daß er das noch mehr ist, seit er sich zur Ruhe gesetzt hat. Darum nehme ich seine Worte sehr ernst und halte sie für sehr wirklichkeitsnah.

Ich weiß zu gut, wie hart es ist, zu leben, ohne gebraucht, verlangt, gefragt, gekannt, bewundert, gerühmt zu werden. Erst vor ein paar Jahren habe ich mich von meiner Lehrtätigkeit in Holland zurückgezogen und ein Jahr als Student in einem gemieteten Zimmer in der Stadt gelebt. Ich hatte erwartet, endlich frei zu sein, um studieren und vieles von dem tun zu können, wozu ich infolge meiner vielseitigen Beschäftigung und Beanspruchung nicht gekommen war. Aber was ist geschehen? Ohne meine Arbeit bin ich bald vergessen worden. Leute, von denen ich gehofft hatte, sie würden mich besuchen, sind nicht gekommen; Freunde, von denen ich erwartet hatte, daß sie mich einladen würden, haben sich nicht gemeldet; Mitbrüder im Priesteramt, von denen ich gedacht hatte, sie würden mich bitten, ihnen beim Sonntagsgottesdienst zu helfen oder ab und zu einmal eine Predigt zu halten, haben mich nicht gebraucht; und meine Umgebung hat überhaupt ganz so getan, als wäre ich gar nicht mehr da. Das Ironische an der Sache war gewesen, daß ich mir immer gewünscht hatte, allein zu sein, um arbeiten zu können, aber als ich schließlich allein gelassen worden war, konnte ich nicht arbeiten, sondern begann, mürrisch, verärgert, sauer, haßerfüllt und verbittert zu werden und mich zu beklagen.

Während dieses Jahres habe ich mehr denn je meine Verwundbarkeit erkannt. Dieses Jahr des „Quasi-Ruhestandes" hat mir gezeigt, daß Alleinsein nicht notwendig zu innerem Frieden und zur Einsamkeit des Herzens führen muß, sondern daß es auch Groll und Bitterkeit erzeugen kann.

Jetzt, drei Jahre später, bin ich wieder in derselben Situation. Jedesmal, wenn ich zum Postfach gehe, nur um es wieder leer zu finden, drohen einige der Empfindungen, die ich in Holland hatte, wieder in mir hochzukommen. Sogar an diesem bergenden Ort, wo mich so viele gute Menschen umgeben, fürchte ich, allein gelassen zu werden. Doch ich habe das Alleinsein gewählt, ich habe es mir gewünscht.

Mein Vater hat ganz recht, wenn er sagt, daß die Abtei eine gute Vorbereitung für die Zeit ist, wo mich niemand mehr brauchen wird. Hier habe ich die Gelegenheit, die Empfindungen der Bitterkeit und der Feindseligkeit ins Auge zu fassen, die in mir hochkommen, und sie als Zeichen geistlicher Unreife zu entlarven. Hier habe ich die Gelegenheit, sowohl das Alleinsein zu erfahren als auch nach und nach die Möglichkeit wahrzunehmen, Gott zu begegnen, der auch dann treu bleibt, wenn sich niemand mehr um mich kümmert. Hier habe ich die Gelegenheit, meine Gefühle des Alleinseins in die Erfahrung fruchtbarer Einsamkeit umzuwandeln und es Gott zu ermöglichen, in die Leere meines Herzens zu ziehen. Hier kann ich ein klein wenig die Wüste erfahren und erkennen, daß sie nicht nur ein trockener Ort ist, an dem die Menschen vor Durst sterben, sondern auch der weite leere Raum, in dem sich der Gott der Liebe offenbart und demjenigen, der in Treue auf ihn wartet, seine Verheißung zuspricht. Wenn ich mein Herz auch nur ein wenig meinem Gott zu öffnen vermag, werde ich vielleicht fähig sein, ihn mit mir in die Welt zu tragen und meinen Nächsten zu lieben, ohne von seiner Dankbarkeit oder seinen Gaben abhängig zu werden.

Wirklich, mein Ruhestand ist nur scheinbar weit weg. Fünfundzwanzig Jahre vergehen schnell, und wer weiß, ob ich nicht schon viel früher etliche Formen des Ruhestandes werde praktizieren müssen? Wenn ich mich jetzt in einem geistlichen Sinn zur Ruhe setzen, das heißt, vom Erfolg meiner Arbeit unabhängig werden könnte, dann wäre ich wahrscheinlich imstande, viel schöpferischer zu leben und viel weniger verwundbar zu sein.

Diese Erfahrung des Mönchslebens schenkt mir etliches neue Verständnis dafür, was es bedeutet, „in Dankbarkeit alt zu werden" und das Leben weniger als einen Versuch zu betrachten, Neuland zu erobern und sich daran festzuklammern, sondern eher als eine dankbare Antwort auf die Gaben Gottes. Auf jeden Fall ist dieses Kloster hier ein guter Übungsplatz zum Altwerden.

Montag, 15. Juli

Als ich heute zu John Eudes ging, schien mein Kopf so voller Fragen, daß ich selbst nicht wußte, wie wir ein Leitthema finden und etwas Ordnung in mein Chaos von Anliegen bringen sollten.

Als ich ihn wieder verließ, hatte ich das Empfinden, daß wir tatsächlich viele Dinge auf einen Nenner gebracht hatten, indem wir alles im Hinblick auf die Verherrlichung Gottes betrachtet haben. Die Frage „Wie muß ich leben, um nicht mich selbst, sondern *Gott* zu verherrlichen?" ist für mich sehr wichtig geworden. Während der letzten Wochen ist mir mehr und mehr aufgegangen, daß sogar in meinen scheinbar höchst geistlichen Betätigungen ein ganzes Stück eitler Ruhmsucht stecken kann. Zu den Trappisten zu gehen stellt etwas Besonderes und in den Augen mancher Leute „Heroisches" dar, und ich frage mich, ob es wirklich Gott ist, was ich suche. Sogar mein höchst intensives Interesse für die asketischen und mystischen Schriften der frühen Väter kann sich leicht in Ideen und Einsichten verwandeln, die ich zur Bekehrung anderer statt zu meiner eigenen Bekehrung einsetzen will. Ja es gibt die große Versuchung, daß ich sogar Gott zum Gegenstand meiner Leidenschaft mache und nach ihm suche, nicht um *ihn* zu verherrlichen, sondern um mich selbst zu verherrlichen, indem ich mit gotterfüllten Gedanken geschickt manipuliere.

John Eudes war nicht sehr überrascht über meine sorgenvollen Gedanken. Er meinte, sie seien wichtig genug, um sich darüber den Kopf zu zerbrechen, über sie nachzudenken und sie zu bewältigen.

Wie können wir die Leidenschaften bannen, die uns dazu verführen, mit Gott zu manipulieren, statt ihn zu verehren? Was wir zunächst einmal begreifen müssen, ist, daß wir die Herrlichkeit Gottes *sind*. In der Genesis heißt es: „Jahwe Gott machte den Menschen aus dem Staub der Erde. Dann hauchte er in seine Nase den Odem des Lebens, und so wurde der Mensch ein lebendiges Wesen" (Gen 2,7). Wir leben, weil wir Anteil an Gottes Odem, an Gottes Leben, an Gottes Herrlichkeit haben. Die Frage heißt im Grunde nicht: „Wie können wir so leben, daß wir Gott verherrlichen?", sondern: „Wie können wir leben als die, die wir sind; wie können wir unser tiefstes Wesen verwirklichen?"

Mit einem Lächeln sagte John Eudes: „Nehmen Sie dies als Ihr Koan mit: ‚Ich bin die Herrlichkeit Gottes.' Machen Sie diesen Gedanken zum Mittelpunkt Ihres Meditierens, so daß er nach und nach nicht nur ein Gedanke, sondern lebendige Wirklichkeit wird. Sie sind der Ort, den Gott sich zur Wohnung erwählt hat, Sie sind der ‚topos tou theou' (Ort Gottes), und das geistliche Leben besteht in nicht mehr und nicht weniger als in dem Versuch, diesen Ort, an dem Gott wohnen kann, zur Existenz zu verhelfen und den Raum zu schaffen, in dem sich seine Herrlichkeit offenbaren kann. In Ihrer Meditation können Sie sich fragen: ‚Wo ist die Herrlichkeit Gottes? Wo könnte die Herrlichkeit Gottes sonst sein, wenn sie nicht dort ist, wo ich bin?'"

Offensichtlich ist dies alles mehr als eine Einsicht, ein Gedanke, eine Betrachtungsweise der Wirklichkeit. Darum ist es auch ein Thema der Meditation und nicht so sehr des Studiums. Aber wenn man einmal anfängt, auf diese sehr innerliche und persönliche Weise „wahrzunehmen", daß man wirklich die Herrlichkeit Gottes ist, dann sieht alles anders aus, dann nimmt das Leben eine entscheidende Wendung. Dann zeigt sich zum Beispiel, daß unsere Leidenschaften, die so wirklich zu sein schienen, wirklicher als Gott selbst, nur Scheinwirklichkeiten sind, und sie beginnen zusammenzuschrumpfen.

Diese Gedanken führten uns zu einem kurzen Gespräch über die Erfahrung Gottes. Ich sagte John Eudes, daß ich mir seit vielen Jahren vorstelle, Gott werde eines Tages die harte Schale meines Widerstandes durchbrechen und sich mir auf eine so intensive und überzeugende Weise offenbaren, daß ich endlich fähig sein würde, meine „Idole" fahren zu lassen und mich ihm bedingungslos auszuliefern. John Eudes war nicht allzu überrascht über diese Vorstellung und sagte: „Sie möchten, daß Gott Ihnen nach dem Modell erscheint, das Ihre Leidenschaften entworfen haben, aber diese Leidenschaften machen Sie blind für seine Gegenwart hier und heute. Sammeln Sie sich im leidenschaftslosen Teil Ihres Wesens und nehmen Sie wahr, daß Gott dort gegenwärtig ist. Lassen Sie diese Seite Ihres Wesens in sich wachsen und treffen Sie Ihre Entscheidungen von dort her. Sie werden überrascht sein, wenn Sie erleben, wie dann plötzlich Kräfte, die unüberwindlich schienen, in sich zusammensinken."

Wir haben noch von vielen anderen Dingen gesprochen; an was ich mich aber vom letzten Teil unseres Gesprächs am besten erinnern kann, war der Gedanke, daß ich froh sein sollte, am Kampf teilnehmen zu dürfen, ganz unabhängig von der Frage, ob ich siegen würde. Dieser Kampf ist eine Wirklichkeit, ist voller Gefahren und sehr aufreibend. Man setzt alles, was man hat, aufs Spiel; es ist wie bei einem Stierkampf in der Arena. Was siegen bedeutet, weiß man nur, wenn man am Kampf teilgenommen hat. Leute, die einen wirklichen Sieg erfahren haben, denken immer sehr bescheiden darüber, weil sie auch die gegnerische Seite gesehen haben und wissen, daß kein Grund zur Angeberei besteht. Die Mächte der Finsternis und die Mächte des Lichtes liegen zu nahe beieinander, als daß da Raum für eitle Ruhmsucht bliebe. Das ist es, worum es in einem Kloster geht. In den vielen kleinen Dingen des Alltagslebens ist der Kampf zu spüren. Er kann so klein sein wie der Wunsch nach einem Brief oder die Begierde nach einem Glas Milch. Wenn man an einem bestimmten Punkt stehenbleibt, kann man den Schauplatz des Kampfes gut kennenlernen.

Dienstag, 16. Juli
Mir ist folgender Gedanke gekommen: In dem Augenblick, wo ich den starken, echten Wunsch habe, hier für mein ganzes Leben zu bleiben, bin ich zum Weggehen gerüstet. Denn in dem Augenblick, in dem ich die innere Bereitschaft spüre, mein Leben einzig zur Ehre Gottes zu leben, bin ich fähig, schöpferisch in der Welt zu leben und für meinen Nächsten offen zu sein, weil ich dann nicht mehr länger mit seiner Zuneigung stehe und falle.

Dorotheus schreibt: „Trachte nicht nach der Zuneigung deines Nächsten! Wer danach begehrt, ist betrübt, wenn er sie nicht erhält. Du selbst jedoch mußt deinem Nächsten ein Zeuge der Liebe sein und ihm Geborgenheit schenken, und so wirst du in deinem Nächsten die Liebe wecken." [22]

Mittwoch, 17. Juli
Was ein Kloster wie dieses einem schenkt, ist ein neuer Rhythmus, ein heiliger Rhythmus. Während ich in New Haven Unterricht gegeben habe, war mir der Sonntag als ein besonderer Tag bewußt, aber sonst schienen alle Tage gleich zu sein – nur eben verschieden in ihrer Beziehung zum Schulkalender. Hier ist der Rhythmus anders. Nicht nur die Sonntage sind anders, sondern jeder einzelne Tag der Woche hat seine eigene Färbung, bedingt durch die Psalmen und Hymnen, die wir singen, die Schriftlesungen, die wir hören, und am meisten durch die Eucharistie, die wir feiern. Am Anfang war ich mir kaum dessen bewußt, daß ich langsam in einen neuen Lebensstil hineingezogen wurde, in eine neue Weise, die Zeit zu empfinden und in eine neue Art, Gottes

Gegenwärtigsein zu erfahren. Aber jetzt, nachdem ich mehr als einen Monat lang am täglichen Rhythmus dieser Gemeinschaft teilgenommen habe, bei einem Minimum an Kontakt mit meinem vorhergehenden Leben, finde ich mich damit beschäftigt, über die Heiligste Dreifaltigkeit und das Leben Christi nachzudenken, über den heiligen Johannes den Täufer, den heiligen Benedikt, den heiligen Bonaventura, über oft wiederkehrende Stellen aus dem Evangelium, über einen bestimmten Psalm und einen fesselnden Satz in einer Heiligenbiographie. Es ist, als ob ich langsam aus einem grauen, dumpfen, irgendwie monotonen weltlichen Zeitzyklus herausgehoben und in eine sehr farbige, reiche Folge von Ereignissen versetzt würde, in denen Feiern und spielerisches Frohsein, Freude und Schmerz, Ernst und Unbeschwertheit in steter Abfolge ihren Platz haben.

Es ist für mich eine wichtige Erfahrung, wieder die Festtage der Heiligen zu feiern. In dem Milieu, in dem ich die letzten drei Jahre gearbeitet habe, gibt es kaum Platz für Heilige; doch hier sind die Heiligen wie Zimmergefährten, mit denen man sich ausgiebig unterhalten kann. Manchmal kann ich mit den Heiligenfesten gar nicht Schritt halten. An einem Tag scheint das ganze Haus vom Lobpreis Gottes wegen des heiligen Benedikt erfüllt zu sein; aber ich habe kaum angefangen, sein Leben zu lesen, so ist jedermann schon wieder über einen anderen Heiligen in Begeisterung. Dazu kommt noch, daß die Mönche nicht ihren Geburtstag, sondern ihren Namenstag feiern; so haben viele Festtage eine besondere Bedeutung für die einzelnen Mönche. Das gibt dem allem ein noch persönlicheres Gepräge.

Ich erinnere mich aus meinen Gymnasialjahren bei den Jesuiten und aus meinen Seminarjahren, wie der weltliche und der sakrale Zeitzyklus sich immer gegenseitig durchschnitten haben. Aber hier gibt es nichts, womit der Rhythmus durchschnitten werden könnte. Hier ist der einzige Zyklus derjenige der Liturgie, und hier ist die Zeit wirklich erlöst. Man sieht und empfindet, daß der monastische Tag, die monastische Woche, das monastische Jahr tatsächlich den Sinn haben, in dieser irdischen Zeitgebundenheit die Vorwegnahme einer himmlischen Existenz zu sein. Wir sind bereits jetzt eingeladen, an dem innersten Leben der Heiligsten Dreifaltigkeit, des Vaters, des Sohnes und des Geistes, teilzunehmen und uns über die zu freuen, die in ihrer historischen Existenz Gott schon so nahe gekommen sind, daß sie nun einen besonderen Platz im Himmelreich einnehmen. So ist die Kontemplation wirklich der Beginn dessen, was in der Auferstehung zur Vollendung kommt.

Heute war der Namenstag meines Chornachbarn, Bruder Alexis. Er sah glücklich und strahlend aus.

Donnerstag, 18. Juli

Ich erinnere mich nicht mehr recht, was es war, aber eine kleine kritische Bemerkung und ein paar ärgerliche Dinge während meiner Arbeit in der Bäckerei haben genügt, um mich kopfüber in einen Abgrund düsterer Stimmung zu stürzen. Das hat viele feindselige Gefühle ausgelöst, und in einer langen Folge krankhafter Assoziationen empfand ich mich selbst mehr und mehr widerwärtig, auch meine Vergangenheit, meine Arbeit und alle Leute, die mir in den Sinn kamen. Aber glücklicherweise sah ich mich selbst stolpern und war erstaunt darüber, welch kleine Dinge ausreichten, um mir meinen inneren Frieden zu nehmen und meine ganze Sicht der Welt aus den Angeln zu heben. Wie verwundbar ich doch bin!

Das Klima an diesem Ort voller Menschen, die im Gebet gesammelt sind, hindert mich, aus der Haut zu fahren, zornig zu werden, loszuplatzen. Ich kann mich hinsetzen und zusehen, wie schnell sich der kleine leere Platz voll Frieden in meinem Herzen wieder mit Gestein und Müll anfüllt, der von allen Seiten hineinfällt.

Es ist schwer, in einer solchen Stimmung zu beten. Aber noch während der Terz, dem kurzen Gebet unmittelbar nach der Arbeit, wenn wir in unseren schmutzigen Arbeitskleidern draußen stehen, haben wir gelesen: „Ist jemand unter euch in Bedrängnis? Er wende sich zum Gebet." Tatsächlich ist das Gebet der einzig mögliche Weg, mein Herz zu reinigen und neuen Raum zu schaffen. Ich entdecke, wie wichtig jener innere Raum ist. Wenn er vorhanden ist, scheint es, daß ich viele Anliegen anderer Menschen darin aufnehmen kann, ohne bedrückt zu werden. Wenn ich jenen inneren stillen Ort spüre, kann ich für viele andere beten und eine sehr intime Beziehung zu ihnen empfinden. Dort scheint sogar Raum zu sein für die Tausende leidender Menschen in Gefängnissen und in den Wüsten von Nordafrika. Manchmal habe ich das Empfinden, als weite sich mein Herz aus von meinen Eltern, die in Indonesien unterwegs sind, zu meinen Freunden in Los Angeles und von den chilenischen Gefängnissen zu den Pfarreien in Brooklyn.

Jetzt weiß ich, daß nicht ich es bin, der betet, sondern daß der Geist Gottes in mir betet. Tatsächlich, wenn Gottes Herrlichkeit in mir wohnt, dann ist nichts zu weit entfernt, nichts zu schmerzlich, nichts zu fremd oder zu vertraut, als daß sie es nicht in sich aufnehmen und durch ihre Berührung erneuern könnte. Jedesmal, wenn ich die Herrlichkeit Gottes in mir erkenne und ihr Raum gebe, um sich mir zu offenbaren, kann ich alles Menschliche zu ihr bringen, und alles wird von ihr verwandelt. Von Zeit zu Zeit weiß ich es genau: Doch, Gott hört mein Gebet. Er selbst betet in mir und rührt hier und jetzt die ganze Welt mit seiner Liebe an. In solchen Augenblicken erscheinen alle Fragen über die „soziale Bedeutung" des Gebetes stumpfsinnig und sehr unintelligent; das schweigende Gebet des Mönches dagegen als eines der wenigen Dinge, die in dieser Welt ein bißchen geistige Gesundheit aufrechterhalten.

Aber dann wieder: wie wenig braucht es, daß alles mögliche auf mich einstürzt und mein Herz zu einem finsteren Ort der Unwissenheit macht! Gerade heute habe ich gelesen: „Glaube ist ein Gedanke an Gott, frei von Leidenschaft."[23] Wie schwerwiegend das klingt nach einem leidenschaftlich verbrachten Tag!

Freitag, 19. Juli
Während des viereinhalbstündigen Rosinenwaschens heute morgen konnte ich mich auf nichts konzentrieren als auf den Wunsch, die letzte Rosine durch die Maschine laufen zu sehen.

Im „U.S. News and World Report" lese ich, daß Edwin Aldrin, der zweite Mann auf dem Mond, ein Buch geschrieben hat, „Rückkehr zur Erde", das seine Anpassungsprobleme an eine Welt beschreibt, in der er keine Ziele mehr sieht, die er erreichen könnte. Es heißt auch, er werde zeitweise von tiefen Depressionen gequält. Ich möchte gern seine Depressionen besser verstehen. Der Umstand, daß er den Mond besucht hat, muß sein Verständnis der Erde tiefgreifend beeinflußt haben.

Samstag, 20. Juli
Ich denke über die Arbeit meiner letzten drei Jahre nach und sehe mehr und mehr ein, daß sie der Einheit entbehrt hat. Die vielen Dinge, die ich in diesen Jahren getan habe, kommen mir zerstückelt vor, ohne wirkliche Beziehung zueinander, nicht aus einer gemeinsamen Quelle. Ich habe in bestimmten Stunden des Tages gebetet, aber mein Gebet hatte nichts mit meinen Vorträgen, nichts mit meinen Reisen und nichts mit meinen persönlichen Ratschlägen zu tun. Wenn ich an die vielen Einladungen zu Vorträgen denke, die ich mit dem Argument abgeschlagen habe, mir fehle die Zeit zur Vorbereitung, so sehe ich jetzt, wie ich jedes Engagement zum Sprechen – sei es eine Vorlesung, eine Predigt oder eine Eröffnungsrede – als neuen Leistungsanspruch betrachtet habe, der eine neue Vorbereitungsanstrengung erforderte. Mir war immer gewesen, als müßte ich eine anspruchsvolle Zuhörerschaft unterhalten, die mit irgendeiner armseligen Ausführung nicht zufrieden ist. Kein Wunder, daß diese Einstellung zu Müdigkeit und möglicherweise zu völliger Erschöpfung führt. Sogar kleine tägliche Aufgaben, wie das Gespräch mit den eigenen Studenten, wird dann zu einer Bürde, die Angstgefühle hervorruft.

Nun sehe ich, daß ich ganz durcheinander war und daß ich mein Leben in viele Teile zerstückelt hatte, die nicht wirklich eine Einheit dargestellt haben. Die Frage ist nicht: „Habe ich Zeit zur Vorbereitung?", sondern: „Lebe ich in einem Zustand des Vorbereitetseins?" Wenn meine einzige Sorge Gott ist, wenn Gott der Mittelpunkt meines Interesses ist, wenn all mein Beten, Lesen, Studieren, mein Sprechen und Schreiben nur dazu dient, Gott besser kennenzulernen und ihn besser bekannt zu machen, dann gibt es keinen Grund zu Angst und Lampenfieber. Dann kann ich in einem solchen Zustand des Vorbereitetseins und des Vertrauens leben, daß das Sprechen vom Herzen her auch ein Sprechen zum Herzen hin ist. Als Ursache meiner Ängste und der sich daraus ergebenden Erschöpfung während der letzten drei Jahre könnte man sehr wohl einen Mangel an innerer Einheit meines Geistes, einen Mangel an Zusammenschau, einen Mangel an Einfachheit diagnostizieren. Tatsächlich, wie geteilt war mein Herz und ist es immer noch! Ich möchte Gott lieben, aber ich möchte auch Karriere machen. Ich möchte ein guter Christ sein, aber ich möchte auch meine Erfolge als Lehrer, Prediger und Redner haben. Ich möchte ein Heiliger sein, aber ich möchte auch die angenehmen Empfindungen des Sünders nicht missen. Ich möchte Christus nahe sein, aber ich möchte auch weitbekannt und von vielen Menschen geliebt werden. Kein Wunder, daß das Leben dann ein so aufreibendes Unternehmen wird. Das Charakteristikum eines Heiligen ist, um Kierkegaards Worte zu gebrauchen, „nur eine *einzige* Sache zu wollen". Ich dagegen will mehr als eine einzige Sache, mein Herz neigt nach zwei Seiten, mein Geist strebt in zwei Richtungen, und meine Treue ist recht gespalten.

„Suchet zuerst das Himmelreich... und alles andere wird euch dazugegeben werden" (Mt 6,33). Jesus ist in diesem Punkt sehr eindeutig. Ihr könnt nicht Gott dienen und dem Mammon, ihr könnt nicht für ihn und gegen ihn sein, ihr könnt ihm nicht nur ein bißchen folgen. Alles oder nichts.

John Eudes hat gesagt, daß seine Konferenzen mit den Mönchen aus seinen Meditationen erwachsen. Sie seien gleichsam ein Teilen seines eigenen Betens mit anderen. Wenn ich es zu einem solchen Vertrauen auf Gott bringen würde, zu einer solchen Auslieferung, zu einer so kindlichen Offenheit, dann würden viele Spannungen und Sorgen fortfallen, sie würden als falsche, leere, unnötige Sorgen entlarvt werden, die nicht der Zeit und der Energie wert sind, und mein Leben würde ganz einfach werden. Meine Predigten und mein Unterricht, meine Vorträge und meine Sprechstunden könnten dann sozusagen verschiedene Formen eines meditativen Lebens sein. Dann wäre mein Geist wahrscheinlich offener, offen für viele Dinge, die ich zuvor nicht bemerkt habe, offen für viele Menschen, für die ich früher kein Ohr gehabt habe. Dann würde ich mir keine Sorgen mehr um meinen Namen, meine Karriere, meinen Erfolg, meine Popularität machen, sondern ich wäre offen für die Stimme Gottes und für die Stimme seines Volkes. Dann würde ich wahrscheinlich viel besser wissen, welche Tätigkeit sich lohnt und welche nicht, welche Vorträge ich annehmen und welche ich ablehnen soll, mit welchen Leuten ich die Zeit verbringen und welche ich mir vom Leib halten soll. Dann würde ich höchstwahrscheinlich weniger von Leidenschaften geplagt werden, die mich verführen, die falschen Bücher zu lesen, an falschen Orten herumzuhängen und meine Zeit in der falschen Gesellschaft zu verschwenden. Dann würde ich zweifellos viel mehr Zeit zum Beten, Lesen und Studieren haben, und ich wäre immer bereit, das Wort Gottes zu verkünden, wenn der richtige Zeitpunkt da ist. Wo immer ich wäre, zu Hause, im Hotel, im Zug, im Flugzeug oder auf dem Flugplatz, ich wäre nicht gereizt, ruhelos und begierig, irgendwo anders zu sein oder irgend etwas anderes zu tun. Ich würde wissen, daß im Hier und Jetzt das ist, was zählt und was wichtig ist, weil Gott selbst es ist, der wünscht, daß ich in diesem Augenblick an diesem Ort bin.

Hier, im behüteten Bereich der Abtei, bin ich imstande, dies alles ziemlich klar zu sehen. Ich hoffe, daß ich etwas von dieser Sicht der Dinge mit mir nehme, wenn ich diesen Ort verlasse und wieder in die Welt gehe, die aus lauter Bruchstücken besteht und auch mich zerstückelt.

Einer der Mönche hat heute zu mir gesagt: „Mönche sind wie Kinder: sie sind sehr scheu und sehr sensibel. Wenn man sie grob behandelt, ziehen sie sich leicht zurück. Sie sind nicht wie Studenten im College, denen seelische Knüffe und Püffe nicht so schnell etwas ausmachen. Die Mönche dagegen sind sehr leicht verletzlich, und wenn einer mit zu geballter Kraft auf sie losgeht, könnte ihre Reaktion darin bestehen, daß sie sich vor ihm verbergen."

Sonntag, 21. Juli
Sonntags steht immer ein Blumenstrauß vor dem Altar. Heute war es ein Weizenstrauß, um die Weizenernte anzukündigen, die morgen beginnen soll. Sein Anblick hat mich tief bewegt. Nicht nur wegen der offensichtlichen Beziehung zwischen dem Weizen und dem Geheimnis der Eucharistie, sondern auch, weil wir alarmierende Nachrichten über den Weizenmangel in den nördlichen Ländern Afrikas bekommen haben.

Am Anschlagbrett hing ein Brief von den Weißen Vätern, die ihre Missionen in Afrika haben. Ein verzweifelter Brief, der uns berichtet, daß Millionen Menschen hungern, während wir in den USA Artikel darüber veröffentlichen, wie man sein Gewicht verringern kann. Zur Zeit des römischen Weltreiches waren diese afrikanischen Länder reich, hatten Weizen und Viehherden im Überfluß. Heute sind sie eine verlassene Wüste, die sich weiter und weiter ausdehnt. Im Kapitel hat John Eudes von seinem Besuch in Nigeria im Mai erzählt. Er hat berichtet, wie die Bauern dort auch noch ihr ausgetrocknetes Land pflügen, einfach um nicht die Übung zu verlieren, aber ohne Hoffnung auf eine Ernte. Jedes Jahr dringt die Wüste drei bis zwanzig Meilen vor. Jedes Jahr weniger Meilen Landes, das man bebauen kann, und mehr Meilen trockenen unfruchtbaren Sandes.

Und wir? John Eudes sagte: „Als ich von Afrika zurückkehrte, kam mir unser Land wie ein Paradies vor: grün, reich, fruchtbar." Wie kommt es, daß wir fähig sind, so viel zu produzieren – und unfähig, es mit den hungernden Menschen zu teilen, die nur achtzehn Flugstunden von uns entfernt leben?

Es liegt an einer Anzahl verwickelter Faktoren. Aber was für Erklärungen wir auch immer finden mögen, sie können uns nicht von dem Vorwurf lossprechen, daß wir nicht genug getan haben, um das zu verhindern. Bruder Anthony fragte: „Wissen wir, wo *unser* Weizen hingeht?" Die Antwort war: „Wir wissen nur, daß er von Menschen und nicht von Tieren verzehrt wird; aber von wem er gegessen wird, liegt außerhalb unserer Kontrolle."

Man muß über all das gründlicher nachdenken und mit Klugheit vorgehen. Wenn ich an meine Arbeit denke, die ich nach meinem Aufenthalt im Kloster wiederaufnehmen werde, muß ich mich fragen, in welcher Beziehung sie zu diesem weltweiten Problem steht, das uns fraglos viele kommende Jahre beschäftigen wird. Für den Augenblick scheint es mir, daß das Fasten die beste Weise ist, um mich an die Millionen zu erinnern, die hungern müssen, und um mein Herz und meinen Geist für eine Entscheidung zu läutern, die sie nicht ausschließt.

Montag, 22. Juli

Heute habe ich bei meinem Treffen mit John Eudes über meine Beziehung zu Maria, der Mutter Gottes, gesprochen. In meiner Kindheit spielte sie eine sehr wichtige Rolle in meiner religiösen Entwicklung. Die Andachten im Mai und Oktober, die in unserer Familie gepflegt wurden, sind ein fester Bestandteil meiner Kindheitserinnerungen. Wir bauten kleine Altäre, sangen Lieder, beteten Rosenkränze und schienen Freude daran zu haben. Aber nach meinen Seminarjahren entwickelte sich in den Kreisen, in denen ich lebte, eine gewisse Abneigung gegen diese

Frömmigkeitsformen, und Maria, die Mutter Jesu, wurde in meinem religiösen Leben immer unbedeutender.

Aber diese Woche ist sie „zurückgekommen". Nicht durch irgendeinen bewußten Versuch, meine Marienverehrung wieder aufleben zu lassen, oder durch ein Buch oder irgendeinen Rat; sondern ohne jede Einmischung von außen habe ich sie mitten im Herzen meiner Suche nach einem stärker kontemplativen Leben gefunden. Wenn etwas dazu beigetragen hat, dann war es die Ikone Unserer Lieben Frau von Wladimir in der Abteikapelle. Ich konnte meine Augen nicht mehr von diesem anmutigen Gemälde abwenden, das übrigens eine Kopie ist, die ein Mönch von Gethsemani gemalt hat.

Mit einem irgendwie traurigen, melancholischen Blick sieht Maria den Betrachter an und weist mit ihrer rechten Hand auf das Kind, das sie auf ihrem linken Arm trägt. Das Kind umarmt sie mit einer sehr zärtlichen Geste. Die Innigkeit der Umarmung des Kindes kommt durch die kleine Hand zum Ausdruck, die unter dem Schleier auf Mariens Haupt hervorschaut und liebevoll ihre linke Wange berührt. Das Kind sieht aus wie ein kleiner Erwachsener in einem Mönchshabit.

Ich verweile im Anblick dieser intimen Szene, und Friede strömt in meine Seele. Maria spricht zu mir von Jesus. Sie lenkt mich zu ihm, aber ohne besorgte Warnungen, ohne energische Aufrufe, ohne fordernden strengen Blick. Es ist, als wollte sie sagen: „Sieh, er, der dein Herr und dein Heil ist, ist um deinetwillen klein und verwundbar geworden. Warum kommst du nicht näher und hörst zu, was er dir sagen will?" Zugleich scheint es, als wolle sie mich einladen, an der Intimität zwischen ihr und dem Kind teilzuhaben.

Diese Woche habe ich oft Widerstand gegen das persönliche Gebet empfunden. Jedesmal, wenn ich versucht habe, mich hinzusetzen und allein zu beten, sind meine Gedanken zu dem Buch gewandert, das ich gelesen habe und weiterlesen wollte, zu dem Hunger, den ich spürte, zu einem Mönch, mit dem ich nicht zurechtkam, zu einem feindseligen Gefühl oder einem Tagtraum, den ich nicht abschütteln konnte. Gewöhnlich habe ich meinen Versuch damit beendet, ein paar Minuten zu lesen, um meine Gedanken wieder zu sammeln. Aber wenn ich vor der Ikone Unserer Lieben Frau von Wladimir kniete, war das anders. In gewisser Weise schmolz dann mein Widerstand gegen das Meditieren dahin, und ich freute mich einfach, in die Intimität zwischen Jesus und Maria eingeladen zu sein.

John Eudes hat sich nicht gescheut, auf die psychologischen Hintergründe dieser Erfahrung einzugehen. Er hat mir klargemacht, wie männlich mein Gefühlsleben tatsächlich ist, wie sehr Konkurrenzkampf und Rivalität im Mittelpunkt meines inneren Lebens stehen und wie unterentwickelt die weibliche Seite meines Wesens geblieben ist. Er hat mir vom heiligen Bernhard erzählt, der sich nicht gescheut hat, die Aufgabe des Mönches eine weibliche Aufgabe zu nennen (im Unterschied zur männlichen Aufgabe des Weltpriesters) und dem Abt (das Wort kommt von Abba = Vater) seine Aufgaben als Mutter vor Augen zu halten. John Eudes hat mich auch darauf hingewiesen, daß das hebräische Wort für Gottes Geist, ruach, männlich und weiblich zugleich ist und so zum Ausdruck bringt, daß in Gott das männliche und das weibliche Element vereint sind. Maria hilft mir, wieder mit der empfänglichen, kontemplativen Seite meines Wesens in Berührung zu kommen und zu meiner einseitig aggressiven, feindseligen, machtlüsternen, konkurrenzneidischen Haltung ein Gegengewicht zu finden. „Es ist gar nicht erstaunlich, daß Sie so leicht niedergedrückt und müde werden", sagte er. „Sie verbrauchen viel von Ihrer Energie dazu, Ihre feindseligen Gefühle und Aggressionen unter Kontrolle zu halten und sich ein höfliches und liebenswürdiges Aussehen zu geben."

Ich hoffe und bete, daß ich durch die wiedererwachte Verehrung Mariens, der Gottesmutter, meiner anderen Seite zum Wachstum und zur Reife verhelfen kann, damit meine Ichbezogenheit, mein Argwohn und mein Zorn abnehmen und ich fähiger werde, Gottes Gaben zu empfangen, fähiger, ein Kontemplativer zu werden, fähiger, Gottes Herrlichkeit in mir wohnen zu lassen, so wie sie zutiefst in Maria gewohnt hat.

Dienstag, 23. Juli

Man kann im kontemplativen Leben jeden inneren oder äußeren, kleinen oder großen Konflikt als die Spitze eines Eisberges betrachten, als das sichtbare Stück eines tieferen und umfangreicheren Problems. Es lohnt sich, ja es ist sogar notwendig, das zu erforschen, was unterhalb der Oberfläche unserer täglichen Handlungen, Gedanken und Gefühle vor sich geht.

Der nachdrücklichste Rat, den John Eudes in seiner geistlichen Leitung gibt, ist der, die Wunden sorgfältig zu betrachten, den Gefühlen, die oft peinlich und beschämend sind, Aufmerksamkeit zu schenken und sie bis in ihre Wurzeln zu verfolgen. Er sagt mir immer wieder, ich solle störende Tagträume und feindselige Krümmungen meines Geistes nicht beiseite schieben, sondern sie hochkommen lassen und mit Sorgfalt erforschen. Ich soll mich nicht in Panikstimmung bringen lassen und davonlaufen, sondern sie sorgfältig in den Blick nehmen.

Es mag aufschlußreich sein, hier die Lehre des Diadochus von Photike über die Unterscheidung der Geister zu zitieren. Er sagt, wir sollen die Oberfläche still halten, um tief auf den Grund der Seele schauen zu können. „Wenn die See still ist, können die Augen des Fischers bis zu dem Punkt durchdringen, wo er die verschiedenen Bewegungen in der Tiefe des Wassers unterscheiden kann, so daß ihm kaum eines der Geschöpfe, die sich auf den Seepfaden bewegen, entkommen kann; doch wenn die See vom Wind aufgepeitscht ist, verbirgt sie in ihrer dunklen Ruhelosigkeit, was sie im Lächeln eines klaren Tages zeigt." [24]

Was bedeutet das? Diadochus sagt: Mit einem klaren Geist sind wir fähig, die guten von den bösen Eingebungen zu unterscheiden, so daß wir die guten bewahren und die bösen verjagen können.

Darin besteht tatsächlich der Wert der Fähigkeit, die Bewegungen seiner Seele verfolgen zu können. Wenn wir nicht in Panik geraten und Wellen erzeugen, werden wir fähig sein, sie bis zu Ende „durchzudenken". Wenn das Ende sich als totes Ende, als Sackgasse erweist, dann können wir in aller Freiheit nach einem neuen Weg suchen, ohne den falschen Argwohn, der alte könnte doch der bessere sein. Wenn wir versuchen, ständig mit dem Blick des Arztes unsere Seele zu prüfen, können wir uns mit den verschiedenen, oft komplexen Störungen unseres inneren Lebens vertraut machen und mit Zuversicht auf den Pfaden wandern, die zum Licht führen.

Ich war überrascht und froh, eine in gewisser Hinsicht ähnliche Vorstellung in der Predigt zu finden, die Bernhard von Clairvaux den Universitätsstudenten in Paris gehalten hat. Er sagt darin: „... der, welcher das Wort des Herrn hört: Kehrt um, ihr Übeltäter, hin zum Herzen (Jes 46,8), und dann große Zuchtlosigkeiten in seinem innersten Wesen entdeckt, macht wie ein eifriger Forscher jede Anstrengung, sie bis zu ihrem Ursprung zurückzuverfolgen, eine nach der anderen, um zu erfahren, auf welche Weise sie dort hineingekommen sind."[25] Bernhard zeigt, wie uns die Einsicht in die Gründe unserer bösen Gedanken zum Bekenntnis unserer Sündhaftigkeit führt und uns für den Empfang von Gottes Erbarmen und Gnade bereit und offen macht: „Eine Krankheit, die dazu führt, die Hilfe des Arztes zu suchen, ist eine Krankheit, die zum Heil gereicht."[26]

Diese vielen Bilder und Gedanken könnten etwas verwirrend klingen, aber zwei Vorstellungen sind klar. Erstens: Laufe nicht vor deinen inneren Gefühlen davon, selbst wenn sie dir schrecklich vorkommen. Wenn du ihnen bis zum Ende folgst, wirst du sie besser verstehen und mit größerer Freiheit neue Wege suchen, wenn die alten offensichtlich vor einer Felswand enden. Zweitens: Wenn du deinen ungezügelten, wilden Erregungen auf den Grund gehst, wirst du mit deinem sündhaften Ich konfrontiert. Diese Konfrontierung sollte dich nicht in die Verzweiflung führen, sondern dich für den Empfang des Erbarmens Gottes frei machen, ohne das keine Heilung möglich ist.

Heute habe ich mit Brian Felsbrocken gesammelt, während der Regen auf uns niederströmte. Als wir nach Hause kamen, sahen wir wie zwei ertränkte Katzen aus; aber alle sind dankbar für diesen Regen, der nach drei Wochen Trockenheit gefallen ist. Er unterbricht die Weizenernte, aber der Weizen wird dadurch um so besser werden.

Mittwoch, 24. Juli

Ich möchte gern etwas mehr über die Liebe nachdenken. Dieses Kloster strahlt deutlich eine echte Atmosphäre der Liebe aus. Man kann wirklich sagen: die Mönche lieben einander. Ich wage sogar zu behaupten, daß sie auch mich echte Liebe spüren lassen. Ich halte das für eine sehr wichtige Erfahrung, denn sie lassen mich nicht nur Liebe erfahren, sondern sie helfen mir auch, die Liebe besser zu verstehen.

Ich habe spontan dazu geneigt, und ich tue es in vieler Hinsicht immer noch, die Liebe, die mir geschenkt wird, mit etwas Besonderem in mir in Zusammenhang zu bringen, das mich liebenswert macht. Wenn die Leute nett und freundlich zu mir sind, fühle ich mich glücklich, weil ich denke, daß ich ihnen besonders sympathisch bin und sie mich in einer bevorzugten Weise gern haben. Diese mehr oder weniger unbewußte Einstellung hat mich hier in Schwierigkeiten gebracht, denn der Mönch, der nett und gut zu mir ist, zeigt sich genauso nett und gut zu jedermann sonst. So fällt es mir schwer, zu glauben, er liebe mich wegen irgendwelcher besonderen Vorzüge, die ich habe und die andere nicht haben. Ich bin offensichtlich nicht mehr oder weniger anziehend als andere. Diese Erfahrung war im Anfang schmerzlich. Ich neigte zunächst zu der Reaktion: „Wenn er also zu jedem anderen genauso freundlich wie zu mir ist, ist seine Freundlichkeit nicht echt. Sie ist eben nur gespielt, und sein Lächeln ist eine künstliche Maske. Er ist freundlich, weil man von ihm erwartet, daß er freundlich ist. Er folgt einfach nur der Regel. Seine Liebe ist bloß ein Produkt des Gehorsams. Sie ist nicht natürlich, nicht spontan, nicht echt. Unterhalb seiner freundlichen Oberfläche ist er wahrscheinlich an mir als Individuum in keiner Weise interessiert."

Aber diese Grübeleien waren eben genau das: Grübeleien. Ich wußte, daß ich mich selbst anschwindelte und daß es da etwas sehr Wichtiges gab, das mir fehlte. Ich wußte es ganz einfach deshalb, weil die Geschichte, die ich mir selbst vorerzählte, nicht stimmte. Die Mönche, die mir Liebe schenken, schenken diese Liebe durchaus nicht einem abstrakten Wesen, sondern mir als einem wirklichen Individuum, mit seinen ganz eigenen Stärken und Schwächen, seinen Sitten und Gewohnheiten, seinen angenehmen und unangenehmen Seiten. Die Liebe, die sie mir erweisen, ist sehr aufmerksam und wach und bezieht sich auf mein reales Ich. Wenn ich eine Frage stelle, hören sie mit Aufmerksamkeit zu und versuchen mir zu helfen; und wenn ich Hilfe brauche, eine Auskunft oder Anteilnahme, so versuchen sie, so gut sie können, mir zu geben, was ich brauche. So ist ihre Liebe zu mir zwar nicht exklusiv und ausnahmsweise groß oder einmalig, aber doch bestimmt nicht allgemein, abstrakt und unpersönlich oder bloß ein Gehorsamsakt der Regel gegenüber.

Es ist wichtig für mich, mir klarzumachen, wie begrenzt, unvollkommen und schwach meine Auffassung der Liebe gewesen ist. Nicht meine theoretische Auffassung, sondern meine Auffassung, wie sie in meinen gefühlsmäßigen Antworten auf konkrete Situationen zutage tritt. Meine Auffassung der Liebe erweist sich als exklusiv: „Du liebst mich nur dann wirklich, wenn du andere weniger liebst"; als fordernd: „Wenn du mich wirklich liebst, wünsche ich, daß du mir besondere Aufmerksamkeit schenkst"; als Sucht nach Manipulation: „Wenn du mich liebst, wirst du besondere Dinge für mich tun." Diese Auffassung der Liebe führt leicht zur Eitelkeit: „Du mußt etwas ganz Besonderes in mir sehen"; zur Eifersucht: „Warum interessierst du dich plötzlich für jemand anders und nicht für mich?" und zum Zorn: „Ich werde dir zu verstehen geben, daß du mich vernachlässigst und im Stich gelassen hast."

Aber die Liebe ist „immer geduldig und freundlich; sie ist niemals eifersüchtig; die Liebe ist niemals prahlerisch oder aufgebläht; sie ist niemals roh oder selbstsüchtig; sie zeigt sich nie verletzt, und sie trägt nicht nach" (1 Kor 13, 4–5).

Diese Auffassung der Liebe muß ich mir langsam zu eigen machen. Aber wie? Es scheint, daß die Mönche die Antwort wissen: „Du mußt den Herrn, deinen Gott, lieben mit deinem ganzen Herzen, mit deiner ganzen Seele, mit deiner ganzen Kraft." Das ist das größte und das erste Gebot. Es scheint, daß das Leben, das die Mönche führen, Zeugnis dafür gibt, daß man das erste Gebot auch wirklich als erstes halten muß, so daß man das zweite, „das ihm gleich ist", genauso verwirklichen kann: „Du sollst deinen Nächsten lieben wie dich selbst" (Mt 22, 37–39). Ich beginne zu erfahren, daß eine bedingungslose totale Liebe zu Gott eine sehr ausdrückliche, aufmerksame und umsichtige Liebe zum Nächsten ermöglicht. Was *ich* oft „Nächstenliebe" nenne, erweist sich nur allzuoft als eine ansatzweise, bruchstückhafte oder momentane Faszination, die gewöhnlich sehr unbeständig und nicht von langer Dauer ist. Doch wenn wirklich die Liebe zu Gott mein vordringliches Anliegen ist, kann auch eine tiefe Liebe zu meinem Nächsten wachsen.

Zwei weitere Überlegungen sollen das erhellen. Erstens: In der Liebe zu Gott entdecke ich mich selbst auf eine neue Weise. Der heilige Bernhard von Clairvaux beschreibt als höchste Stufe der Liebe die Liebe zu uns selbst um Gottes willen. Thomas Merton kommentiert das folgendermaßen: „Dies ist der Höhepunkt von Bernhards christlichem Humanismus. Es wird deutlich, daß die Erfüllung unserer Bestimmung nicht darin besteht, uns in Gott zu verlieren, wie die Tradition es gern ausgedrückt hat (‚wie ein Tropfen Wasser in einem Faß Wein oder wie Eisen im Feuer'), sondern uns in Gott zu finden, mit unserer gesamten individuellen und personalen Wirklichkeit; wir sollen unser ewiges Glück nicht nur dadurch genießen, daß wir voll und ganz zur unendlichen Güte Gottes gelangt sind, sondern vor allem auch dadurch, daß wir erfahren, wie sein Wille in uns voll und ganz wahr wird."[27]

Zweitens: Wenn wir uns selbst in unserer Individualität entdecken, entdecken wir zugleich unsere Mitmenschen, weil sich Gottes Herrlichkeit selbst in einer überreichen Vielfalt von Formen und Gestalten in seinem Volk offenbart. Die Einmaligkeit unseres Nächsten ergibt sich letztlich nicht aus jenen charakteristischen Eigenschaften, die nur er und sonst niemand besitzt, sondern aus der Tatsache, daß in diesem unersetzlichen, ganz bestimmten Menschen Gottes ewige Schönheit und Liebe sichtbare Gestalt annimmt. Gerade in der Kostbarkeit der individuellen Person strahlt der Widerschein der ewigen Liebe Gottes auf und wird zur Grundlage für eine in Liebe vereinte Gemeinschaft.

Wenn wir uns unserer eigenen Einmaligkeit dank der Liebe Gottes bewußt geworden sind und begriffen haben, daß wir tatsächlich liebenswert sind, und zwar, weil die Liebe Gottes in uns wohnt, dann können wir auch auf die anderen zugehen; wir entdecken dann in ihnen eine neue und einmalige Offenbarung der gleichen Liebe und können in einen intimen Austausch mit ihnen treten.

Der Gastpater, Pater Francis, hat mir den Dankesbrief des Leiters einer Gruppe geistig unterentwickelter Jungen gezeigt, die letzte Woche das Kloster besucht haben. Es war ein rührender Brief. Am meisten hatte sie die Vesper beeindruckt. Ein Junge, der gewöhnlich wegen seiner „Litanei unanständiger Worte" aus der Kirche verwiesen worden war, war überrascht gewesen, daß das diesmal nicht geschehen ist, und hat gebeten, uns wieder besuchen zu dürfen.

Ich glaube tatsächlich, daß Menschen, die nur zu dürftiger verbaler Kommunikation fähig sind, besser die Eigentümlichkeit und die Atmosphäre eines Ortes oder Ereignisses spüren als ausgesprochene Verstandes- und debattierfreudige Menschen. Diese zurückgebliebenen Jungen hatten das Geheimnis gespürt, das unter der Oberfläche der Worthülsen verborgen liegt.

Freitag, 26. Juli

Seit ich in dieser Abtei von Genesee lebe, habe ich viel mehr Briefe geschrieben, als ich bei meinem Kommen vorgesehen hatte. Meine ursprüngliche Absicht war gewesen: kein Telefon, keinerlei Briefe abschicken oder empfangen, keine Besuche, sondern eine wirkliche Einkehr „allein mit dem Alleinen".

Etliche meiner Vorhaben haben sich tatsächlich verwirklichen lassen, ausgenommen mein Vorsatz bezüglich des Briefschreibens. Ist das gut oder das Anzeichen eines Kompromisses? Vielleicht beides.

Eine der Erfahrungen mit dem Schweigen besteht darin, daß man allmählich an viele Leute, an gute alte Freunde und gute alte Feinde zu denken beginnt. Oft hat ein Gedanke zu einem Gebet geführt und ein Gebet zu einem Brief und ein Brief zu einem echten Empfinden des Friedens und der Wärme. Ein paarmal, nachdem ich einen kleinen Stapel Briefe in den Briefkasten geworfen hatte, habe ich ein tiefes Gefühl der Freude, der Versöhnung, der Freundschaft empfunden. Wenn ich es fertiggebracht hatte, jenen, die mir viel gegeben hatten, Dankbarkeit zu bekunden, denen, die ich verletzt hatte, Bedauern, denen, die ich vergessen hatte, Anerkennung, oder denen, die einen Kummer haben, mein Mitgefühl, schien mein Herz sich zu weiten und ein Gewicht von mir abzufallen. Diese Briefe schienen das Stück meines Ich wiederherzustellen, das von früherem Groll verwundet war, und sie schienen die Hindernisse wegzuräumen, die mich davon abgehalten hatten, meine Vergangenheit in mein gegenwärtiges Gebet einzubringen.

Aber die Sache hat auch noch eine andere Seite. Vielleicht verrät ein Teil meines Briefschreibens, daß ich hier nicht vergessen werden möchte und hoffe, daß „da draußen" noch Menschen sind, die an mich denken. Möglicherweise ist ein Teil meines Briefschreibens meine neue Art, Menschen dazu zu verführen, mir, der ich hier in der Abgeschiedenheit eines Klosters lebe, Aufmerksamkeit zu schenken. Ich bin sicher, daß das zum Teil zutrifft, denn im gleichen Maß, wie ich glücklich bin, wenn ich meine Briefe in den Briefkasten werfe, bin ich enttäuscht, falls ich darauf nicht entsprechend viel Antwort erhalte. Dann schrumpfen meine heroischen Äußerungen, daß ich meinen Freunden nicht schreiben werde, zu Gefühlen des Vergessen- und Alleingelassenseins zusammen.

Ich habe an all das gedacht, als ich von der bemerkenswerten Freundschaft zwischen Bernhard von Clairvaux und Wilhelm von St-Thierry[28] las; beide waren sehr sensible Menschen, aber von sehr verschiedenem Charakter. Wilhelm, Abt eines Benediktinerklosters, hegte große Bewunderung und Liebe für Bernhard. Er schrieb ihm viele Briefe, aber Bernhard antwortete nicht immer so schnell, wie Wilhelm es erwartete. Einmal, nach vielen unbeantworteten Briefen, schrieb Wilhelm: „Plus amans, minus diligor" („ich liebe mehr, als ich geliebt werde"). Das hat gereicht, um Bernhard zu einer langen, leidenschaftlichen Antwort herauszufordern: „Du kannst bei mir sein, wenn du dir nur das vor Augen hältst, was ich bin; du kannst auch bei mir sein, sooft du nur willst, wenn du dich damit zufriedengibst, mich so zu finden, wie ich bin und nicht, wie du wünschst, daß ich sein sollte."[29] Mit diesem und vielen anderen Sätzen antwortete Bernhard auf die Vorhaltung, seine Liebe zu Wilhelm sei geringer als die Liebe Wilhelms zu ihm.

Louis Bouyer bemerkt in seinem Kommentar zu diesem Briefwechsel trocken: „... es ist offensichtlich, daß diese Erfahrung Bernhards sehr sensiblen und leidenschaftlichen Menschen oft zuteil wird. Solange er seine Freunde im Sinn hatte, war er ganz vom Gedanken an sie in Anspruch genommen; aber er konnte ebensogut einen ganzen Monat lang nicht an sie denken."[30]

Wilhelm von St-Thierrys Bedürfnis nach Freundschaft steckt ein gutes Stück weit auch in mir, und manchmal zeugt dieses Bedürfnis mehr von einem Mangel an gesundem Selbstwertgefühl als von einer wirklichen Freude an guten Beziehungen. Wenn ich noch auf Briefe angewiesen bin, die mir meinen Wert unter Beweis stellen sollen; wenn ich selbst dann noch Aufmerksamkeit brauche, wenn ich all meinen Freunden gesagt habe, daß ich mich für ein halbes Jahr „zurückziehen" möchte, dann muß man mit gutem Grund fragen, ob ich wirklich allen Ernstes den Wunsch habe, „allein zu sein mit dem Alleinen".

Dennoch bin ich zutiefst davon überzeugt, daß ich nur dann echte Freundschaft schenken und empfangen und Briefe schreiben kann, die frei von verführerischen Absichten sind, wenn ich es Gott ermögliche, in meinen Raum der Einsamkeit hereinzukommen, und wenn ich ihm gestatte, mir kundzutun, daß ich weitaus tiefer geliebt werde, als ich mir vorstellen kann. Wenn ich mit Paulus sagen kann: „Nicht ich lebe, sondern Christus lebt in mir", dann brauche ich nicht länger von der Aufmerksamkeit anderer abhängig zu sein, um ein echtes Selbstwertgefühl zu haben. Denn dann begreife ich, daß meine wesentlichste Identität diejenige ist, die ich als Gnade von Gott empfangen habe und die mir Anteil an seinem eigenen göttlichen Leben gibt.

Jedoch bleibt es bemerkenswert, wie wenig über das Briefschreiben als eine wichtige Form des Dienstes gesagt und geschrieben worden ist. Ein guter Brief kann den schmerzvollen Tag eines Menschen verwandeln, kann alle Gefühle der Verstimmung verscheuchen, kann ein Lächeln schenken und Freude ins Herz senken. Immerhin besteht ein beträchtlicher Teil des Neuen Testaments aus Briefen, und einige der tiefsten Einsichten sind in Briefen formuliert worden von Menschen, die einander in tiefer persönlicher Zuneigung zugetan waren. Das Briefschreiben ist eine sehr wichtige Kunst, besonders für jene, die die Frohe Botschaft bringen wollen.

Samstag, 27. Juli

Vor einigen Tagen haben wir das Buch über den spanischen Stierkämpfer „Oder du wirst Trauer tragen" beendet. Die letzte Seite beschreibt die Begegnung des zweiunddreißigjährigen Millionärs und Matadors mit Generalissimus Franco. In vieler Beziehung ist das ein trauriges Ende. Ein junger Mann, der kaum lesen und schreiben konnte, ist im gleichen Maß abscheulich reich geworden, wie er abscheulich arm gewesen war. Er ist kein sehr glücklicher Mensch geworden. Er ist zu einem Reichtum und einer Popularität gelangt, die seine verwegensten Träume übertroffen hat, aber irgendwie war er bis zur Stunde nicht fähig, die wirkliche Tragödie seines Landes zu verstehen. Mit einem naiven Stolz hat er sich mit Franco fotografieren lassen, mit dem Mann, der seinen Vater in seinen Arbeitslagern eingesperrt hatte. Jetzt lesen wir „Der große Hunger" von Cecil Woodham Smith. Es ist die Geschichte der irischen Kartoffel-Hungersnot in den Jahren um 1840, in deren Verlauf ungefähr eine Million Bauern umgekommen sind und die einer der Hauptauslöser für die große irische Auswanderungswelle in die USA war. Nachdem wir von Armut und Hunger in Spanien gehört haben, wird jetzt eine noch mehr ins einzelne gehende Darstellung der Leiden der irischen Bauern im letzten Jahrhundert vorgelesen.

Unterdessen halten uns die Zeitungen vor Augen, daß zahllose Menschen in Nordafrika verhungern. Ich glaube nicht, daß sich irgendein Mönch irgendeine Illusion macht, wenn er ein klein wenig fastet. Die einfachen Mahlzeiten hier kommen einem allmählich wie üppige Festmähler vor und schmecken auch bald so, wenn man zusammen mit seiner Nahrung diese Berichte über den Hunger in sich aufnimmt.

Eines der besonderen Kennzeichen, die der Historiker Bob Lifton beim modernen Mann und der modernen Frau feststellt, ist ihre Entwurzelung aus der Geschichte. Es fehlt ihnen jener Sinn für Kontinuität, der für die Entwicklung eines schöpferischen Lebensstils unabdingbar ist. Sie sehen sich selbst als Teil eines geschichtslosen Ablaufes, in dem nur der kurzfristige Augenblick des Hier und Jetzt Wert hat.

Ich mußte daran denken, als ich einen Artikel mit der Überschrift las: „Die Suche nach Identität: Die Amerikaner erforschen ihre Stammbäume". Es heißt darin: „Viele junge Menschen der Generation der sechziger Jahre, die einmal lauthals von sich verkündet haben, sie hätten kein Interesse an einer ‚toten' Vergangenheit, werden von der Welle derer mitgerissen, die sich plötzlich mit Fragen beschäftigen wie: ‚Wie sieht meine Vergangenheit aus? Wer sind meine Vorfahren? Wie haben sie ausgesehen? Was haben sie getan?' ... Bibliotheken und Archive mit genealogischen Beständen berichten, daß das Interesse ständig zunimmt. In den Archiven von Washington, D.C., sind die schriftlichen Anfragen von etwa 3000 monatlich im Jahre 1954 auf etwa 4000 pro Woche in diesem Jahr angestiegen. Dazu kommen wöchentlich fast 1000 Menschen persönlich, um eine Million Kubikfuß Dokumente zu durchsuchen."[31]

Hier scheint ein Umschwung stattzufinden, und zwar sehr schnell. Die Atmosphäre in den Universitätsbezirken unterscheidet sich in diesem Jahr auffallend von derjenigen, die drei Jahre vorher geherrscht hat. Sie ist weniger aktivistisch, mehr reflektiv, weniger avantgardistisch, stärker traditionell, weniger beschäftigt mit dem „Neuesten", mehr mit dem „Frühesten", weniger ruhelos, gesetzter. Manche sprechen von einer Rückkehr zu den fünfziger Jahren. Mag sein, aber es ist mehr als das. Für jene, die die sechziger Jahre durchlebt haben, werden die siebziger notwendig anders als die fünfziger sein. Aber wir sind offensichtlich dabei, nach unseren Wurzeln zu suchen. Ich spüre das in mir selbst. Hier lese ich zum erstenmal Johannes Klimakus, Evagrius, Dorotheus, Diadochus – Menschen, die ihre Schriften zwischen 350 und 650 verfaßt haben, und jetzt bin ich in Bernhard von Clairvaux, Wilhelm von St-Thierry und Aelred von Rievaulx vertieft, drei große Persönlichkeiten des 12. Jh.

Ich fühle mich ihnen sehr nahe. Ich spüre, daß diese „alten Männer" mir bei der Suche nach mir selbst und nach Gott ungeheuer viel helfen. Sie tun viel mehr, als mich nur daran zu erinnern, daß meine Probleme nicht neu und originell sind. Sie geben mir ein neues Selbstgefühl, das tief in die turbulente Geschichte des Gottesvolkes eingebettet ist. Ich habe kein großes Interesse an meinem Stammbaum, aber vielleicht ist das, was ich suche, von dem, was viele junge Leute in den Washingtoner Archiven suchen, doch nicht so verschieden: Wir suchen nach unseren Wurzeln. Für jene, die kaum – wenn überhaupt – etwas von Gottes Kommen in die Geschichte durch seinen Sohn Jesus Christus gehört haben, sind die Washingtoner Archive verständlicherweise ein Ort, an dem sie mit der Suche nach einer Antwort auf die Frage beginnen: „Wie sieht meine Vergangenheit aus, und was sagt sie mir über mich selbst hier und jetzt?"

Sonntag, 28. Juli

Was ist zu tun, wenn du dich immer mit anderen Leuten vergleichst? Was ist zu tun, wenn du immer den Eindruck hast, daß die Leute, zu denen du sprichst, von denen du hörst oder liest, intelligenter, geschickter, anziehender, liebenswürdiger, großherziger, praktischer oder kontemplativer sind als du? Was ist zu tun, wenn du nicht davon loskommen kannst, dich mit anderen zu messen, und dabei immer das Gefühl hast, daß sie die eigentlich wichtigen Leute sind, während du niemand bist oder noch weniger als das?

Es ist offensichtlich, daß diese Eindrücke verzerrt sind, aus der Proportion geraten, das Ergebnis von Projektionen und sehr schädlich für ein gesundes geistliches Leben; aber darum sind sie nicht weniger wirklich und können an dich heranschleichen, ehe du dir dessen bewußt bist. Bevor du es weißt, bist du dabei, das Alter und die Bildung anderer mit deinem eigenen Alter und deiner Bildung zu vergleichen, und bevor du es weißt, bist du in einen sehr schädlichen psychologischen Wettkampf und in ein rivalisierendes Verhalten hineingeraten.

Ich habe heute mit John Eudes darüber gesprochen. Er hat mir geholfen, diese Erscheinung etwas tiefer zu analysieren. Wir haben über den Teufelskreis gesprochen, in den man gerät, wenn man ein schwaches Selbstbewußtsein oder Selbstzweifel hat und dann andere in einer Weise betrachtet, daß dadurch diese Empfindungen noch verstärkt und verfestigt werden. Das ist wieder ganz die berühmte Selbsterfüllungs-Prophezeiung. Ich knüpfe mit einer bestimmten Vorahnung Beziehungen an und fürchte und benehme mich dann derart, daß ich ganz unabhängig davon, was die andern sagen oder tun, sie als stärkere, bessere, wertvollere Personen erfahre, mich selbst aber als schwächer, schlechter und nicht wert, daß man mit mir spricht. Nach einer Weile wird die Beziehung unerträglich, und ich finde eine Ausrede, um mich zu verabschieden, weil mir jetzt noch elender zumute ist als zu Anfang der Beziehung. Mein normalerweise abstraktes Gefühl, daß ich wertlos bin, wird in einer bestimmten Begegnung konkret, und dann nehmen meine falschen Ängste eher zu, als daß sie sich verringern. So werden echte, ebenbürtige Beziehungen schwierig, wenn nicht unmöglich, und es zeigt sich, daß viele meiner Gefühlsregungen in bezug auf andere passiver Natur sind.

Was ist zu tun? Soll man die Analyse weitertreiben? Es ist nicht schwer, die Dynamik dieses neurotischen Verhaltens zu erkennen. Aber es ist nicht leicht, sie zu durchbrechen und ein reiferes Leben zu entwickeln. Darüber gibt es viel zu sagen, und viel ist darüber von Psychologen und Psychotherapeuten gesagt worden. Aber was kann man aus der geistlichen Perspektive dazu sagen?

John Eudes sprach von dem Augenblick, von dem Punkt, von der Stelle, die vor dem Vergleichen liegt, ehe der Teufelskreis der Selbsterfüllungs-Prophezeiung beginnt. Das ist der Augenblick, der Punkt oder die Stelle, wo die Meditation einsetzen kann. Es ist der Augenblick, wo man mit Lesen, Sprechen oder Beisammensein aufhören und seine Zeit mit Meditation „verschwenden" sollte. Wenn man seinen Geist wieder damit beschäftigt findet, sich mit anderen zu vergleichen, sollte man eine „leere Zeit" der Meditation ansetzen, auf diese Weise den Teufelskreis seiner Grübeleien unterbrechen und in die Tiefe seiner eigenen

Seele vorstoßen. Dort kann man bei dem sein, der da war, ehe man selbst kam, der den Menschen geliebt hat, ehe er selbst lieben konnte, und der ihm sein eigenes Ich gegeben hat, ehe irgendein Vergleich mit anderen möglich war. In der Meditation können wir die Bestätigung erfahren, daß wir nicht von anderen Menschen, sondern von Gott geschaffen sind, und daß wir nicht danach beurteilt werden, ob wir den Vergleich mit anderen bestehen, sondern ob wir den Willen Gottes erfüllen.

Das ist nicht so leicht, wie es klingt, denn gerade in der Meditation werden wir uns dessen schmerzlich bewußt, wie sehr wir bereits das Opfer unseres eigenen Wettbewerbsdenkens geworden sind und wie sehr wir unsere Seele schon an die Wertschätzung anderer verkauft haben. Wenn wir der Erkenntnis dieser Tatsache nicht aus dem Weg gehen, sondern uns ihr stellen, können wir aufdecken, daß sie uns in falschen Illusionen gewiegt hat; wir werden dann auch fähig, unsere wesentliche, grundlegende Abhängigkeit von Gott zu erfahren und von da aus die falschen Abhängigkeiten, in die wir in unserem Alltagsleben verstrickt werden, zu überwinden.

Je mehr ich darüber nachdenke, desto besser begreife ich, wie wesentlich die Worte des heiligen Johannes sind, Worte, die auch das Herzstück der Gedanken des heiligen Bernhard ausmachen: „Laßt uns Gott lieben, weil Gott uns zuerst geliebt hat."

Montag, 29. Juli

Viele gegensätzliche Empfindungen haben mich heute bewegt. Zwischen den Seiten, die von den Anklagen über die Watergate-Affäre in Washington angefüllt sind, brachte die New York Times im „Wochenspiegel" die glückliche Nachricht, daß die griechische Militärdiktatur nach ihrem Fehlschlag, Zypern unter ihre Macht zu bringen, ihr Ende gefunden und der neue Premier, Karamanlis, alle politischen Gefangenen freigelassen hat. Ich stelle mir immer wieder die Freude der Männer und Frauen vor, die in den griechischen Gefängnissen so schrecklich gelitten haben und die nun plötzlich frei sind. Und immer wieder stelle ich mir Menschen vor, die sich in den Straßen von Athen mit Tränen in den Augen umarmen. Wer hätte vor einer Woche auch nur davon geträumt, daß das wahr werden könnte? Wie sehr hoffe ich, daß etwas Ähnliches in Chile, Paraguay und Brasilien geschehen wird!

Aber auch traurige Meldungen. Das Nachrichtenblatt der „Gesellschaft für Versöhnung" berichtet, daß in Kien Thanh im südvietnamesischen Distrikt von Kien Giang vier buddhistische Mönche erschossen und zehn verwundet worden sind, als die Polizei mit Tränengas und Gewehrfeuer gegen zweihundert demonstrierende Mönche vorgegangen ist. Das ist am 6. Juni passiert. Keine Nachricht von den vielen Buddhisten, die eingesperrt worden sind.

Alle Mönche der Abtei haben eine Bittschrift an Präsident Nixon unterzeichnet, in der sofortige drastische Maßnahmen gefordert werden, um den Hunger in Nordafrika zu lindern und dem vollständigen Verhungern zuvorzukommen. Die Bittschrift, organisiert von „Brot für die Welt", ersucht den Präsidenten, sich dafür einzusetzen, daß wir unsere Reichtümer mit den hungrigen Völkern überall auf der Welt teilen; sie drängt auf sofortige umfangreichere Ernährungshilfe und betont mit Nachdruck die Wichtigkeit, ein Welt-Sicherheits-System für Ernährung aufzubauen. Es heißt darin auch: „Wir sind bereit, weniger zu essen, um die Hungrigen zu speisen." Ich bin froh, daß wir wenigstens auf diese Weise unsere Stimme zu Gehör bringen können. Vielleicht kann das Fasten wieder neue Bedeutung bekommen, gerade in einer Zeit, wo die kirchlichen Fastenvorschriften außerhalb der Klöster praktisch verschwunden sind.

Dienstag, 30. Juli

Ob das gut oder schlecht ist, weiß ich nicht, aber zweifellos bringt mich die Einsamkeit dazu, oft über meine Vergangenheit nachzudenken. Der stille Rhythmus des monastischen Lebens läßt mich mein Gedächtnis erforschen. Ich bin erstaunt, an wie wenig ich mich erinnere. Was habe ich im Alter von sechs bis zwölf Jahren getan, gedacht und empfunden? Kleine Bruchstücke tauchen in der Erinnerung auf. Ein netter Mitschüler in der ersten Klasse, der mir eine Geschichte von Missionaren in Nordafrika erzählt hat; ein strenger Lehrer in der sechsten Klasse, der eines Tages alle seine Schüler zu sich nach Hause eingeladen hat; Klassenkameraden, die mich ausgelacht haben, weil ich schielte; meine Erstkommunion, der Kriegsausbruch und meine weinenden Eltern, der Tod meiner Großmutter und ihr Begräbnis, Indianerspiele und Cowboy-Kämpfe – aber, abgesehen von diesen Erinnerungsblitzen, lange leere Zeiträume. Was ist während meiner Teenager-Jahre geschehen? An wieviel Namen von Klassenkameraden auf dem Gymnasium kann ich mich noch erinnern? Wo sind sie jetzt? Ich wundere mich über die großen Lücken und langen Zeitspannen, die leer von erinnerungwürdigen Ereignissen zu sein scheinen. Was um Himmels willen habe ich während jener langen sechs Jahre im Seminar getan? Ich habe hart gearbeitet, aber habe ich viel gelernt?

Habe ich mein Leben wirklich gelebt, oder wurde es für mich gelebt? War wirklich ich es, der die Entscheidungen getroffen hat, die mich schließlich hierher geführt haben, oder wurde ich einfach vom Strom dahingetragen, von traurigen ebenso wie von glücklichen Ereignissen? Ich möchte das alles nicht noch einmal durchleben, aber ich möchte mich gern an mehr erinnern; dann wäre meine eigene kleine Geschichte ein Buch, über das ich nachdenken und aus dem ich lernen könnte. Ich glaube nicht, daß mein Leben nur eine lange Reihe zufällig miteinander verketteter Vorfälle und Ereignisse ist und daß ich nicht viel mehr als ein passives Opfer dieser Zufälligkeiten bin. Nein, ich glaube, daß nichts zufällig ist, sondern daß Gott an mir durch die Ereignisse meines Lebens wie ein Töpfer geformt hat und daß ich dazu berufen bin, seine gestaltende Hand zu erkennen und ihn voll Dankbarkeit für das Große, das er an mir getan hat, zu preisen.

Ich frage mich, ob ich wirklich sorgfältig genug auf den Gott der Geschichte, auf den Gott meiner Geschichte gehört und ihn erkannt habe, als er mich bei meinem Namen gerufen, das Brot gebrochen oder mich gebeten hat, nach einem fruchtlosen Tag meine Netze auszuwerfen. Vielleicht habe ich viel zu schnell gelebt, zu ruhelos, zu fiebrig, und ich habe dabei vergessen, dem Aufmerksamkeit zu schenken, was hier und jetzt geschieht, direkt vor meiner Nase. Wie man eine ganze Welt der Schönheit in einer einzigen Blume entdecken kann, so kann man auch die mächtige Gnade Gottes in einem einzigen kleinen Augenblick erleben. Man muß keine großen Reisen machen, um die Schönheit der Schöpfung zu sehen, und ebenso braucht man keine großen Ekstasen zu haben, um die Liebe Gottes zu entdecken. Aber man muß still sein und warten, um zu begreifen, daß Gott nicht im Erdbeben und nicht im Sturm oder im Blitz ist, sondern in der sanften Brise, mit der er uns von hinten anrührt.

Das Wetter war heute herrlich. Sonnig, klar, kühl, frisch und voller Freude. Ich bin eine Zeitlang mit John Eudes auf Vogelpirsch gegangen. Wir sind in Stechapfelbüschen hängengeblieben, und unsere Schuhe sind furchtbar schmutzig geworden, weil wir durch ein frischgepflügtes Feld stapften. Wir sahen einige schöne Regenpfeifer im Flug.

Heute nachmittag arbeitete ich im Bachbett und fand mehr Granitbrocken als gewöhnlich. Der Blutweiderich färbte die Ränder des Bachbettes violett. Auf dem Rückweg zeigte mir Pater Stephan die wunderschönen Bäume, die man Sonnenglut-Akazien (oder Johannisbrotbäume) nennt. Sie werden einige Wochen lang in gelben Farben lodern.

Mittwoch, 31. Juli

Kevins Mutter ist gestorben. Kevin lebt als Zimmermann bei der Gemeinschaft von Genesee. Vor ein paar Wochen ist er nach Irland geflogen, um seine Mutter zu besuchen, die lebensgefährlich zuckerkrank war. Letzte Woche ist er zurückgekommen und wußte nicht, wie lange seine Mutter noch leben durfte.

Der Tod von Kevins Mutter hat in mir viele Erinnerungen an Donegal geweckt, die Gegend, in der Kevins Familie lebt. Ich erinnere mich sehr lebhaft an meine Fahrten per Anhalter durch die dunkle, melancholische Hügellandschaft von Nordirland. Ich habe für holländische Zeitungen Geschichten über die Märchenerzähler von Donegal geschrieben, und während Kerry und Killarney kaum irgendwelche Erinnerungen in mir zurückgelassen haben, werde ich Donegal niemals vergessen.

Donegal hat etwas dunkel Schwermütiges, aber auch Tiefes, ja Heiliges umgeben. Die Leute waren wie das Land. Ich habe noch ganz lebendig das einfache Begräbnis eines Donegalbauern vor Augen. Der Priester und ein paar Männer trugen den schlichten Sarg zum Friedhof. Nachdem er in das Grab hinabgelassen worden war, füllten es die Männer mit Sand und bedeckten es wieder mit den Rasenstücken, die man beiseite gelegt hatte. Zwei Männer stampften mit ihren Stiefeln auf die Grasnarbe, so daß das Grab fast unkenntlich wurde. Dann nahm einer der Männer zwei Holzstücke, band sie in Form eines Kreuzes zusammen und steckte es in den Boden. Alle machten dann hastig ein Kreuzzeichen und gingen schweigend weg. Keine Worte, keine Feierlichkeit, kein Schmuck. Nichts von all dem. Aber niemals ist mir so klar vor Augen geführt worden, daß jemand tot ist; daß er nicht schläft, sondern tot ist; daß er nicht gestorben, sondern tot ist; daß er nicht zur Ruhe gelegt worden, sondern tot ist, voll und ganz tot. Als ich diese beiden Männer den Boden festtreten sah, in dem sie ihren Freund begraben hatten, wußte ich, daß es für diese Bauern von Donegal keine Trauerfeierlichkeiten zu spielen gab. Aber ihr Realismus wurde ein transzendenter Realismus durch das einfache schmucklose Holzkreuz, welches besagte, daß dort, wo der Tod bejaht wird, auch die Hoffnung ihre Wurzeln schlägt. „Wenn das Weizenkorn nicht in die Erde fällt und stirbt, bleibt es nur ein einzelnes Korn; aber wenn es stirbt, bringt es reiche Frucht" (Joh 12,24).

Die Messe, die wir für Kevins Mutter gefeiert haben, war einfach und schön. Kevin kam anschließend, um dem Hauptzelebranten und dem Konzelebranten die Hand zu schütteln. Während der ganzen Feier sah ich die einfachen Männer von Donegal ihr Grab schaufeln und ihr Kreuz in den Boden stecken. „Margret möge wohnen im Hause des Herrn..."

AUGUST Nixon und der heilige Bernhard

Freitag, 2. August

Das Abendgebet, die „Komplet" (das heißt: das Gebet, das den Tag „komplett" macht), gehört zu den eindrucksvollsten Zeiten des monastischen Tages. Es ist die Zeit, in der alle Mönche anwesend sind, selbst jene, die bei anderen Gebetszeiten manchmal fehlen müssen. Hier empfindet man besonders stark die Zusammengehörigkeit als Brüder. Die Gebete sind immer die gleichen. Darum braucht auch niemand ein Buch. Jeder kann dort stehen, wo er möchte, und darum braucht man auch kein Licht. Alles ist still im Haus. Jetzt beginnt das sogenannte „Große Stillschweigen" der Mönche, das von 18.30 bis 5.30 Uhr dauert.

Die Komplet ist eine so intensive und andächtige Zeit, daß einige Leute aus der Nachbarschaft täglich zur Abtei kommen, um an diesem stillsten Gebet des Tages teilzunehmen.

Ich stelle allmählich fest, daß mir die Komplet-Psalmen nach und nach in Fleisch und Blut übergehen; sie werden ein Teil meiner Nacht und verhelfen mir zu einem friedvollen Schlaf.

„Bedenkt es auf eurem Lager, und werdet still!
Bringt rechte Opfer dar und vertraut auf den Herrn!
In Frieden leg' ich mich nieder und schlafe ein;
denn du allein, Herr, läßt mich sorglos ruhen." (Ps 4)

Das ganze Abendgebet ist vom Vertrauen beseelt:

„Wer im Schutz des Höchsten wohnt
und ruht im Schatten des Allmächtigen,
der sagt zum Herrn: ‚Du bist für mich Zuflucht und Burg,
mein Gott, dem ich vertraue.'

Er rettet dich aus der Schlinge des Jägers
und aus allem Verderben.
Er beschirmt dich mit seinen Flügeln,
unter seinen Schwingen findest du Zuflucht,
Schild und Schutz ist dir seine Treue." (Ps 91 [90])

Ganz langsam sickern diese Worte bis in meine Herzmitte ein. Es sind nicht bloße Ideen, Bilder, Vergleiche, sondern sie vermitteln eine echte Gegenwart. Nach einem Tag voller Arbeit oder Spannungen spürt man, daß man dennoch alles mit Zuversicht abschließen kann; und es geht einem auf, wie gut es ist, im Schutz des Allerhöchsten zu wohnen.

Schon oft habe ich gedacht: Wenn ich je ins Gefängnis kommen, wenn ich je Hunger, Schmerz, Folter oder Demütigung erleiden sollte, dann hoffe und bete ich, daß man mir die Psalmen läßt. Die Psalmen werden meinen Geist lebendig halten, die Psalmen werden mir die Kraft geben, andere zu trösten, die Psalmen werden sich als die stärkste, ja revolutionärste Waffe gegen den Bedrücker und Peiniger erweisen. Wie glücklich sind jene, die keine Bücher mehr brauchen, sondern die Psalmen im Herzen tragen, wo immer sie gehen und stehen. Vielleicht sollte ich anfangen, die Psalmen auswendig zu lernen, damit sie mir niemand mehr wegnehmen kann. Dann könnte ich immer wieder sagen:

„Ihr Mächtigen, wie lange noch schmäht ihr meine Ehre, warum liebt ihr den Schein und sinnt auf Lügen?
Erkennt doch: Wunderbar handelt der Herr an den Frommen; der Herr erhört mich, wenn ich zu ihm rufe." (Ps 4)

Das ist ein Gebet, das wirklich viele Wunden heilen kann.

Gestern haben sie damit begonnen, die Fundamente für die neue Kirche zu legen. Verblüffend, wie schnell das geht! Was zuvor nur ein Stück nichtssagenden Geländes war, ist nun durch tiefe Gräben erschlossen, und schon ist Beton in die Holzverschalungen gegossen worden. Schweigend schauten die Mönche zu, als die großen Maschinen ans Werk gingen und junge Männer sich Arbeitskommandos zuriefen. So bauen sie dem Allerhöchsten ein Zelt.

Heute morgen bin ich über einen hohen Stapel Schachteln mit frisch gewaschenen Rosinen gestolpert. Es war eine schlimme Bescherung. Aber niemand schien aus der Fassung zu geraten. „Das ist schon öfter passiert", sagte Bruder Theodor. Dann schaltete er die Maschine ein und wusch sie noch einmal.

Montag, 5. August

Heute habe ich „Living and Dying" („Leben und Sterben") von Robert Jay Lifton und Eric Olson gelesen. Ein Thema hat mich mit neuer Wucht getroffen. Sie sprechen von den Überlebenden der Atombombenexplosion in Hiroshima und schreiben: „Bei den Überlebenden hat sich schnell eine Art tiefes Schuldgefühl entwickelt. Dieses Schuldgefühl bezog sich einerseits darauf, daß sie mit dem Leben davongekommen waren, während andere, darunter geliebte Angehörige und Nachbarn, hatten sterben müssen, und andererseits darauf, daß sie nicht imstande waren, den Bedürftigen Hilfe zu leisten. All dies spitzte sich auf die Frage zu, die von da an für die Überlebenden im Mittelpunkt eines lebenslangen Konfliktes blieb: ‚Warum bin ich am Leben geblieben, wo doch er, sie und sie alle sterben mußten?' Und diese Frage wurde zuweilen zu dem quälenden Verdacht, ihr eigenes Leben sei auf Kosten derer, die gestorben waren, erkauft worden. ‚Einige mußten sterben; und weil sie gestorben sind, habe ich am Leben bleiben können.' Diese dunkle Ahnung gab den Überlebenden das Gefühl, daß sie eigentlich kein Recht mehr auf das Leben hatten und daß sie gerechterweise nur weiterleben durften, wenn sie den Toten irgendwie ähnlich wurden."[32] Der Grundgedanke, der das ganze Buch durchzieht, ist in der Behauptung formuliert: „Wir sind diejenigen, die die großen Schlachtopfer unseres Jahrhunderts überlebt haben."

Obwohl ich das schon früher gelesen hatte, hat es mich mit neuer Wucht getroffen, weil ich mich gerade mit der Frage beschäftigte, wie weit mein Interesse für diejenigen, die überall auf der Welt in Gefängnissen schmachten und sterben und meine zunehmende Besorgnis über die Millionen, die in Nordafrika vor Hunger umkommen, von diesem „Schuldgefühl eines Überlebenden" herrührt. „Warum gerade sie, warum nicht ich?" – „Warum die Armen und nicht die Reichen?" Und hinter dieser ganzen Grübelei die Frage: „Kann ich irgendwie an ihrem Schmerz teilhaben, um dadurch zu rechtfertigen, daß ich selbst am Leben bin?"

Heute vormittag habe ich einige tausend Brotbleche geölt. Eine geräuschvolle, aber nicht allzu schlechte Arbeit.

Dienstag, 6. August

Heute: das große Fest der Verklärung. Ein stiller „Wüstentag". Nach der einfachen Liturgie im Kapitelsaal ging jeder seinen eigenen Weg in die Stille.

Ich habe Mertons Artikel über die Pasternak-Affäre[33] und etliche Abschnitte aus Pasternaks „Erinnerungen" und „Doktor Schiwago" gelesen. Zu meiner Überraschung habe ich dabei eine schöne Geschichte über Psalm 91 (90) gefunden. Darin wird erzählt, wie Doktor Schiwago den Text dieses Psalms bei zwei Soldaten gefunden hat; der eine war ein roter Partisan, der andere ein weißrussischer Freiwilliger: der eine war tot, der andere verwundet. Pasternak schreibt: „Psalmworte hielt man für ein wundertätiges Mittel, um die Kugeln abzuwehren. Die Soldaten trugen diese Beschwörungsformeln bereits im Kriege von 1914 als Talisman mit sich herum. Später nähten die Gefangenen solche Zettel in ihre Kleider ein, und die Sträflinge wiederholten die Worte im stillen, wenn sie in der Nacht zum Verhör geführt wurden."[34]

„Du brauchst dich vor dem Schrecken der Nacht nicht zu fürchten, noch vor dem Pfeil, der am Tag dahinfliegt,
nicht vor der Pest, die im Finstern schleicht,
vor der Seuche, die wütet am Mittag." (Ps 91 [90], 5–6)

Russische Soldaten haben ihn gebetet, Rote und Weiße; Mönche haben ihn gebetet, schwarze und weiße, ich bete ihn – ich sollte ihn lieber auswendig lernen, damit ich ihn nicht in meine Kleider einzunähen brauche und er auf dem Grund meines Wesens Wurzeln schlagen kann.

Der parlamentarische Untersuchungsausschuß ist zu dem Beschluß gekommen (alle Demokraten – einundzwanzig – und sieben Republikaner haben dafür gestimmt), dem Repräsentantenhaus die Anklageerhebung gegen Präsident Nixon zu empfehlen. Dieses Ereignis wird die Nachrichten dieses Sommers beherrschen.

Mittwoch, 7. August
Während der Sext, dem kurzen Gemeinschaftsgebet vor dem Mittagessen, kam Bruder Alberic in die Kirche und machte ein Zeichen, auf das hin ungefähr die Hälfte der Mönche, so schnell sie nur konnten, die Kirche verließen. Die anderen, und auch ich, blieben und wußten nicht, was los war. Wir beendeten unsere Gebete und gingen zum Essen in den Speisesaal. Während der Mahlzeit kamen die anderen zurück, und es stellte sich heraus, daß das Stroh auf dem Feld Feuer gefangen und man ein paar Mann zum Löschen benötigt hatte.

Den Nachmittag habe ich mit Bruder Henry bei den Bienenstöcken verbracht. Das war meine erste Bekanntschaft mit den Bienen. Obwohl ich gut geschützt war, hat eine Biene den Weg in eines meiner Hosenbeine gefunden. Sie hat mich also gestochen und ist dann als Held gestorben. Eine bemerkenswerte Welt! Nun bin ich dabei, mit Hilfe von Murray Hoyts Buch „Die Welt der Bienen" die Bienen zu studieren. Ich habe darin ein Beispiel für den amerikanischen Pragmatismus gefunden, das einfach zum Schreien ist: Aufgrund der biblischen Beschreibung Israels, als eines „Landes, das von Milch und Honig fließt", wollte Professor Mykola H. Haydak testen, ob das tatsächlich die vollkommene Diätzusammenstellung sei. Nach einer zweimonatigen Diät mit Milch und Honig „wurde seine Haut trocken, verunstalteten Pickel sein Gesicht und erschienen weißliche runde Flecken auf seiner Zunge" – das offensichtliche Resultat eines Mangels an Vitamin C. „Er fügte täglich 300 Gramm Apfelsinensaft hinzu, und alle diese Symptome verschwanden wieder." Nach der Beschreibung des Experiments bemerkt Hoyt: „So sollte man vielleicht das Land, ‚das von Milch und Honig fließt', präziser als ein Land, ‚das von Milch und Honig und 300 Gramm Apfelsinensaft fließt' bezeichnen."[35]

Freitag, 9. August
Wenn Christian mir oder sonst jemandem einen Zettel schreibt, zeichnet er immer oben auf das Blatt ein Kreuzchen. Heute morgen, als ich mit meinem Kopf tief im Rosinenfaß steckte, kam er herüber zur Bäckerei und reichte mir einen Zettel. Unter dem Kreuzchen stand: „Nixon hat abgedankt."

Am Nachmittag bin ich nach Rochester zum Zahnarzt gefahren. Der Arzt hatte ein Fernsehgerät hoch oben in einer Ecke seiner Praxis angebracht, so daß seine Patienten auf den Bildschirm schauen konnten, während er nach ihren schlechten Zähnen sah. Mittags hatten sie die Amtseinsetzung des neuen Präsidenten, Gerald Ford, gesehen, genau eine halbe Stunde, nachdem Familie Nixon das Weiße Haus verlassen hatte. Das Bild eines Patienten, der der Amtseinführung des neuen Präsidenten der USA auf dem Behandlungsstuhl eines Zahnarztes mit offenem Mund zuschaut, bleibt mir in lebendiger Erinnerung; es ist recht angemessen für dieses Ereignis.

Samstag, 10. August

Habe zusammen mit John Eudes und Brian beim Steinesammeln im Salt Creek gearbeitet. Brian fuhr den Lastwagen geradewegs ins Bachbett hinein, um ihn mit Steinen zu beladen. Als er den beladenen Wagen, mit allen vier Rädern auf Hochtouren, wieder aus dem Wasser steuerte, wurde das Fahrzeug so stark durcheinandergeschüttelt, daß die halbe Ladung wieder herunterfiel und die alte verrostete Karosserie fast auseinanderbrach. Wir luden den Lastwagen wieder auf, zogen das Ding aus dem Wasser und kamen sicher heim, gerade noch rechtzeitig, um uns vor der Vesper duschen zu können.

Sonntag, 11. August

Nach meinem Besuch in Rochester hat ein Abschnitt in Mertons „Conjectures of a Guilty Bystander" („Mutmaßungen eines schuldbewußten Zuschauers") eine besondere Bedeutung für mich bekommen. Darin ist von einer der Fahrten Mertons nach Louisville die Rede: „In Louisville, an der Ecke der Vierten und der Walnußstraße, mitten im Einkaufsviertel, überwältigte mich plötzlich die Erkenntnis, daß ich alle diese Menschen liebte; daß sie die Meinigen und ich der Ihrige war und daß wir einander nicht fremd sein konnten, obwohl wir uns überhaupt nicht kannten ... Obwohl sie (die Mönche) ‚außerhalb der Welt' sind, leben sie dennoch in der gleichen Welt wie alle anderen Menschen auch; in der Welt der Bombe, in der Welt des Rassenhasses, in der Welt der Technologie, in der Welt der Massenmedien, der Großunternehmen, der Revolution und was es sonst noch alles gibt. Wir nehmen all dem gegenüber eine andere Haltung ein, weil wir Gott gehören. Aber jeder andere Mensch gehört genauso Gott. Nur sind wir uns eben dessen bewußt und machen aus diesem Bewußtsein einen Beruf. Aber berechtigt uns das zu der Auffassung, wir seien anders oder gar besser als die anderen? Der ganze Gedanke ist albern...

Ich habe die ungeheuer große Freude, ein *Mensch* zu sein, einer Gattung von Lebewesen anzugehören, in der Gott selbst Fleisch geworden ist. Zwar könnten mich die Schmerzen und Absurditäten, denen wir Menschen ausgesetzt sind, überwältigen, aber jetzt erkenne ich deutlich, was wir in Wirklichkeit alle sind. Könnte doch nur jeder das erkennen! Aber man kann es nicht erklären. Es gibt einfach keine Möglichkeit, den Menschen zu sagen, daß sie alle wie strahlende Sonnen durch die Welt laufen.

Das ändert nichts am Sinn und am Wert meiner Einsamkeit, denn die Aufgabe der Einsamkeit besteht gerade darin, einem diese Dinge mit einer Klarheit zur Bewußtheit zu bringen, die sich dem nicht erschließt, der völlig in anderen Sorgen, in Illusionen und in den zahllosen Routinehandlungen einer eng zusammengedrängten kollektiven Existenz aufgeht. Aber meine Einsamkeit gehört nicht mir selbst; mir wird deutlich, wie sehr sie ihnen gehört – und daß ich um ihretwillen, und nicht nur in meinem eigenen Interesse, eine große Verantwortung für meine Einsamkeit habe. Gerade weil ich eins mit ihnen bin, schulde ich es ihnen, allein zu sein. Und wenn ich allein bin, dann sind sie nicht einfach ‚sie', sondern sie sind mein eigenes Ich. Es gibt keine Fremden!"[36]

Rochester ist für Genesee das, was Louisville für Gethsemani ist. Merton hat das nach mehr als fünfzehn Jahren im Kloster geschrieben. Doch hatte ich nach nur neun Wochen im Kloster ähnliche Empfindungen, als ich in Rochester war. Als ich in ein Blumengeschäft ging, um für Freunde in der Stadt einige weiße und gelbe Chrysanthemen zu kaufen, empfand ich eine tiefe Zuneigung zu der Blumenverkäuferin, die mir mit einem Augenzwinkern sagte, Chrysanthemen seien „year-round flowers", an keine Jahreszeit gebunden. Ich fühlte mich unbefangen, frei und entspannt und hatte richtig Spaß an unserer kleinen Unterhaltung über Blumen, Präsidenten und Aufrichtigkeit in der Politik.

Ich stelle immer mehr fest, daß einen die Einsamkeit wirklich empfindsamer für das Gute in den Menschen werden läßt und einen sogar befähigt, es in den Vordergrund zu stellen. Nein, „es gibt einfach keine Möglichkeit, den Menschen zu sagen, daß sie alle wie strahlende Sonnen durch die Welt laufen". Aber Gottes Herrlichkeit in dir kann Gottes Herrlichkeit in den anderen zum Vorschein bringen, wenn du dir dieses Geschenkes, an dem alle teilhaben, deutlicher bewußt geworden bist. Gott spricht zu Gott, Geist spricht zu Geist, Liebe spricht zu Liebe. Das alles ist Geschenk, das alles ist Gnade.

Montag, 12. August

Heute habe ich zu John Eudes gesagt, ich hätte den Eindruck, die vergangene Woche sei ziemlich „bürgerlich" gewesen. Ich habe meinen Sinn mehr auf die Nachrichten als auf andere Dinge konzentriert und mir ziemlich bequeme Lebensgewohnheiten zugelegt, die, was ihren geistlichen Gehalt betrifft, nicht sehr viel anders als in meinem früheren Leben sind. Ich sagte, daß ich mich versucht fühlte, aus dem monastischen Leben eine bequeme, gesicherte Existenz zu machen, die nicht viele Anforderungen stellt. Es sei mir aber auch aufgegangen, daß dies bei näherem Zusehen bedeute, aus der Religion eine bloße Annehmlichkeit zu machen und darauf zu verzichten, sie als ein geistliches Abenteuer zu erleben.

John Eudes lächelte und sagte, das lasse einerseits erkennen, daß ich anfange, mich zu Hause zu fühlen, und das sei ganz gut; andererseits zeige es, daß ich nun tatsächlich an mir „arbeiten" müsse. Dann sagte er: „Aber haben Sie keine Sorge. Dieser Zustand wird nicht lange so bleiben. Jetzt wird die Meditation sehr wichtig; Sie stehen jetzt vor dem Anspruch, sich tiefer aufs Gebet einzulassen. Tun Sie das nicht, so werden Sie innerhalb weniger Wochen anfangen, sich zu beklagen, das Kloster sei nicht anspruchsvoll genug, nicht arm genug und nicht streng genug, und Sie werden wie viele andere vorher gehen und ein Leben anfangen, das dann in Wirklichkeit weit weniger arm und weniger anspruchsvoll sein wird."

Als ich auf das Gebet zu sprechen kam, stellte ich John Eudes eine ganz grundsätzliche Frage, die mir sogar ein bißchen naiv vorkam: „Wenn ich bete, zu wem bete ich dann eigentlich? Wenn ich ‚Herr' sage, was meine ich damit?"

Die Antwort von John Eudes fiel ganz anders aus, als ich erwartet hatte. Er sagte: „Das ist *die* Frage, das ist die wichtigste Frage, die man stellen kann." Er betonte mit Nachdruck und Überzeugungskraft, falls ich wirklich den Wunsch habe, dieser Frage ernsthaft nachzugehen, müsse ich mir darüber im klaren sein, daß dann nur noch wenig Raum für andere Dinge bleibe. „Es sei denn", sagte er lächelnd, „die Frage würde Sie derart strapazieren, daß Sie unbedingt zur Entspannung ein wenig in ‚Newsweek' lesen müßten. Es ist durchaus nicht einfach", fuhr John Eudes fort, „diese Frage in den Mittelpunkt Ihrer Meditation zu stellen. Sie werden entdecken, daß diese Frage alle Schichten Ihres Lebens betrifft. Die Frage ‚Wer ist der Gott, zu dem ich bete?' führt unmittelbar zu der Frage ‚Wer bin ich, der ich zu Gott beten möchte?' Und dann werden Sie sich bald fragen: ‚Warum ist der Gott der Gerechtigkeit auch der Gott der Liebe? Warum ist der Gott der Furcht auch der Gott des milden Erbarmens?' Das führt Sie in die Mitte der Meditation. Findet man da eine Antwort? Ja und nein. Sie werden das in der Meditation selbst finden. Es mag sein, daß Ihnen eines Tages eine Erkenntnis aufblitzt, aber dennoch wird diese Frage bestehenbleiben und Sie immer näher zu Gott führen. Aber das ist nicht einfach eine Frage unter all den anderen Fragen, die Sie haben. Sie muß gewissermaßen Ihre einzige Frage sein, um die herum sich alles, was Sie tun, einordnen läßt. Doch bedarf es einer klaren Entscheidung, ob Sie diese Frage zum Mittelpunkt Ihrer Meditation machen wollen. Wenn Sie das fertigbringen, werden Sie entdecken, daß Sie sich auf einen langen, sehr langen Weg gemacht haben."

Dienstag, 13. August

Heute morgen hat mir Pater John erklärt, der Regenpfeifer sei ein Vogel, der einen an der Nase herumführt, indem er sich verwundet stellt, um so die Aufmerksamkeit von den Eiern abzulenken, die er offen auf sandige Plätze legt. Herrlich! Die Neurose als Waffe! Wie oft habe ich mich mit einem scheinbaren Leiden bemitleiden lassen, um die Aufmerksamkeit der Menschen von dem abzulenken, was ich vor ihnen verbergen wollte.

Es sieht fast so aus, als habe sich jeder Vogel einen meiner Verteidigungsmechanismen zu eigen gemacht. Der Kuckuck legt seine Eier in die Nester anderer Vögel, um ihnen die Brutarbeit zu überlassen. Der Baltimore-Pirol imitiert die Laute gefährlicherer Vögel, um sich seine Feinde vom Leib zu halten, und die Rotflügelamsel macht einen derart hartnäckigen Lärm um den Eindringling, daß es einem bald auf die Nerven geht und man das von ihr beanspruchte Gebiet verläßt. Ich erkenne unschwer, daß ich selbst all das und noch vieles andere veranstaltete, um mich selbst zu schützen oder um meinen eigenen Willen durchzusetzen.

Donnerstag, 15. August

Das Hochfest der Aufnahme Mariens in den Himmel ist für Mönche ein bedeutsames Fest; denn unter diesem Titel ist sie die Patronin aller Mönche. Ich hatte das noch nicht richtig verstanden, als ich hierher gekommen war. Aber je länger ich hier bin, desto mehr geht mir auf, daß Maria für die Mönche der Inbegriff des kontemplativen Menschen ist. Lukas beschreibt sie, wie sie die Geheimnisse der Erlösung betrachtet. Nachdem er über den Besuch der Hirten beim Kind berichtet hat, schreibt er: „Maria aber bewahrte alle diese Geschehnisse und bewegte sie in ihrem Herzen" (Lk 2,19). Und nachdem er beschrieben hat, wie sie Jesus im Tempel unter den Gesetzeslehrern gefunden hat, fügt er hinzu: „Seine Mutter bewahrte alle diese Dinge in ihrem Herzen" (Lk 2,51). Sie ist die Kontemplative, von der der Greis Simeon sagt, ein Schwert werde ihre Seele durchdringen (Lk 2,35).

Die Lehre von der Aufnahme Mariens in den Himmel bedeutet, daß ihr kontemplatives Leben im Himmel seine Erfüllung findet. Dort steht sie in der Gegenwart Gottes, dieses vollkommen erlöste menschliche Wesen, die Frau, in der Gott uns aufs innigste nahegekommen ist, die Mutter Jesu und aller, die an ihn glauben; dort erfreut sie sich auf ewig der seligen Anschauung Gottes, auf die alle Mönche und alle Christen hoffen.

Nach einer Postulatszeit von sechs Monaten ist Bruder James heute ins Noviziat eingetreten. Er ist einer jener außergewöhnlichen Menschen, die in ihrer Offenheit und Einfachheit und mit ihrem tiefen Gebetsgeist ganz durchsichtig zu sein scheinen. Ein hart arbeitender, ehrlicher, gerader Bauer, „ohne Falsch" (Joh

1,47). Als die Zeremonie beginnen sollte, fehlte er als einziger noch. Der Novizenmeister ging hinaus, um ihn zu suchen, und als er ihn gefunden und an seinen Platz gebracht hatte, sagte der Abt trocken: „Da jetzt alle hier sind, denke ich, daß wir anfangen können."

Es ist ein Geschenk, in der Nähe eines Menschen wie James leben zu dürfen. Sein Leben ist mir eine größere Lehre über die schlichte Hingabe an Gott als viele Bücher. Er hat das Magnificat und andere Schriftstellen, die sich auf Maria beziehen, als die Schriftstellen vorgelesen, die ihm besonders viel bedeuten. Und als er zu den Worten kam: „Großes hat der Allmächtige an mir getan", schaute er von seinem kleinen Blatt Papier auf und sah seinen Brüdern offen ins Gesicht. Es war ein bewegender Augenblick. Nun ist er ganz in Weiß. In seinem neuen Gewand kommt er in demselben etwas schleppenden Schritt daher wie in dem alten. Aber etwas Neues ist ihm widerfahren, und er weiß es.

Freitag, 16. August

„Wenn ich drei Apfelsinen sehe, muß ich jonglieren. Und wenn ich zwei Türme sehe, muß ich gehen." Diese beachtlichen Worte stammen von dem Seiltänzer Philippe Petit; sie sind die Antwort auf die Frage der Polizei, aus welchem Grund er morgens um 7.50 Uhr über das Seil gegangen sei, das mit einer Armbrust von einem Turm des New Yorker Welthandelszentrums zum anderen geschossen worden war. Als Philippe die beiden Türme von Notre-Dame in Paris gesehen hatte, hatte er das gleiche getan. „L'art pour l'art", lautet die Philosophie dieses Drahtseilartisten.

Heute habe ich immer wieder über diesen prächtigen Mann, Philippe Petit, nachgedacht: Seine Antwort an die Polizei ist unbezahlbar und verdient eine längere Betrachtung. Auf jede noch so unmögliche Frage wollen wir eine Antwort haben. Warum liebst du sie? Im allgemeinen ist jede Antwort auf eine solche Frage lächerlich. Weil sie so hübsch ist? Weil sie intelligent ist? Weil sie einen so lustigen Pickel auf der Nase hat? Nichts davon ist besonders sinnvoll. Warum sind Sie Priester geworden? Weil Sie Gott lieben? Weil Sie gerne predigen? Weil Sie Frauen nicht leiden können? Warum sind Sie Mönch geworden? Weil Sie gerne beten? Weil Sie die Stille lieben? Weil Sie gerne Brot bakken, ohne dabei gestört zu werden? Es gibt einfach keine Antworten auf Fragen dieser Art.

Als sie Philippe Petit fragten, warum er über diesen schaukelnden Draht zwischen den beiden höchsten Türmen der New Yorker Innenstadt balanciere, dachte jeder, er tue es für Geld, zur Werbung oder aus Ruhmsucht. Aber er hat gesagt: „Wenn ich drei Apfelsinen sehe, muß ich jonglieren. Und wenn ich zwei Türme sehe, muß ich gehen."

Der wirklich sinnvollen Antwort schenken wir keinen Glauben. Wir nehmen lieber an, der Mann müsse geisteskrank sein. Tatsächlich haben sie Philippe zur psychiatrischen Untersuchung in ein städtisches Krankenhaus gebracht. Aber es hat sich bald herausgestellt, daß Philippe so gesund wie nur irgend möglich war. „Gesund und sprühend von Lebenskraft", hieß es in der Zeitung.

Er hat die einzig richtige Antwort gegeben. Warum lieben Sie sie? Als ich sie gesehen habe, habe ich sie einfach geliebt. Warum sind Sie Priester? Weil ich Priester sein muß. Warum beten Sie? Weil ich nicht anders als beten kann, wenn ich Gott vor Augen habe. Es gibt ein inneres „Müssen", ein inneres Gedrängtwerden oder einen inneren Ruf, der alle diese Fragen beantwortet, die man nicht erklären kann. Man bekommt niemals eine befriedigende Antwort, wenn man einen Mönch fragt, warum er Mönch geworden sei. Genausowenig geben uns Kinder eine Erklärung, wenn wir sie fragen: „Warum spielt ihr Ball?" Sie wissen, daß es darauf keine Antwort gibt, außer: „Wenn ich einen Ball sehe, muß ich damit spielen."

Die Polizisten, die Philippe Petit verhaftet hatten, schienen das einzusehen; denn sie ließen die ursprüngliche Anklage auf unbefugtes Betreten eines Gebäudes und Störung der bürgerlichen Ordnung fallen, und Philippe mußte dafür versprechen, seine luftigen Kunststücke den Kindern im Central Park vorzuführen. Das brachte immerhin wieder ein bißchen echte Menschlichkeit in diese Episode. Ich sage mir indessen immer wieder: „Wenn ich drei Apfelsinen sehe, muß ich jonglieren. Und wenn ich zwei Türme sehe, muß ich gehen."

Samstag, 17. August
Nach einer Reihe trockener, sonniger Tage hat es heute morgen sehr heftig und geräuschvoll geregnet. Es war ein besonderes Erlebnis, durch dieses niedrig gebaute, barackenartige Kloster zu gehen und von allen Seiten das Wasser zu sehen und zu hören, während man selbst trocken blieb und sich wohl fühlte. Viele Menschen in diesem Land und anderswo in der Welt warten immer noch darauf. Hier hat sich der Regen in regelmäßigen Abständen eingestellt und hat eine sehr gute Weizenernte ermöglicht.

Am Nachmittag sind John Eudes, Brian, Robert – ein neuer „Beobachter" – und ich zum Fluß gegangen, um weitere Steine zu sammeln. Von dem flachen Wagen aus, der vom Traktor gezogen wurde, bot das Land einen herrlichen Anblick. Ein geheimnisvoller Schleier lag über den eben erst abgeernteten Feldern, und die sanften Hügel von New York State schienen dankbar für die feuchte Luft und zeigten sich in neuer Schönheit. Ich fühlte mich voller Glück und Dankbarkeit und hatte wieder einmal den Wunsch, daß alle meine Freunde, die ich gern habe, das sehen und erfahren könnten, was ich heute sehen und erfahren darf. Aber ich weiß, daß sie das niemals tun werden. Hier auf Erden bleibt die Erfahrung großer Schönheit immer auf geheimnisvolle Weise verknüpft mit der Erfahrung großer Einsamkeit. Das bringt mir wieder zu Bewußtsein, daß es eine Schönheit gibt, die ich bis jetzt noch nicht gesehen habe: jene Schönheit, deren Erfahrung nicht einsam macht, sondern uns alle vereint.

Theodor hat ein kleines Metallstück zwischen den Tausenden von Rosinen gefunden, die er durch die Waschmaschine gejagt hat. Er hat es mir gezeigt. Es war scharf wie eine Rasierklinge. So ist also jemand, der sein Rosinenbrot ißt, vor einem blutenden Magen bewahrt worden, dank Theodors Wachsamkeit, der dafür niemals ein anerkennendes Wort hören wird – wie solche Anerkennung der vorbeugenden Medizin überhaupt versagt bleibt.

Sonntag, 18. August

In der Liturgie war heute ein geradezu gewalttätiger Sonntag. Während der Vigilien, dem gemeinsamen nächtlichen Gebet um 2.30 Uhr, hörten wir das Wort Jahwes durch seinen Propheten Joel:

> „Rufet es aus unter den Völkern,
> verkündet den heiligen Krieg,
> weckt die Helden!
> Es sollen anrücken und heraufsteigen
> alle Männer des Krieges!
> Schmiedet eure Pflugscharen zu Schwertern um
> und eure Winzermesser zu Lanzen!
> Selbst der Schwächling rufe: ‚Ich bin ein Held!'"
> (Joel 4,9–10)

In der Messe hörten wir zuerst, wie Jeremia von seinen Feinden in eine Zisterne geworfen wurde: „In der Zisterne aber war kein Wasser, sondern nur Schlamm, so daß Jeremia ganz in den Schlamm einsank" (Jer 38,6). Dann sagte uns der Verfasser des Hebräerbriefs: „Denkt daran, welch heftigen Widerstand von seiten der Sünder er [Christus] auf sich nahm, daß ihr nicht ermüdet und nicht im Herzen erschlafft!" (Hebr 12,3.) Und schließlich hörten wir die Worte Jesu: „Meint ihr vielleicht, ich sei gekommen, Frieden auf die Erde zu bringen? Nein, ich sage euch: Entzweiung!" (Lk 12,51.)

Das ist eine Seite der Bibel, die ich leicht vergesse. Aber die Bibel ist ein realistisches Buch und blendet keinen Bereich der menschlichen Wirklichkeit aus. Sie spricht über Leben, Gedanken und Werdegang von Männern und Frauen aus der Perspektive des Gottes der Geschichte. Es ist gut, auf diesen Realismus aufmerksam zu werden. Gott ist nicht nur dort, wo es friedlich und still ist, sondern auch da, wo Verfolgung, Kampf, Zwietracht und Konflikt herrschen. Gott hat uns tatsächlich keinen Rosengarten versprochen.

Montag, 19. August

Die Nachrichten in den New York Times, die Briefe aus Indien, die am Schwarzen Brett ausgehängt sind, und die zunehmenden Bitten um Geld, Nahrung und Kleidung geben mir mehr und mehr das Gefühl, daß ich zu den wenigen Glücklichen zähle, die in die Arche Noachs hineindurften. Der Vergleich hinkt zwar etwas unter lauter Zölibatären, aber ich komme mir vor, als sitze ich auf dem Gipfel eines Berges, während die Welt um mich herum weggespült wird. Während wir eine sehr reichliche Weizenernte haben, berichten die Zeitungen von Überschwemmungen in Indien, die ganze Ernten weggespült haben, und von Dürrekatastrophen in Nordafrika und in Teilen der USA, die dort endloses Elend und hier eine Inflation zur Folge hatten. Während wir hier gesund leben und gut aussehen, zeigen die Fotos abgemagerte Gestalten, die auf zusammengebundenen Flößen ziellos umhertreiben. Während wir hier in Frieden und in einer Atmosphäre des Vertrauens leben, sind auf Zypern, in Griechenland, Chile, Brasilien, im Mittleren Orient, in Südkorea und so weiter Gewalttätigkeiten an der Tagesordnung. Dennoch empfinde ich oft Heimweh nach der Welt mit ihren Schmerzen und Problemen.

Manchmal wirkt das Erwähnen einer Gebetsintention wie ein Nachrichtendienst. Pater Marcellus hat bei der Vesper gesagt: „Laßt uns beten für die Gattin des Präsidenten von Südkorea." Dann kam ihm plötzlich, daß niemand außer ihm die neueste Zeitung gelesen hatte, und er fügte schnell hinzu: „... die ermordet worden ist." – Dann zuckte es ihm wahrscheinlich durch den Kopf, daß niemand begreifen konnte, weshalb jemand die Gattin des Präsidenten von Südkorea hatte ermorden wollen. Darum fügte er noch an: „... bei einem Versuch, den Präsidenten selbst zu ermorden!" Dann dachte er sich, daß mittlerweile die Mönche wohl auch das Ende der Geschichte wissen wollten. Und so schloß er seine Fürbitte mit den Worten: ... der jedoch sicher entkommen ist."

So etwas passiert, wenn man Bibliothekar ist und früher als die anderen die Zeitung liest!

Dienstag, 20. August
Fest des heiligen Bernhard. Die Liturgie war voll sanfter, bisweilen etwas süßlicher Komplimente für diesen großen Heiligen des zwölften Jahrhunderts. Während des Nachtoffiziums wurde eine seiner Predigten vorgelesen. Einfachheit, Nüchternheit und Strenge waren Bernhards Ideale. Er hat sie auch verwirklicht, aber seine Sprache ist wortreich, malerisch, zierlich, spielerisch und beinahe barock. Seine Predigten über das Hohelied gehören zu den klassischen Werken der Weltliteratur, aber gewiß nicht wegen ihrer Nüchternheit!

Brian hat seinen Namenstag gefeiert. Ich habe das nicht verstanden. Zuerst dachte ich, Brian sei der Name eines irischen Heiligen. Das ist falsch. Es gibt überhaupt keinen heiligen Brian. Nur einen berühmten König Brian. Dom James Fox, der Abt von Gethsemani zur Zeit von Brians Eintritt, hat ihm erklärt, „Brian" sei die gälische Form von „Bernhard", und er solle „Brian" heißen und seinen Namenstag am Fest des heiligen Bernhard, also am 20. August, feiern. Brian hat gehorcht, und damit war der Fall erledigt. Heute haben die Mönche besonders für ihren Bruder Brian gebetet.

Mittwoch, 21. August
Gestern bin ich zufällig auf ein Buch gestoßen, bei dem ich den Eindruck hatte, Gott habe es mir auf den Weg gelegt, damit ich es aufhebe und lese. Das Buch heißt: „Eine Passion für die Wahrheit – A Passion for Truth". Es ist das letzte Buch von Abraham Joschua Heschel, der es seinem Verleger einige Wochen vor seinem Tod übergeben hat.

Wenn ich Heschel lese, habe ich häufig das gleiche Empfinden, „zu Hause" zu sein wie beim Lesen von Thomas Merton. Beide schreiben in einer so eingängigen und klaren Sprache, wie ich sie bei anderen geistlichen Schriftstellern vermisse. Beide scheinen direkt zu mir zu sprechen; und falls überhaupt, bedarf es nur einer sehr geringfügigen „Übersetzung".

Während der letzten Wochen habe ich immer deutlicher gemerkt, daß in meinem Tagebuch zwei Arten von ganz gegensätzlichen Notizen vorkommen: einerseits Notizen über die Freude an Gottes Gegenwart, über die Stille und Ruhe des Klosters, über die Zuneigung der Mönche und die Schönheit der Natur, und andererseits Eintragungen über den Hunger in Afrika und Indien, über Folterungen in Chile, Brasilien und Vietnam, über die Kriege, die überall geführt werden, und über den allgemeinen Elendszustand der Welt. Es hat fast den Anschein, als gäbe es in mir zwei Personen, die das Leben ganz unterschiedlich erfahren, die unterschiedlich beten und unterschiedlich hören. So allmählich wundere ich mich darüber, wie beide überhaupt in Frieden miteinander leben können.

In der Einführung zu seinem Buch: „Eine Passion für die Wahrheit" erklärt Heschel, warum er dieses Buch schreiben mußte. Er berichtet, daß in seiner Jugend und bei der Entwicklung seines geistlichen Lebens zwei Gestalten eine bedeutende Rolle gespielt haben: der Baal-Schem-Tow[37] und Rabbi Menachem Mendel von Kozk; beide haben je eine Seite seines eigenen Wesens verkörpert. Der Baal-Schem-Tow, der Vater des Chassidismus, war der Inbegriff seiner Erfahrung des Friedens, der Freude und der Schönheit, während Menachem Mendel seine Angst, sein rastloses Suchen, seine strenge Selbstverleugnung darstellte. Heschel schreibt: „Dadurch, daß ich von beiden, dem Baal-Schem-Tow und dem Kozker [Menachem Mendel] geführt wurde, ging mir auf, daß ich zwei Mächten erlaubt hatte, in meinem Inneren einen Kampf auszutragen... Auf seltsame Weise empfand ich, daß meine Seele beim Baal-Schem zu Hause war, aber daß sie vom Kozker angetrieben wurde. War es gut, sein Herz zwischen der Freude von Mesbisch [dem Baal-Schem-Tow] und der Angst von Kozk hin- und herzerren zu lassen? ... Ich hatte keine Wahl; mein Herz war in Mesbisch, mein Verstand in Kozk. Der Baal-Schem erschloß mir unerschöpfliche Fundgruben des Lebenssinnes, und der Kozker ließ mich ungeheure Berge der Absurdität entdecken, die mir im Wege standen... Der eine machte mir bewußt, daß es einen Himmel auf Erden gibt, der andere schockierte mich, indem er mir in den angeblich himmlischen Räumen unserer Erde Abgründe der Hölle aufdeckte ... Der Baal-Schem beseelte mein Leben wie eine stille Lampe, während der Kozker wie ein Blitz dreinschlug. Sicher ist ein Blitz eindeutiger. Aber eine Lampe ist zuverlässiger, man kann ihr vertrauen; mit einer Lampe kann man in Frieden leben. Der Baal-Schem hat mir Flügel gegeben, der Kozker hat mich mit Ketten gefesselt. Ich habe niemals den Mut gehabt, die Ketten zu zerbrechen, und ich habe mich auf alle Freuden mit dem Bewußtsein dieses Zwiespalts eingelassen. Dem Baal-Schem verdanke ich den Rausch, dem Kozker hingegen die Segnungen der Verdemütigung."[38]

Damit ist alles gesagt, so kraftvoll und klar. Schon allein dadurch, daß ich diese Spannungen von Heschel so gut ins Wort gebracht finde, fühle ich mich in einer tiefen Weise angenommen und bestätigt.

Ich habe zwei Mönche gesehen, die sich lebhaft miteinander in der Zeichensprache unterhielten. Ihre schnellen Hand- und Armbewegungen ließen das Ganze zu einem wahren Schauspiel werden. Als ich mich gerade fragte, worüber sie wohl miteinander sprachen, erkannte ich die Zeichen, die bedeuteten: „Laß uns in den Raum da gehen, wo wir miteinander darüber reden können." Die Zeichensprache hat offensichtlich ihre Grenzen.

Donnerstag, 22. August

Bruder Alexis, der Mann für den Einkauf, hat mich überredet, einen Klammerhefter samt Kugelschreiber und Lineal in einer Plastikhülle zu kaufen, alles zum Gelegenheitspreis von 96 Cents! Ich brauchte eigentlich keinen einzigen dieser Gegenstände, aber er brachte mich so weit, daß ich schließlich glaubte, ohne diese Dinge werde etwas in meinem Leben schiefgehen. Bruder Alexis ist ein großer Geschäftsmann, und da ich der einzige wirkliche Kunde hier am Ort bin, probiert er seine Tricks an mir aus.

Er hat ein scharfes Auge für „Gelegenheitskäufe" und sammelt sorgfältig alle Annoncen mit Sonderangeboten zu reduzierten Preisen. Wenn dann die Zeit reif ist, läßt er jemanden ins Kaufhaus stürmen und enorme Mengen der angebotenen Artikel kaufen. Vermutlich hinterläßt das beim Kaufhausbesitzer den Eindruck, sein Artikel sei sehr begehrt und er habe sich mit seiner Preisreduzierung verkalkuliert. Aber an einem Ort wie hier wird alles an irgendeinem Tag, in irgendeiner Woche, in irgendeinem Jahr von irgend jemand gebraucht. Der Trappistenorden wird gewiß niemals wegen eines Mangels an Tesafilm oder an Kugelschreiberminen zusammenbrechen. Bruder Alexis hat etliche hundert Meter Klebestreifen und endlose Mengen Kugelschreiberminen auf Vorrat.

Ich habe also jetzt einen Klammerhefter, und er funktioniert, solange man kein Wunder von ihm erwartet. Wenn man mehr als fünf Seiten auf einmal zusammenheften will, wird er vermutlich in eine schreckliche Krise kommen und quietschend zusammenbrechen. Aber was wäre das für ein maßloser Mensch, der mehr als fünf Seiten auf einmal zusammenheften wollte!

Freitag, 23. August

Heute bin ich der neuen „Encyclopaedia Britannica" auf den Leim gegangen. Es ist die 15. Auflage der E. B., die Auflage von 1974. Kaum war sie in der Bibliothek angekommen, da lud uns schon ein Aushang am Schwarzen Brett ein, den Neuankömmling in Augenschein zu nehmen. Ich wollte nur einen flüchtigen Blick hineinwerfen, aber daraus wurden zwei Stunden, in denen ich mit den 30 Bänden herumspielte. Es ist wirklich eine Art Spiel.

Ich habe in der „Micropaedia" das Stichwort „Christus" aufgeschlagen. Da hieß es: „Siehe ‚Jesus von Nazaret'." Gott ist ein Name unter anderen Namen geworden. Auf diese Weise kommen die Jesuiten vor Jesus von Nazaret!

Samstag, 24. August

Während ich meiner Schätzung nach ungefähr zweihundert Bettlaken bügelte, hat mir mein Mitarbeiter erzählt, unter welchen Umständen er sich entschlossen habe, ins Kloser einzutreten.

Er stammt aus einer orientalischen Familie, in der die familiären Bindungen sehr eng sind, und so fand sein Wunsch, in ein christliches Kloster einzutreten, nicht nur keinerlei Unterstützung, sondern er stieß auf Tadel und hartnäckiges Unverständnis. „Ich konnte es ihnen niemals erklären", sagte er mit einem Anflug von Traurigkeit. „Als ich ihnen sagte, daß ich nie wieder nach Hause kommen würde, selbst nicht zum Begräbnis meiner Eltern, konnten sie es einfach nicht hinnehmen." Es muß ein schwerer Kampf gewesen sein. Seine tiefe Verwurzelung in der Familie ließ ihn wie seine Eltern und seine Brüder empfinden; aber gleichzeitig hörte das Kloster nicht auf, ihn zu rufen, fast gegen seinen eigenen Wunsch. „Ich habe es fünf Jahre lang aufgeschoben", sagte er. „Wenn ich gebetet habe, habe ich immer gesagt: ‚Morgen, Herr, morgen, nicht heute, noch nicht!'" Schließlich ist er doch gegangen.

Als sein Vater gestorben ist, ist er nicht nach Hause gefahren. Und jedes Jahr, wenn seine Mutter ins Kloster kam, wollte sie ihn mit nach Hause nehmen. Jetzt ist sie fünfundsiebzig Jahre alt und hat sich mit der Tatsache, daß ihr Sohn nicht zur Familie zurückkehren wird, abgefunden. Sie nimmt es hin, aber sie versteht es immer noch nicht. Es gibt nur einen Trost für sie: Wenn sie stirbt, wird ihr Sohn zum Begräbnis kommen. Eine Änderung in den Ordenssatzungen hat dies möglich gemacht. Die Orientalen haben das Empfinden, daß der Gott der Christen, wer er auch sein mag, jedenfalls kein guter Gott sein kann, wenn er nicht zuläßt, daß die Kinder ihre Eltern begraben. Es scheint, daß die Trappisten heute genauso empfinden.

Sonntag, 25. August

Eine ausgezeichnete Hilfe, um sich von der Sucht, ein berühmter Mann werden zu wollen, zu befreien, bietet die Lektüre des Buches „Rückkehr zur Erde", das der Astronaut Buzz Aldrin geschrieben hat. Das Buch ist vor zwei Tagen ins Haus gekommen, und ich finde es sehr eindrucksvoll. Es handelt weniger von der Reise auf den Mond, sondern spricht vorwiegend von der Familie Aldrin nach Beendigung der Reise. Ich erinnere mich, Aldrin in Chile am Fernsehschirm zugesehen zu haben, wie er den Mond betreten hat. Einige Chilenen im Armenviertel der Stadt hatten befürchtet, es könnte etwas Schreckliches passieren, wenn die Astronauten den Fuß auf den Mond setzten. Sie haben das für eine sakrilegische Handlung gehalten. Tatsächlich ist etwas Schreckliches passiert – aber nicht das, was einige Chilenen erwartet hatten, sondern der Mann, der an den Mond gerührt hat, ist immer unglücklicher geworden. Ich muß noch mehr darüber lesen.

Montag, 26. August
Habe mit John Eudes über den Gehorsam gesprochen. Ich habe gesagt: „Ich glaube nicht, daß ich jemals Mönch werden könnte, denn ich habe Schwierigkeiten mit dem Gehorsam. Wenn Sie oder sonst jemand mir auftragen würde, täglich zum Steinelesen zu gehen, und ich wäre zutiefst davon überzeugt, daß ich lieber schreiben, lesen, studieren oder sonst etwas tun sollte, würde ich das einfach nicht schaffen und so unruhig und feindselig werden, daß ich früher oder später davonliefe."

Er meinte: „Die Gründe, die Sie angeben, würden aus Ihnen nicht nur einen armseligen Mönch, sondern ebenso einen bedauernswerten Diözesanpriester machen. Ihr Problem ist nicht ein spezifisches Problem der Mönche. Wenn Sie sich nicht von allem lösen können, was Sie tun und was Sie gerne tun möchten, können Sie kein erfülltes geistliches Leben führen."

So haben wir über den Gehorsam gesprochen. Es war hilfreich, denn John Eudes führte mich zu der Erkenntnis, daß das Problem des Gehorsams ein Problem des Vertrauensverhältnisses ist. „Der Gehorsam wird schwer, wenn man sich von dem, der die Autorität hat, empfindlich treffen lassen muß. Aber man kann das Gehorsamsspiel auch auf eine Weise spielen, daß man zwar niemals gegen eine Anweisung verstößt, aber zu seinem Führer oder Leiter, seinem Abt oder Oberen nie mit einer Frage kommt, auf die man kein ‚Nein' hören möchte. Es bedarf eines großen Vertrauens, um sich selbst vollständig einem anderen Menschen auszuliefern, ganz besonders jemandem, dem man Gehorsam schuldet. Viele Menschen passen sich sehr schnell an, aber sie leisten nicht eigentlich Gehorsam. Sie wollen ganz einfach keinen Wirbel machen und schwimmen statt dessen mit dem Strom. Das ist dann kein Gehorsam, sondern bloße Anpassung."

Wenn ich imstande wäre, mehr Vertrauen zu haben, mich leichter zu eröffnen und mich empfindlich treffen zu lassen, dann wäre der Gehorsam nicht so schwer. Ich wäre imstande, eine andere Meinung zu vertreten, ohne zu befürchten, angefochten zu werden; ich könnte ohne Bitterkeit widersprechen, könnte abweichende Gesichtspunkte vortragen, ohne in Selbstgerechtigkeit zu verfallen, und nachdem ich alle meine Argumente vorgetragen hätte, würde ich die Fähigkeit besitzen, mir zu sagen: „Wenn man mich immer noch bittet, etwas zu tun, das ich nicht tun möchte, dann muß ich vielleicht doch für den Gedanken offen sein, daß Gott mich auf etwas vorbereiten will, das größer und wichtiger ist, als ich mir überhaupt vorstellen kann."

Mit einer solchen Einstellung kann ein Leben im Gehorsam wirklich sehr spannend sein, denn man weiß dann nie, was einen als nächstes erwartet. Aber ich habe noch einen weiten Weg vor mir, bis ich diese Haltung in meinem innersten Wesen entwickelt haben werde.

Mittwoch, 28. August

Meine Träume werden immer verrückter. Letzte Nacht träumte ich, daß ich auf einer mit einer weichen Matratze gepolsterten Bank saß, die am äußersten Geländer der Golden-Gate-Brücke in San Francisco befestigt war. Die Bank bewegte sich sanft von einer Seite der Bucht zur anderen und bot mir einen phantastischen Ausblick auf das Wasser unter mir mit den Überseedampfern und Segelbooten und mit dem klaren Himmel droben, an dem kleine Schäfchenwolken dahinzogen. Langsam bewegte ich mich auf die City zu, die mit eindrucksvollen, blitzblanken Gebäuden und riesigen Wolkenkratzern in hellem Weiß erstrahlte.

Meine Freunde, Don und Claude, hießen mich bei meiner Ankunft in der Stadt willkommen und führten mich zu einem großen Hotel, in dessen Bar wir gingen. Dort hatten wir eine äußerst anregende Unterhaltung mit dem Kellner. Er schloß mit uns so dicke Freundschaft, daß er uns die Teile des Hotels zeigte, die den speziellen Clubmitgliedern vorbehalten waren. Er hatte die Schlüssel zu sämtlichen Türen und zeigte uns die verschiedenen luxuriösen Gesellschaftsräume. Als wir so umhergingen, fiel mein Blick auf eine Gruppe gutgekleideter Herren, die gerade in einen anderen Raum mit Wandteppichen und Klubsesseln gehen wollten.

Als der Kellner uns zur Empfangshalle des Hotels zurückführte, bemerkte ich eine ganze Reihe Trappisten-Priester in weißem Habit und schwarzem Skapulier. Sie sagten mir, daß sie gerade für die verschiedenen Klubs eine Messe lesen wollten. Ich wurde ziemlich wütend über diese geistliche Unterstützung elitärer Absonderung und Diskriminierung, protestierte aber nicht und ging auf der Stelle mit Don und Claude weg.

Ein wirklich aufschlußreicher Traum, dachte ich. Während ich tagsüber versuche, in der Welt zu sein, ohne von ihr zu sein, bin ich des Nachts ganz von ihr, ohne wirklich in ihr zu sein.

Donnerstag, 29. August

Zeitweilig wird das Schreiben zu einem echten Erlebnis. Während der vergangenen Tage habe ich mir darüber Gedanken gemacht, wie ich über das Herzensgebet schreiben sollte. Ich habe noch einmal verschiedene Bücher über die Gebetstradition der Wüstenväter gelesen und die Exzerpte überflogen, die ich früher angefertigt hatte. Aber ich fühlte mich immer noch nicht in Form und hatte einfach keinen Geist zum Schreiben. Heute habe ich mich einfach entschlossen, anzufangen und zuzusehen, was dabei herauskommen würde. Schon nach dem zweiten Satz hatte ich den Eindruck, meine Feder ziehe mich in eine völlig andere Richtung, als ich erwartet hatte. Und während ich eine Seite nach der anderen geschrieben habe, ist mir klargeworden, daß mich meine Konzentration auf die Wüstenväter davon abgehalten hat, über wichtigere Dinge nachzudenken und zu schreiben, die viel besser in den Gesamtrahmen des Buches hineinpassen, das ich zu schreiben versuche.

Es war wirklich aufregend, wie mir die Gedanken und Worte nur so zuflogen, als wären sie schon immer dagewesen und seien bis jetzt nur daran gehindert worden, ans Licht zu kommen.

Inzwischen erfahre ich immer mehr, daß das Schreiben für mich eine sehr wirksame Möglichkeit ist, mich zu konzentrieren und viele meiner Gedanken und Gefühle in mir abzuklären. Sobald ich die Feder aufs Papier setze und eine oder zwei Stunden lang schreibe, überkommt mich ein echtes Gefühl des Friedens und der Harmonie. Die Folge davon ist, daß ich viel mehr Bereitschaft und auch Befähigung verspüre, kleine Routinearbeiten zu übernehmen. Nach einem Tag, an dem ich nichts geschrieben habe und der nur mit Lesen und Handarbeit ausgefüllt war, habe ich oft das Gefühl einer völligen geistigen Verstopfung und gehe dann mit dem Eindruck zu Bett, als hätte ich an diesem Tag nicht das getan, was ich hätte tun sollen.

Es ist gut, daß ich mir all dessen bewußt werde. Es hilft mir vielleicht, einige meiner schlechten Launen in New Haven während der letzten Jahre ein klein wenig zu verstehen.

Freitag, 30. August

Heute war einer jener Tage, die mit vielen Zerstreuungen und wenig echten Ereignissen verstreichen. Mehr als vier Stunden lang war ich mit Rosinenwaschen beschäftigt, und ich konnte diese Arbeit nicht einmal ganz zu Ende bringen. Ich habe eine Menge Post bekommen, um die ich mich sofort kümmern mußte, und ich habe mehrere Stunden mit einem der Gäste gesprochen, der um einige Ratschläge für sein Leben gebeten hatte. Schließlich habe ich noch dieses deprimierende Wochenblatt U.S. News and World Report gelesen, das offensichtlich für Geschäftsleute und nicht für Mönche geschrieben wird.

So war das tatsächlich heute ein „typischer" Tag für mich, wenn ich mir vor Augen halte, wie ich gelebt habe, bevor ich hierher gekommen bin: geschäftig, aktiv, geschwätzig, aber sehr oberflächlich und ohne viel Konzentration auf irgend etwas. Es scheint gut, wenn ich weitere solche „typische Tage" möglichst vermeide.

Samstag, 31. August

Über das Gebet zu schreiben ist oft sehr schmerzlich, denn es kommt einem dabei zu Bewußtsein, wie weit man von dem Ideal entfernt ist, über das man schreibt. Menschen, die deine Gedanken lesen, neigen zu der Annahme, daß deine Schriften dein Leben widerspiegeln. Der einzige Vorteil dabei ist, daß deine Leser deine Berater und Führer werden. Sie laden dich ein und stacheln dich an, deinen Gedanken und Einsichten entsprechend zu leben.

Alles, was ich in dieser Woche lese und schreibe, handelt vom Gebet. Ich bin damit so beschäftigt und häufig davon so aufgewühlt, daß mir zum Beten gar keine Zeit bleibt. Und wenn ich bete, fühle ich mich mehr zu meinen Gedanken über das Gebet hingezogen als zum Gebet selbst.

Um beten zu können, muß man sein Herz und seinen Geist für Gott frei machen, und man muß sein Herz und seinen Geist sogar von Gefühlen und Gedanken über das Gebet frei machen. Sonst steht das Gebet dem Gebet im Wege.

Ich habe den starken Eindruck, daß meine intellektuelle Bildung im gleichen Maß ein Hindernis für das Gebet ist, wie es eine Hilfe dafür sein kann. Es fällt mir schwer, während des Betens nicht auf tiefe Einsichten gespannt zu sein und nicht in eine lange innere Diskussion mit mir selbst zu verfallen. Jedesmal, wenn mir eine Art tiefere Einsicht kommt, stelle ich fest, daß ich mir darüber Gedanken mache, wie ich sie in einer Vorlesung, einer Predigt oder einem Aufsatz verwenden kann, und sehr bald bin ich weit weg von Gott und ganz von meinen eigenen Beschäftigungen eingenommen. Vielleicht ist gerade darum das Jesusgebet so gut für mich: Wenn ich hundertmal, tausendmal, zehntausendmal einfach wie der russische Pilger spreche: „Herr Jesus Christus, erbarme dich meiner", so könnte das vielleicht langsam meinen Geist läutern und Gott eine kleine Chance geben.

SEPTEMBER *Bete für die Welt*

Sonntag, 1. September

Heute beginnt mein vierter Monat hier. Ich finde den Gedanken, daß mir nur noch vier Monate übrigbleiben, bedrückend. Wo werde ich sein, wenn es Weihnachten wird? Aber warum solche Fragen stellen? „Um nichts macht euch Sorgen", sagt Paulus, „bringt vielmehr in jeder Lage eure Anliegen durch Bitten und Flehen mit Danksagung vor Gott. Dann wird der Friede Gottes, der alles Begreifen übersteigt, eure Herzen und eure Gedanken in Christus Jesus behüten" (Phil 4, 6–7). Das muß mir genügen.

Gestern habe ich einen Brief erhalten, in dem ich um einen Artikel über den Heiligen Geist gebeten werde. Ich habe geantwortet, es sei besser, dieser Bitte nicht nachzukommen, damit ich mich so treu wie möglich an mein Vorhaben halten könne, mich zurückzuziehen. Aber heute morgen während der Betrachtung habe ich mich dabei ertappt, wie ich nachgrübelte, was ich hätte schreiben können, und ich wurde in alle möglichen „aufregenden" Gedanken über den Heiligen Geist verwickelt. Als ich von meinem Gedankenflug zurückkam, sagte ich zu mir selbst: „Laß dich nicht durch Gedanken über den Heiligen Geist zerstreuen, sondern bete!" Dann mußte ich lachen, als ich merkte, daß der Heilige Geist sich selbst zum Hindernis geworden war. Wie kompliziert man doch werden kann! Denn es ist ein großer Unterschied, ob ich meinen Geist mit Ideen zu einem Artikel über den Heiligen Geist anfülle oder ob ich ihn frei und leer mache, damit der Heilige Geist in mir beten kann. Dieser Unterschied ist genauso groß wie der Unterschied zwischen dem Sprechen über Gott und dem Sprechen mit Gott. Es scheint mir, daß alle Askese mit der Einsicht in diesen Unterschied beginnt und zur konkreten Aufgabe wird, wenn man in seinem Leben die Konsequenzen verwirklichen will, die sich daraus ergeben. Das ist anspruchsvoll, aber nicht aussichtslos, schwierig, aber zugleich eine echte Herausforderung.

Pater Stephan hat heute seinen fünfzigsten Geburtstag gefeiert. Eine Fürbitte während der Vesper hat mir diese Information geliefert. Ich hatte nie bemerkt, daß er älter ist als ich. Mönche wirken jung, und Pater Stephan macht geradezu einen jugendlichen Eindruck. Aber wie jeder von uns, wird auch er älter. Sein großer Eifer beim Steinesammeln erfüllt mich mit wachsender Bewunderung für ihn. Er macht wirklich eine eigene Berufung aus dieser Arbeit. Wenn er mit seinen Leuten aufbricht, um Steine zu sammeln, meint er es ganz ernst. Noch in diesem Alter ein „rolling stone" zu sein grenzt schon an Vollkommenheit.

Montag, 2. September
Heute habe ich während der Betrachtung gelesen: „,... das Gebet muß mit nicht geringer Anstrengung gesucht werden; dann wird Gott, der unsere Mühe sieht, uns geben, was wir suchen. Dennoch wird wahres Gebet nicht durch menschliche Anstrengung erreicht: es ist ein Geschenk Gottes. Suchet, und ihr werdet finden..."[39] „Man muß sich vor Augen halten, daß der Fortschritt auf irgendeinem Gebiet des geistlichen Lebens eine Frucht der Gnade Gottes ist. Geistliches Leben stammt ganz und gar von Gottes Heiligem Geist. Wir haben unseren eigenen Geist, aber ihm mangelt es an Kraft. Er beginnt nur dann an Stärke zu gewinnen, wenn die Gnade Gottes in ihn hineinfließt."[40]

Ich frage mich, ob die Niedergeschlagenheit im geistlichen Leben nicht bedeutet, daß wir vergessen haben, daß das Gebet Gnade ist. Die tiefe Erkenntnis, daß alle Früchte im geistlichen Leben Geschenke Gottes sind, sollte uns zum Lächeln veranlassen und uns von allem tödlichen Ernst befreien. Wir mögen unsere Augen schließen, so fest wir können, und wir mögen unsere Hände so fest wie möglich falten: Gott spricht nur, wenn er sprechen möchte. Wenn wir das einsehen, wird es geradezu lachhaft, Gott bedrängen, nötigen und herbeizerren zu wollen. Manchmal verhalten wir uns wie ein Kind, das seine Augen schließt und dabei denkt, es könne auf diese Weise die Welt zum Verschwinden bringen.

Nachdem wir alles getan haben, um Gott etwas Raum zu schaffen, ist es dennoch Gott, der auf seine eigene Initiative hin kommt. Aber wir haben ein Versprechen, auf das wir unsere Hoffnung gründen können: das Versprechen, daß er uns seine Liebe schenkt. So kann unser Leben mit Fug und Recht ein Warten in der Hoffnung sein, aber ein geduldiges Warten – und mit einem Lächeln. Dann werden wir tatsächlich überrascht und voll Freude und Dankbarkeit sein, wenn er kommt.

Heute habe ich die Nachricht erhalten, daß ich am kommenden Montagvormittag auf dem Einwanderungs- und Einbürgerungsbüro in Connecticut erscheinen muß, um die ständige Aufenthaltserlaubnis für die USA zu erhalten. Das wird mich für einen Tag und eine Nacht von hier fortführen.

Mittwoch, 4. September

Nach drei Monaten Handarbeit stelle ich fest, daß ich keinen rechten Gefallen daran finde. Wenn das erste Neuheitserlebnis vergangen ist, wird es sehr langweilig. Brot einpacken, heißes Brot vom Fließband nehmen, Rosinen waschen, Bettücher bügeln oder Steine sammeln – das alles sind nette Tätigkeiten für einen oder zwei Nachmittage, aber nach drei Monaten ist meine Hauptfrage während der Arbeit: „Wann ist endlich Feierabend?" Das einzige, was den Stumpfsinn vermindern kann, ist ein angenehmer Mitarbeiter.

Ich habe das alles John Eudes gesagt, weil ich den Eindruck hatte, es sei wichtig, mir zu überlegen, wie ich meine Arbeit besser zu einem Teil meines Gebetes machen könnte, statt sie mir zum Verdruß werden zu lassen. John Eudes konnte meine Empfindungen sehr gut verstehen. Zu meiner Verwunderung sagte er, daß viele Mönche, ja die meisten, und besonders die älteren, wirklich Freude an ihrer Arbeit haben und nicht so empfinden wie ich. Darüber war ich wirklich erstaunt. John Eudes wies mich darauf hin, daß diese Art der Arbeit mir Gelegenheit gebe, ganz tief meine Beziehungslosigkeit zu erfahren. In anderen Situationen habe ich intellektuelle Abwehrhaltungen und starke Zwänge zur Verfügung, die mich davor bewahren, meine Beziehungslosigkeit tief zu erfahren. Wenn ich studiere, schreibe, Vorlesungen halte, kann ich die Dinge interessant machen, indem ich sie auf bestimmte Weise manipuliere. Aber in der Bäckerei oder am Bach ist es praktisch unmöglich, die Dinge interessant zu machen. Dann bin ich mit nichts anderem als mit der Aufgabe konfrontiert, schlicht und einfach eine Arbeit zu erledigen, und dann entdecke ich meine tiefe Entfremdung. Wenn ich mich wirklich mit meiner Welt verbunden fühlen würde, wenn ich tatsächlich ein Teil von ihr wäre, würde ich mich nicht über Stumpfsinn und Langeweile beklagen.

Uninteressante Arbeit konfrontiert den Mönch mit seiner Beziehungslosigkeit, und in dieser Konfrontation kann sich das Gebet entfalten. Wenn diese Erfahrung der Beziehungslosigkeit nicht zum Gebet führt, wird sie den Mönch vielleicht aus dem Kloster herausführen. Im Gebet kann ich in Verbindung treten mit dem Gott, der mich und alle Dinge aus Liebe erschaffen hat. Im Gebet kann ich einen neuen Sinn dafür finden, woraufhin ich im letzten bezogen bin, denn das Gebet ist der Ort, an dem ich die tiefsten Beziehungen anknüpfe.

Die Handarbeit reißt tatsächlich die Maske von meinen Illusionen. Sie zeigt, wie ich ständig Ausschau halte nach interessanten, aufregenden und ablenkenden Tätigkeiten, um meinen Geist ständig beschäftigt zu halten, damit ihm die Konfrontation mit meiner Nacktheit, Machtlosigkeit, Sterblichkeit und Schwäche erspart bleibt. Eine stumpfsinnige Arbeit deckt schließlich auch meine fundamentale Schutzlosigkeit auf und macht mich verwundbarer. Ich hoffe und bete, daß diese neue Verwundbarkeit mich nicht ängstlich oder zornig, sondern im Gegenteil offen für die Gaben der Gnade Gottes werden läßt.

Donnerstag, 5. September

Um ein ständiger Einwohner der USA werden zu können, muß ich beweisen, daß ich kein Kommunist bin und keine Syphilis habe. Für das erste muß ich mich einem Interview stellen, für das zweite muß mein Blut untersucht werden.

Heute nachmittag war ich zum Bluttest in Batavia, der nächstgelegenen bedeutenden Stadt. Alle waren höflich und freundlich und arbeiteten Hand in Hand. Morgen muß ich zum Kreisgebäude zurückkehren, wo mein Blut dem Wassermann-Test unterzogen wird. Es war eine erfrischende Fahrt. Ich nahm zwei zehnjährige Anhalter auf ihrem Heimweg vom Fußballtraining mit. „Morgen fängt die Schule wieder an", sagten sie. Es klingt seltsam fremd, wenn die Leute darüber sprechen, daß sie wieder zur Schule gehen, während ich noch vier Monate Zeit habe. Ich kann mich seit meinem sechsten Lebensjahr an kein Semester erinnern, in dem ich nicht in der Schule war – sei es als

Schüler, als Student oder als Lehrer. Ich werde jetzt meine erste richtige „Schulzeit" haben, wenn man Schule von „schola", „Freizeit", ableitet.

Samstag, 7. September

Heute nachmittag mußte ich den Bagger fahren. Ich habe gelernt, wie man den großen Löffel aufhebt und senkt und wie man mit ihm schaufelt. Als ich die große Maschine zur Garage zurückfuhr, hatte ich nicht darauf geachtet, daß der Arm zu hoch stand, um durch die Garagentür zu passen, die nicht ganz hochgezogen war. Plötzlich hörte ich ein lautes, krachendes Geräusch, und als ich mich umdrehte, sah ich, daß ich dem unteren Teil der Garagentür weit mehr als eine kleine Beule versetzt hatte.

Bruder Michael sah den Unfall, und wie immer bewahrte er sein Lächeln und sagte, dies erinnere ihn an eine Stelle in der Offenbarung des Johannes: „Der Schwanz des Drachen fegte die Sterne vom Himmel hinweg." Mit einem Augenzwinkern fügte er hinzu: „Vorkommnisse wie dieses helfen mir immer, mir besser die Bibel zu vergegenwärtigen." Mit diesem Trost ging ich nach Hause und vergaß das Unglück schnell.

Morgen heißt es zurück nach Connecticut, um ständiger Einwohner der USA zu werden.

Montag, 9. September

Um vier Uhr war ich wieder „zu Hause" in der Abtei. Von allen Seiten wurde ich freundlich begrüßt. John Eudes kam vorbei und sagte: „Willkommen zu Hause", und Bruder Anthony schrieb mir: „Schön, daß Sie wieder da sind!" Ich war 26 Stunden lang weg gewesen! Es tut gut, vermißt zu werden, und wenn es nur ein paar Stunden sind.

Ich bin total erschöpft, habe Kopfschmerzen, Zahnschmerzen, bin hungrig, müde und in einem allgemeinen Zustand der Verwirrung. Aber Schlaf und Essen werden mir wahrscheinlich bald aufhelfen. Es tut gut, wieder da zu sein; und ich bin richtig froh, daß mir noch mehr als drei Monate für meinen Aufenthalt bleiben.

Mittwoch, 11. September
Die kurze Reise nach New Haven hat mir das ganz klare Gefühl gegeben, daß die zweite Hälfte meines Aufenthaltes beginnt. Als ich zum Kloster zurückkehrte, war es mir wirklich, als kehrte ich nach Hause zurück. Ich merke, wie sehr ich mich hier wohl fühle. Ich kenne die Mönche – und nicht nur beim Namen –, ich kenne den Lebensstil, ich finde mich zurecht, nicht nur im Haus, sondern auch in den Gebräuchen. Die Mönche scheinen mit mir auszukommen und mich als Teil ihres Lebens zu betrachten. Alles das hört sich gut an, aber es ist auch eine echte Versuchung. Irgendwie sehe ich klar, daß diese behaglichen Gefühle nicht unbedingt nützlich für mein geistliches Leben sind und daß es einer neuen, bewußten Anstrengung bedarf, um meine Augen auf Gott zu richten und es zu vermeiden, mich behaglich in diesem Haus niederzulassen. Ich kann mich mit allerhand interessanten Dingen und unterhaltsamen kleinen Aktivitäten abgeben und damit langsam die Leere ausfüllen, die das Kloster mir doch eigentlich dazu bietet, um allein zu sein mit Gott. Wenn ich über das Gebet schreibe, kann das zu einer Ausflucht werden, um nicht zu beten; wenn ich auf die verschiedenen Interessen der Mönche eingehe, kann dies dazu führen, daß ich nicht mehr richtig allein bin. In den kommenden Monaten wird es einer besonderen Anstrengung bedürfen, mir die Tatsache vor Augen zu halten, daß dies hier nicht mein ständiges Zuhause ist und niemals sein wird, selbst wenn ich für den Rest meines Lebens hier bleiben würde.

In Abraham Heschels Buch „Eine Passion für die Wahrheit" habe ich heute die Worte des Kozkers (Rabbi Menachem Mendel von Kozk) gelesen: „Wer glaubt, er sei am Ende, ist am Ende."[41] Wie wahr. Wer denkt, er sei schon angekommen, hat seinen Weg verloren. Wer glaubt, er habe das Ziel bereits erreicht, hat es verfehlt. Wer meint, er sei ein Heiliger, ist ein Teufel. Eine wichtige Seite des geistlichen Lebens besteht darin, in der Haltung der Sehnsucht, des Wartens, der Hoffnung und der Erwartung zu verharren. Auf längere Sicht bedarf es einiger freiwilliger Buße, um uns daran zu erinnern, daß wir noch nicht vollkommen sind. Eine gute Kritik, ein frustrierender Tag, ein leerer Magen oder müde Augen können helfen, unsere Erwartung wieder zu wecken und unser Gebet: „Komm, Herr Jesus, komm!" zu vertiefen.

Donnerstag, 12. September
Schweigen. In der Tat: das Schweigen ist sehr wichtig für mich. Während der letzten Woche, mit diesem Abstecher nach New Haven, der voller Diskussionen und mündlichen Austausches war, verbunden mit vielen scheinbar notwendigen Telefongesprächen und mit einer ganzen Reihe von Gesprächen mit den Mönchen, wurde das Schweigen immer weniger ein Teil meines Lebens. Mit dem Schwinden des Schweigens entwickelte sich eine Art Gefühl der inneren Verschmutzung. Am Anfang wußte ich nicht, warum ich mich irgendwie schmutzig, staubig und unrein fühlte, aber mit der Zeit dämmerte mir, daß der Mangel an Schweigen der Hauptgrund dafür gewesen sein muß.

Mir kommt zu Bewußtsein, daß mit den Worten zweideutige Gefühle in mein Leben eindringen. Es scheint fast unmöglich zu sein, zu sprechen, ohne dabei zu sündigen. Noch bei der anspruchsvollsten Diskussion schleicht sich etwas ein, das die Atmosphäre zu verschmutzen scheint. Auf unerklärliche Weise vermindert das Sprechen meine Fähigkeit, wachsam und offen zu sein, und macht mich egozentrischer. Nach meiner Diskussion mit den Studenten in New Haven letzten Sonntag fühlte ich mich nicht nur müde und abgespannt, sondern ich fühlte mich so, als hätte ich etwas berührt, das man nicht berühren sollte; als hätte ich etwas entstellt, indem ich darüber gesprochen habe; als hätte ich versucht, einen Tautropfen zu erhaschen. Nachher war ich voll innerer Unruhe und konnte nicht schlafen.

Der heilige Jakobus übertreibt wirklich nicht, wenn er schreibt: „Die Zunge ist eine Welt voll Ungerechtigkeit. Die Zunge ist das Glied, das unseren ganzen Leib befleckt und das Rad des Lebens in Brand setzt; sie selber aber ist von der Hölle in Brand gesetzt. Jede Art von wilden Tieren und Vögeln, von Kriechtieren und Seetieren wird gebändigt und ist gebändigt worden durch die menschliche Kraft; die Zunge aber vermag kein Mensch zu bändigen..." (Jak 3, 6–8 a).

Der heilige Benedikt spricht sehr deutlich über die Wichtigkeit des Schweigens. Er meint, daß man sogar über gute Dinge besser schweigt als spricht. Er scheint damit sagen zu wollen, es sei praktisch unmöglich, von guten Dingen zu sprechen, ohne dabei auch mit den schlechten in Berührung zu kommen, so wie es auch unmöglich ist, Fleisch zu essen, ohne vorher ein Lebewesen getötet zu haben. Er schreibt: „... Deshalb soll wegen der Gewichtigkeit des Schweigens selbst vollkommenen Jüngern nur selten die Erlaubnis zum Reden gegeben werden, mag es sich um noch so gute, heilige und erbauliche Gespräche handeln. Es steht ja geschrieben: ‚Bei vielem Reden entgehst du der Sünde nicht' (Spr 10, 19). Und an anderer Stelle: ‚Tod und Leben sind in der Gewalt der Zunge' (Spr 18, 21). Denn Reden und Lehren kommt dem Meister zu, Schweigen und Hören ist Sache des Jüngers."[42] Es ist notwendig, daß das Schweigen zu einem wirklichen Teil meines Lebens wird, wenn ich zur Schule zurückkehre. „Bei vielem Reden entgehst du der Sünde nicht." Viele Leute bitten mich zu sprechen, aber bis jetzt hat mich noch niemand zum Schweigen eingeladen. Dennoch merke ich: je mehr ich spreche, um so mehr habe ich das Schweigen nötig, um mit dem, was ich sage, glaubwürdig zu bleiben. Die Menschen erwarten zuviel vom Sprechen, zuwenig vom Schweigen...

Freitag, 13. September

Habe mit John Eudes gesprochen. Was mich am meisten beschäftigt, ist das Bewußtsein, daß ich heute in dreieinhalb Monaten von hier weg sein werde. Ich frage mich, wie sich diese Zeit der Einkehr auf mein zukünftiges Leben auswirken wird. Ein Wunsch ist klar: ich möchte auch weiterhin mit dieser Gemeinschaft und ihrem Abt in Verbindung bleiben. Ich hege zwar große Bewunderung, Achtung und Dankbarkeit gegenüber meinen priesterlichen Mitbrüdern in Holland, aber sie sind doch zu weit entfernt, als daß sie meine tieferen geistlichen Ansprüche erfüllen könnten.

John Eudes sagte, mein Wunsch sei verständlich, realistisch und bedeutsam, und er schlug mir vor, mir in den kommenden Monaten Gedanken über meinen künftigen Lebensstil zu machen. Was mich am meisten beeindruckte, war seine Ansicht, wenn ich mich einmal konkret dazu entschlossen hätte, zu bestimmten Zeiten zu beten, für andere zur Verfügung zu stehen, aufzustehen und zu Bett zu gehen, und wenn ich mich daran halten würde, dann würden mich meine Freunde und Studenten dabei unterstützen und mir helfen, auf diese Weise zu leben. Ich würde bald entdecken, daß alle, die sich von diesem Lebensstil angesprochen fühlten, an ihm teilhaben wollten. Mit anderen Worten: ein klarer, offenkundiger und genau umrissener Lebensstil würde mir die Möglichkeit geben, bessere Beziehungen zu den Menschen anzuknüpfen, und er würde mir ein Kriterium an die Hand geben, um beurteilen zu können, mit wem ich ein mehr und mit wem ich ein weniger intensives Vertrauensverhältnis eingehen sollte.

John Eudes nannte zwei mögliche Schwerpunkte: das „Stundengebet" und die Meditation, und zwei mögliche Zeitpunkte: früh am Morgen und vor dem Schlafengehen. Er meinte, daß regelmäßige Einkehrtage nur dann wirklich fruchtbar seien, wenn man eine gewisse Disziplin für seinen Alltag habe. Ohne einen fortlaufenden Gebetsrhythmus würden gelegentliche oder regelmäßige Besinnungstage ihre Beziehung zum übrigen Leben verlieren.

Wir sprachen auch darüber, wie wichtig es ist, Gebet und Arbeit besser zu integrieren. Vorlesungen halten, predigen, Bücher schreiben, studieren und Studenten beraten, all das würde durch ein regelmäßiges Gebetsleben genährt und vertieft werden. John Eudes sagte mir, daß Merton nur während der „Arbeitszeit" geschrieben habe, und er habe dabei keine Schwierigkeiten gehabt, Gedanken und Themen zu finden, denn dies alles sei anscheinend mühelos ein Ausfluß seines Gebetslebens gewesen. Zwei Mönche haben ihm als Sekretäre zur Verfügung gestanden. Eines Tages haben sie sich beschwert, daß sie beide zusammen kaum Mertons tägliche Produktion bewältigen könnten. Aber Merton selbst hatte nicht den Eindruck, daß er sich übernehme. Was er schrieb, flog ihm mühelos zu und war ein Teil seines kontemplativen Lebens. Das ist eine vielsagende Geschichte, und sie enthält wichtige Anregungen für mich.

Es scheint entscheidend zu sein, daß ich klar umrissene konkrete Entschlüsse fasse und mich längere Zeit fest an sie halte. Dann sollte ich meine praktischen Erfahrungen mit meinem geistlichen Führer auswerten, Änderungen vornehmen, es wieder für eine bestimmte Zeit versuchen, wieder auswerten und so weiter, bis ich einen mehr oder weniger beständigen Lebensstil gefunden habe, zwar immer für Änderungen offen, aber doch mit sehr großer Kontinuität. Beides – Beweglichkeit und Beständigkeit – scheinen sehr wichtige Elemente für einen geistlichen Lebensstil in einem aktiven Beruf zu sein.

Theodor hat heute morgen unter den Rosinen einen Knopf gefunden. Als er mir den Knopf zeigte, mußte ich an einen armen Chicano denken, der unter der heißen kalifornischen Sonne Weintrauben gepflückt und seinen Knopf verloren hat, während er eine volle Kiste zum Lastwagen trug. Heute ist sein Knopf in der Rosinen-Waschmaschine eines Trappistenklosters aufgetaucht. Wie schön wäre es gewesen, hätten wir den Knopf mit einem großen Paket Rosinenbrot für ihn und seine Familie zurückschicken können. Aber wie immer: die Armen sind und bleiben namenlos.

Samstag, 14. September
Mönche gehen in ein Kloster, um Gott zu finden. Aber Mönche, die im Kloster so leben, als hätten sie Gott gefunden, sind keine richtigen Mönche. Ich kam hierher, um Gott „näher" zu kommen, aber wenn ich jemals glauben würde, ich sei Gott näher als irgendein anderer Mensch, so würde ich mich nur selbst täuschen. Wir sollen Gott suchen, aber wir können Gott nicht finden. Wir können nur von ihm gefunden werden.

Zwei Stellen aus Elie Wiesels „Souls on Fire" über den Kozker beschreiben eindrucksvoll diesen paradoxen Zustand. An der einen Stelle heißt es: „Ein Schüler klagt dem Kozker sein Leid: ‚Ich stamme aus Rischin. Dort ist alles einfach, alles ist klar. Ich habe gebetet, und ich habe gewußt, daß ich betete. Ich habe studiert, und ich habe gewußt, daß ich studierte. Hier in Kozk ist alles durcheinander und verworren. Ich leide darunter, Rabbi. Schrecklich. Ich bin verloren. Bitte, hilf mir, damit ich beten und lernen kann wie zuvor. Bitte, hilf mir, meinem Leiden ein Ende zu machen.' Der Rabbi sieht seinem traurigen Schüler in die Augen und fragt ihn: ‚Wer hat dir je gesagt, daß Gott an deinen Studien und Gebeten liegt? Könnte es nicht sein, daß ihm deine Tränen und deine Leiden viel lieber sind?'"[43]

An der anderen Stelle heißt es: „‚Gewisse Erfahrungen können durch die Sprache vermittelt werden, andere – tiefere – durch Schweigen; und schließlich gibt es Erfahrungen, die nicht vermittelt werden können, auch nicht durch Schweigen.' [Der Kozker:] ‚Das macht nichts. Wer sagt denn, daß man Erfahrungen macht, um sie mitzuteilen? Man muß die Erfahrungen *leben*. Das ist alles. Und wer sagt, daß die Wahrheit dazu da ist, um enthüllt zu werden? Sie will gesucht werden. Das genügt. Angenommen, sie liege in der Schwermut verborgen, ist das ein Grund, sie anderswo zu suchen?"«[44]

Diese Stellen haben kierkegaardsche Qualität. Ich verstehe sehr gut, daß Heschel von der Geistesverwandtschaft zwischen dem Kozker und Kierkegaard fasziniert war. Zugleich steckt darin ein Geist, der auch bei den frühen Wüstenvätern aufleuchtet. Gott ist nicht zu verstehen; er läßt sich nicht vom menschlichen Geist erfassen. Die Wahrheit entzieht sich unserer menschlichen Fassungskraft. Der einzige Weg, ihr näher zu kommen, besteht darin, uns ständig vor Augen zu halten, daß unser menschliches Fassungsvermögen so begrenzt ist, daß es die Wahrheit nicht „besitzen" oder „festhalten" kann. Wir können weder Gott noch seine Gegenwart in der Geschichte erklären. Sobald wir Gott mit einem ganz bestimmten Ereignis oder einer bestimmten Situation identifizieren, spielen wir Gott und entstellen die Wahrheit. Wir können nur treu zu unserer Überzeugung stehen, daß Gott uns nicht verlassen hat, sondern daß sein Ruf an uns mitten in all den unerklärlichen Widersinnigkeiten unseres Lebens ergeht. Es ist sehr wichtig, sich dessen tief bewußt zu werden. Sonst besteht die große und heimtückische Versuchung, sich selbst oder anderen einzureden, daß Gott an bestimmten Orten handelt und an anderen nicht, daß er da und da anwesend ist und da und da nicht; doch niemand, kein Christ, kein Priester, kein Mönch, kennt Gott auf eine ganz „spezielle" Weise. Gott läßt sich nicht durch irgendeinen menschlichen Begriff oder eine Voraussage einschränken. Er ist größer als unser Verstand und als unser Herz, und er ist vollkommen frei, sich selbst zu offenbaren, wo und wann er will.

Sonntag, 15. September

Heute morgen nach den Laudes hat Tony Walsh zur Kommunität gesprochen, ein Kanadier, der viele Jahre Leiter des St.-Benedikt-Joseph-Labre-Hauses in Montreal war. Ein sehr eindrucksvoller Mann. Er muß in den Sechzigern sein, dünn, mit sehr tief eingegrabenen Gesichtszügen, einfach – wenn nicht arm – gekleidet, intelligent, geistreich, mitfühlend, herzlich und katholisch im besten Sinne des Wortes. Er sagte: „Das Evangelium muß unbedingt seine schockierende Wirkung behalten. Wir können niemals für uns in Anspruch nehmen, das Evangelium völlig verstanden zu haben. Es sollte uns immer in Unruhe halten und uns niemals befriedigen."

Ich bin sehr froh, diesen bemerkenswerten Mann kennengelernt haben. Er sagte mir, daß eine der größten Versuchungen darin bestehe, das Evangelium kompliziert zu machen und auf diese Weise seine Botschaft abzuschwächen.

Montag, 16. September

„Wenn Gott beten würde, wie würde er beten?" Abba Arika (Rab), ein berühmter Weiser, der 247 gestorben ist, hat es sich so vorgestellt: „Möge es mein Verlangen sein, daß meine Barmherzigkeit meinen Zorn übertrifft, daß mein Erbarmen den Sieg über meine anderen Eigenschaften davonträgt, damit ich mit meinen Kindern im Namen der Barmherzigkeit umgehen kann und zu ihrem Nutzen kurz vor der Grenze der unnachgiebigen Strenge innehalte."[45] Wir haben immer zu begreifen versucht, wie Gott sowohl gerecht als auch barmherzig sein kann. Tatsächlich besteht das Geheimnis Gottes darin, daß er beides im höchsten Maße vermag. Aber wir vermögen es nicht. Gottes Barmherzigkeit hat nicht zur Folge, daß er weniger gerecht ist. Seine Gerechtigkeit hat nicht zur Folge, daß er weniger barmherzig ist. Aber wir müssen darum kämpfen, daß unsere Barmherzigkeit nicht zur Ungerechtigkeit und daß unsere Gerechtigkeit nicht zur Unbarmherzigkeit wird. Die Begnadigung des ehemaligen Präsidenten Nixon durch seinen Nachfolger, Präsident Ford, ist deshalb verständlicherweise von vielen als ein Akt schwerwiegender Ungerechtigkeit empfunden worden.

Dienstag, 17. September

Heute morgen habe ich John Eudes folgende Frage gestellt: „Wie kann ich ein wirklich tiefes Gebetsleben entfalten, wenn ich wieder in der Betriebsamkeit meiner Arbeit stecke? Ich habe die Neigung, kleine und große Aufgaben so schnell wie möglich zu erledigen, und solange ich mich von unerledigten Aufgaben umgeben sehe, ist mir das Beten fast gar nicht möglich; denn ich benutze dann die Zeit für das Gebet dazu, über die vielen Dinge nachzudenken, die ich noch zu erledigen habe. Ich habe dann immer den Eindruck, es gebe vorerst eiligere und wichtigere Dinge als das Gebet."

John Eudes' Antwort war klar und einfach: „Die einzige Lösung besteht darin, daß Sie Ihrem Gebet eine feste Ordnung geben, die Sie niemals ohne Rücksprache mit Ihrem geistlichen Führer umstoßen. Setzen Sie eine vernünftige Zeit fest, und wenn Sie sie einmal festgesetzt haben, halten Sie sich um jeden Preis daran. Machen Sie das zu Ihrer wichtigsten Aufgabe. Lassen Sie es jeden wissen, daß diese Ordnung das einzige ist, was sie nicht ändern, und beten Sie zu dieser Zeit. Für den Anfang wäre eine Stunde am Morgen vor Beginn der Arbeit und eine halbe Stunde vor dem Schlafengehen das Richtige. Legen Sie die genaue Zeit fest und richten Sie sich danach. Verlassen Sie eine Zusammenkunft, wenn sich dieser Zeitpunkt nähert. Machen Sie es sich selbst unmöglich, irgendeine Arbeit zu erledigen, und sei sie noch so dringend, wichtig und entscheidend. Wenn Sie treu bleiben, werden Sie langsam entdecken, daß es nutzlos ist, in dieser Zeit über Ihre vielen Probleme nachzudenken, weil Sie sie ohnehin in dieser Zeit nicht anpacken. Dann beginnen Sie während dieser freien Stunden zu sich selbst zu sagen: ‚Da ich jetzt nichts zu tun habe, kann ich genausogut beten.' Auf diese Weise wird das Beten so wichtig wie das Essen und das Schlafen, und die dafür frei gemachte Zeit wird zu einer sehr befreienden Zeit, an der Sie im guten Sinne hängen werden."

„Am Anfang", sagte John Eudes, „werden Ihre Gedanken umherwandern, aber nach einiger Zeit werden Sie entdecken, daß es leichter wird, ruhig in der Gegenwart des Herrn zu verweilen. Wenn Ihr Kopf voller Unruhe und Sorgen ist, beginnen Sie am besten mit einigen Psalmen oder mit einer Schriftlesung; das kann Ihnen zur Sammlung helfen, und Sie werden dann auf die stille Betrachtung besser eingestimmt sein. Wenn Sie sich treu daran halten, werden Sie allmählich eine tiefere Erfahrung Ihrer selbst machen. Denn in dieser nutzlosen Stunde, in der Sie nichts ‚Wichtiges' oder ‚Dringendes' tun, müssen Sie sich mit Ihrer grundlegenden Ohnmacht auseinandersetzen, und Sie müssen Ihre fundamentale Unfähigkeit erfahren, Ihre und anderer Leute Probleme zu lösen oder die Welt zu verändern. Wenn Sie dieser Erfahrung nicht ausweichen, sondern sie durchleben, werden Sie nach und nach einsehen, daß Ihre vielen Vorhaben, Pläne und Verpflichtungen gar nicht so dringend, entscheidend und wichtig sind, wie Sie gemeint hatten, und sie werden ihre Macht über Sie verlieren. Sie belästigen Sie während Ihrer Zeit mit Gott nicht mehr und nehmen den ihnen angemessenen Platz in Ihrem Leben ein."

Das kommt mir überzeugend, ja sogar einleuchtend vor. Was einzig noch übrigbleibt, ist: es einfach gehorsam zu tun.

Mittwoch, 18. September
Es ist mir ziemlich klargeworden, daß meine guten Vorsätze für später nur dann realistisch sind, wenn ich sofort beginne, danach zu leben. Obwohl ich viele Stunden in der Kirche verbracht habe, habe ich mir bis jetzt noch keinen festen Zeitpunkt für die Betrachtung gesetzt. So habe ich mich entschieden, die Zeit zwischen 10.45 und 11.15 Uhr für die Meditation freizuhalten. Dazu mußte ich andere Dinge unterbrechen, und so habe ich erfahren, wie wichtig es ist, diese Vereinbarung mit mir selbst zu treffen. Einfach schweigend in der Kirche zu sitzen, ohne etwas zu tun, während der Kopf voller Pläne, Ideen und Sorgen ist, das ist allein schon eine Erfahrung für sich.

Heute morgen fand ich es geradezu komisch. Ich konnte zusehen, wie meine Gedanken wild durcheinanderstoben und nirgends ankamen. Ich hörte mich selbst sagen: „Da ich auf jeden Fall diese halbe Stunde hier bin, kann ich genausogut beten." Ich spürte, wie sich meine Nervosität langsam legte, und die Zeit verging sehr schnell.

Eine Erfahrung im Gebet besteht darin, daß es so aussieht, als geschehe nichts. Aber wenn man durchhält und auf einen längeren Zeitraum des Gebetes zurückblickt, stellt man mit einemmal fest, daß sich doch etwas abgespielt hat. Wirklichkeiten, die uns sehr nahe, sehr persönlich und ganz gegenwärtig sind, können wir oft nicht direkt wahrnehmen, sondern wir brauchen einen gewissen Abstand von ihnen. Wenn ich den Eindruck habe, daß ich nichts als zerstreut bin und daß ich meine Zeit vergeude, so geschieht in Wirklichkeit doch etwas, aber es ist zu unmittelbar, als daß ich es erkennen, verstehen oder empfinden könnte. Nur im Rückblick kann ich feststellen, daß sich etwas sehr Wichtiges ereignet hat. Gilt das nicht auch für alle anderen wichtigen Ereignisse im Leben? Wenn ich mit jemandem zusammen bin, den ich sehr gern habe, sprechen wir selten über unser Verhältnis.

Unser Verhältnis steht praktisch so sehr im Mittelpunkt, daß es gar nicht zum Gesprächsstoff werden kann. Aber später, nachdem wir auseinandergegangen sind und uns Briefe schreiben, erkennen wir, wie bedeutsam alles für uns gewesen war, und wir schreiben dann sogar darüber.

Das trifft auf mich ganz genau zu. Wenn ich über das Beten nachdenke, kann ich darüber mit bewegenden Worten sprechen, und ich kann sehr überzeugend darüber schreiben; aber in beiden Fällen bete ich nicht wirklich, sondern ich reflektiere darüber aus einem gewissen Abstand. Wenn ich dagegen bete, scheint mein Gebet oft sehr verworren, schwerfällig, geistlos und zerstreut zu sein. Gott ist nah, aber oft zu nah, als daß man ihn erfahren könnte. Gott ist mir näher, als ich mir selbst bin, und darum ist er kein Gegenstand für meine Gefühle oder Gedanken.

Ich frage mich, ob ich in diesem Sinn nicht eine ähnliche Erfahrung wie die Apostel mache. Als Jesus bei ihnen war, waren sie nicht imstande, richtig zu erfassen und zu verstehen, was sich da ereignete. Erst nachdem er sie verlassen hatte, spürten, fühlten und verstanden sie, wie nah er ihnen wirklich gewesen war. Ihre Erfahrung nach der Auferstehung wurde zur Grundlage für das, worauf sie warteten.

Donnerstag, 19. September

Heute hatte ich das starke Empfinden, daß die Dinge im Grunde ganz einfach sind. Wenn ich Gott mit meinem ganzen Herzen, mit meiner ganzen Seele und mit meinem ganzen Gemüt lieben könnte, würde ich eine große innere Freiheit erfahren, die groß genug wäre, um alles zu umfangen, was existiert, und auch groß genug, um zu verhüten, daß mich kleine Ereignisse aus der Fassung bringen. Einige Stunden lang empfand ich auf so offenkundige Weise die Gegenwart Gottes, und meine Liebe zu ihm trat derart in den Mittelpunkt, daß sich das verworrene Knäuel meines Lebens zu einem einzigen Punkt zu vereinfachen schien und sehr schlicht und klar wurde. Wenn mein Herz ungeteilt ist, wenn mein Geist sich nur um Gott sorgt und meine Seele von seiner Liebe erfüllt ist, dann fügt sich alles unter einer einzigen Perspektive zusammen, und nichts bleibt ausgeschlossen. Ich empfand den großen Unterschied zwischen der Einfachheit (single-mindedness) und der Beschränktheit (narrow-mindedness) des Geistes. Zum erstenmal spürte ich eine echte Einfachheit; mein Geist schien sich auszuweiten und unendlich mehr aufnehmen zu können als in den Zeiten, in denen ich mir geteilt und verwirrt vorkomme. Wenn ich meine ganze Aufmerksamkeit auf den richte, der mich geschaffen hat, der mich erlöst hat und der mich heiligt, dann kann ich alles menschliche Leben – freudiges wie leiderfülltes – und die gesamte Schöpfung in seiner Liebe vereint sehen. Dann wundere ich mich sogar darüber, warum ich so gequält und ängstlich war, warum ich mich von Schuldgefühlen verfolgen ließ und so ruhelos war, warum so gehetzt und voller Ungeduld. Alle diese Schmerzen scheinen unechte Schmerzen zu sein, Schmerzen, die sich daraus ergeben, daß man nicht sieht, nicht hört und nicht versteht. Das wirkliche Leid ist das Leid, das ich in Gott finde, der allem Leiden der Erde erlaubt hat, bis in seine göttliche Intimität einzudringen. Die Erfahrung der Gegenwart Gottes ist nicht frei von Schmerz. Aber der Schmerz ist so tief, daß man ihn nicht entbehren will, denn gerade in diesem Schmerz kann man die Freude über die Gegenwart Gottes verkosten. Das klingt ziemlich unsinnig, aber es ist in dem Sinn gemeint, daß es jenseits des normalen Sinnes liegt und deshalb schwierig innerhalb der Grenzen des menschlichen Verstandes zu erfassen ist. Die Erfahrung der einigenden Gegenwart Gottes ist eine Erfahrung, bei der der Unterschied zwischen Freude und Schmerz überstiegen zu sein scheint und sich der Beginn eines neuen Lebens ankündigt.

Freitag, 20. September
Abraham Heschel äußert in seinem Gespräch über den Kozker einen Aspekt des geistlichen Lebens, der im christlichen Leben praktisch nicht vorhanden zu sein scheint und jedenfalls in meinem Leben niemals hervorgehoben worden ist. Es ist der Aspekt des Aufbegehrens gegen Gott. Er schreibt: „Es war eine authentische Form des Gebets, sich im Namen der Liebe Gottes zu weigern, die Härte des von Gott vorgesehenen Weges hinzunehmen." Tatsächlich haben die alten Propheten Israels nicht einfach dem harten göttlichen Gericht zugestimmt, nicht nur genickt und gesagt: ‚Dein Wille geschehe.' Sie haben Gott oft herausgefordert, als wollten sie sagen: ‚Dein Wille möge sich ändern.' Sie haben oftmals widersprochen und sogar göttliche

Anordnungen für ungültig erklärt..."[46] „Von einem Menschen, der rechtschaffen gelebt hatte, konnte man nicht erwarten, daß er seine Angst unterdrückte, wenn er von einer tiefgreifenden Verwirrung gepeinigt wurde. Er mußte sie kühn aussprechen. Der Mensch sollte niemals kapitulieren – auch nicht vor Gott..."[47] „Es gibt bestimmte Formen des Leidens, die der Mensch in Liebe annehmen und im Schweigen tragen muß. Es gibt andere Todesängste, zu denen er ‚nein' sagen muß."[48]

Diese Haltung zeigt bei näherem Zusehen, wie eng sich der Jude, der gegen Gott protestieren kann, mit Gott verbunden fühlt. Wenn ich mit Gott nur in der Form der Unterwürfigkeit in Beziehung sein kann, bin ich viel weiter von ihm entfernt, als wenn ich seine Entscheidungen in Frage stellen kann. Das Bemerkenswerteste daran ist, daß diese Vertrautheit mit Gott zu einem Empfinden führt, an das ich noch niemals gedacht habe, das aber sehr wichtig sein könnte: zum *Mitleid* mit Gott.

Heschel erzählt die schöne Geschichte von dem polnischen Juden, der mit Beten aufgehört hatte „wegen all dem, was in Auschwitz geschehen ist". Später jedoch begann er wieder zu beten. Als er deshalb gefragt wurde: „Was hat Sie zu dieser Gesinnungsänderung bewogen?", gab er zur Antwort: „Es kam mir plötzlich zum Bewußtsein, wie einsam Gott sein muß; sehen Sie doch, mit wem er übrigbleibt. Er hat mir leidgetan."[49]

Diese Haltung bringt Gott und sein Volk in sehr engen Kontakt miteinander, und Gott wird von seinem Volk als der erkannt, der mit ihm leidet.

Heschel schreibt: „Die zentrale Frage: ‚Warum läßt der Gott der Gerechtigkeit und des Erbarmens zu, daß das Böse so stark bleibt?' ist aufs engste mit der Frage verknüpft, wie der Mensch Gott beistehen sollte, seiner Gerechtigkeit und seinem Erbarmen zum Sieg zu verhelfen."[50] Die markanteste Aussage Heschels ist: „Glauben ist der Beginn des Mitleidens, des Mitleidens mit Gott. Erst wenn uns Gottes Stöhnen das Herz zerreißt, geht uns auf, daß es jenseits aller Absurdität einen Sinn, eine Wahrheit und die Liebe gibt."[51] Diese Erfahrung stammt aus einer tiefen Mystik, in der sich sowohl aktiver Widerspruch als auch passive Auslieferung finden und wo der Mensch mit Gott kämpft, wie Jakob mit dem Engel gerungen hat.

Montag, 23. September
Oft habe ich zu Menschen gesagt: „Ich werde für Sie beten." Aber wie oft bin ich tatsächlich in die volle Wirklichkeit dessen eingetaucht, was das bedeutet? Jetzt geht mir auf, wie ich wirklich tiefer in den andern eingehen und aus seiner Mitte heraus zu Gott beten kann. Wenn ich wirklich meine Freunde und die vielen, für die ich bete, in mein innerstes Sein hineinnehme und ihre Schmerzen, ihre Kämpfe, ihre Schreie in meiner eigenen Seele fühle, dann verliere ich sozusagen mich selbst und werde mit ihnen identisch, und dann habe ich Mitleid. Das Mitleid macht den Kern unseres Gebetes für unsere Mitmenschen aus. Wenn ich für die Welt bete, werde ich mit der Welt identisch; wenn ich für die endlosen Bedürfnisse der Millionen bitte, weitet sich meine Seele und möchte sie alle umspannen und in die Gegenwart Gottes stellen. Aber mitten in dieser Erfahrung erkenne ich, daß das Mitleid nicht meine eigene Leistung, sondern ein Geschenk Gottes an mich ist. Ich kann die Welt gar nicht umspannen, aber Gott kann es. Ich kann gar nicht beten, aber Gott kann in mir beten. Als Gott so geworden ist, wie wir sind, das heißt, als Gott uns allen erlaubt hat, in sein innerstes Leben einzugehen, da ist es für uns möglich geworden, an seinem unendlichen Mitleiden teilzunehmen.

Wenn ich für die andern bete, verliere ich mich selbst und werde mit den andern identisch, und so findet mich die göttliche Liebe bei ihnen, diese Liebe, die die ganze Menschheit in einer einzigen großen Umarmung des Mitleids umfaßt.

Dienstag, 24. September
Gestern habe ich mit John Eudes einige Gedanken über das Gebet für andere ausgetauscht. Er hat nicht nur meine Gedanken bestätigt, sondern mich auch weitergeführt, als er sagte, das Mitleiden gehöre zum Wesen des kontemplativen Lebens. Wenn wir mit den andern identisch werden und so in die Gegenwart Gottes eintreten, sind wir wahre Kontemplative. Wahre Kontemplative sind folglich *nicht* diejenigen, die sich von der Welt abwenden, um ihre eigene Seele zu retten, sondern solche, die ins Herz der Welt vordringen und von dort aus zu Gott beten.

Mittwoch, 25. September

Heute habe ich mir mein Innerstes als einen Ort vorgestellt, der mit Steck- und Nähnadeln gespickt ist. Wie kann ich irgend jemanden in mein Gebet hineinnehmen, wenn darin gar kein richtiger Platz für ihn ist, wo es frei und entspannt zugeht? Wenn ich immer noch voller Vorurteile, Eifersuchtsgedanken und zorniger Gefühle bin, wird jeder, der eintritt, verletzt werden. Mir kam sehr lebhaft die Erkenntnis, daß ich in meinem tiefsten Innern einen Raum schaffen müßte, um andere darin einladen und ihnen zur Genesung helfen zu können. Für andere beten bedeutet, andern einen gastlichen Platz anbieten, an dem ich wirklich auf ihre Anliegen und Schmerzen hören kann. Das Mitleiden setzt deshalb eine Selbstprüfung voraus, die zu einer Art innerer Güte und Liebenswürdigkeit verhilft.

Wenn mein Inneres gütig und liebenswürdig wäre – wenn ich ein Herz aus Fleisch und Blut, und nicht aus Stein hätte, einen Raum mit einigen Fußbreit Boden, auf denen man barfuß gehen könnte –, dann könnten dort Gott und meine Mitmenschen einander begegnen. Dann könnte die Mitte meines Herzens zu dem Ort werden, an dem Gott die Gebete für meine Mitmenschen hören und sie mit seiner Liebe umfangen kann.

Donnerstag, 26. September

Heute morgen – oder heute nacht – hat Bruder Cyprian den Teig eine Stunde zu früh angerührt. Es gibt viele Menschen, die den Hang zum Verschlafen haben und eine Stunde zu spät anfangen, aber Bruder Cyprian stellte plötzlich fest, daß er statt um 1.00 Uhr bereits um Mitternacht begonnen hatte; und weil die Hefe nicht ohne weiteres auf menschliche Irrtümer Rücksicht nimmt, mußte alles eine Stunde früher beginnen. Das Brot ist eine Stunde früher in den Ofen gewandert, ist eine Stunde früher wieder herausgekommen, eine Stunde früher geschnitten und eine Stunde früher verpackt worden, und wegen der Preiserhöhung ist es auch eine Stunde früher etikettiert worden. So war ich auch eine Stunde früher fertig. Aber ich bin mir zeitlich etwas deplaziert vorgekommen und war während des Nachmittags sehr müde.

Da ich mich nicht auf meine Lesung konzentrieren konnte, machte ich südlich von der Bäckerei einen Spaziergang und traf

Bruder Alberic, der gerade zwei Getreidewaggons der Eisenbahn mit Weizen belud. Alberic hatte die Eisenbahnarbeiter dazu überredet, ein altes Bahngeleise, das durch das Klostergrundstück läuft, zu reparieren. Dadurch konnte man die Waggons sehr nahe an die Abtei heranfahren, um sie mit Getreide zu beladen. Das Getreide reichte für wenigstens vier Waggons. Es war ergreifend anzusehen, wie das goldene Getreide mit einer Förderschnecke hochgepumpt und in den nagelneuen, silbern glänzenden Fülltrichter des Waggons geschüttet wurde. Ich kletterte auf das Dach und spähte in den großen Raum. Hunderte von Zentnern flossen hinein. Der Gedanke tut gut, daß die Abtei sich verpflichtet hat, das Geld, das sie mit dem Getreide verdient, für die Hungernden und Armen in Indien, auf den Philippinen, in Nigeria, Peru und in andern Ländern zu verwenden.

Samstag, 28. September

John Eudes' kleiner dreijähriger Neffe machte während der Komplet einen fröhlichen Lärm und war der erste, der zu seinem Onkel rannte, um sich mit Weihwasser besprengen zu lassen. Die Mönche ließen ihn vorausgehen und lächelten, als er mehr Wasser über den Kopf bekam, als er erwartet hatte.

Sonntag, 29. September

In seiner Kapitelansprache heute morgen hat John Eudes gesagt: „Solange unser Gebet noch nicht beständig ist, ist unser Herz noch nicht rein." Das hat mich getroffen, denn ich spürte, daß dies für mich sehr wichtig ist. John Eudes hob hervor, daß nicht nur die Liturgie, sondern auch die geistliche Lesung und die Handarbeit Gebet sind.

Der heilige Benedikt betrachtet als die drei Grundpfeiler des monastischen Lebens: Opus Dei (Liturgie), Lectio Divina (geistliche Lesung) und Labor Manuum (Handarbeit). Alle drei stellen wesentliche Gesichtspunkte des Gebets dar. Wenn uns die Handarbeit nicht mehr Gott näherbringt, entsprechen wir nicht mehr vollständig unserer Berufung, ohne Unterlaß zu beten.

Wie kann Handarbeit Gebet sein? Sie wird zum Gebet, wenn wir nicht nur mit unseren Händen, sondern auch mit unseren Herzen arbeiten, das heißt, wenn uns unsere Arbeit mit Gottes

Schöpfung und mit der Aufgabe des Menschen, auf Gottes Erde zu arbeiten, in engere Beziehung bringt.

Auch die geistliche Lesung sollte mit dem Herzen gehalten werden. Sie sollte uns in engeren Kontakt mit Gott bringen, der sich uns in der Heiligen Schrift, in den Leben der Heiligen und in den Erörterungen der Theologen mitteilen will.

Wenn Handarbeit und geistliche Lesung kein Gebet mehr darstellen, sondern zur Art und Weise werden, um Geld zu verdienen oder sich intellektuell zu unterhalten, verlieren wir die Reinheit des Herzens; wir werden gespalten, und unser Blick und unser Denken ist nicht mehr klar und zielstrebig zu einer Einheit gebündelt.

Offensichtlich ist die Einfachheit, die für all das vorausgesetzt wird, nicht leicht zu erlangen. Ich finde, mein Leben droht ständig verwickelt und zwiespältig zu werden. Ein Leben des Gebets ist zutiefst ein sehr einfaches Leben. Diese Einfachheit stellt sich jedoch nicht spontan ein, sondern sie ist das Ergebnis von Askese und Anstrengung. Man könnte sie als „zweite Naivität" bezeichnen. Diese „zweite Naivität" zeichnet die großen Heiligen aus. Sie bedeutet, daß man „*eine* Sache will" (Kierkegaard) oder „alles verkauft, um den Schatz zu erwerben, den man entdeckt hat" (Mt 13,44).

Heute morgen habe ich fünf Stunden in der Bäckerei gearbeitet. Zuerst habe ich zweieinhalb Stunden gepackt, dann zweieinhalb Stunden Preisschilder auf die Packungen geklebt. Es war sehr ermüdend und trug mir schlimme Kopfschmerzen ein, weil ich meine Brille zerbrochen habe und nur ein bis zwei Meter weit sehen konnte. Jedenfalls erfahre ich am eigenen Leib, was „Inflation" bedeutet; selbst mein Kopf wirkt wie aufgeblasen.

OKTOBER — *Fremde und Freunde*

Mittwoch, 2. Oktober

Der Großhändler, den das Kloster beliefert, hat in der vergangenen Woche plötzlich den Preis für einen Laib Mönchsbrot von 55 auf 59 Cents erhöht. Die Mönche hatten gerade 500 000 Plastik-Brothüllen bekommen, auf denen der alte Preis aufgedruckt war. Die Folge davon ist, daß mindestens in den nächsten drei Monaten jeder Beutel mit dem neuen Preis von 59 Cents überklebt werden muß. Heute morgen habe ich einige tausend Brote etikettiert, die aus dem Backofen gekommen sind. Nach einigen Stunden dieser stumpfsinnigen Arbeit fühlte ich mich benommen und in gereizter Stimmung. Der Gedanke, daß dieser plötzliche Preisanstieg mich wenigstens einen ganzen Monat zum Etikettieren verurteilt hatte, trug nicht gerade besonders dazu bei, den Frieden meiner Seele wiederherzustellen. Als ich schließlich abgelöst wurde und kochend vor Schweiß und Ärger fortging, entdeckte ich, daß zwei Mönche am Ende des gleichen Bandes, an dem ich gearbeitet hatte, auf dieselben Beutel wieder andere Preisschilder klebten, mit der Angabe: „Sonderangebot: 53 Cents". Außer mir vor Ärger, sagte ich zu Bruder Benedikt: „Warum kleben wir nicht *nur* die Sonderangebots-Preisschilder drauf, denn dadurch werden sie ja um 2 Cents billiger gegenüber dem alten Preis?" Aber Benedikt, der offensichtlich in den Praktiken des Kapitalismus besser versiert ist als ich, sagte blitzschnell: „Eine Ermäßigung des Preises um nur 2 Cents ist kein Anreiz für den Käufer. Aber wenn wir es so machen, bieten wir eine Preisermäßigung von 6 Cents. Wenn die Leute diesen Unterschied sehen, kaufen sie unser Brot eher."

Infolgedessen sind also Hunderte von Arbeitsstunden dazu verwandt worden, auf ein und demselben Beutel den Preis zu erhöhen und zu senken. Gewiß eine seltsame Art Mönchsarbeit!

Nun habe ich doch an Edwin Aldrin geschrieben. Es hat lange gedauert, bis ich sein Buch „Rückkehr zur Erde" bekommen habe, und es hat auch lange gedauert, bis ich es gelesen hatte und imstande gewesen war, es auf mich wirken zu lassen. Aldrins Erzählung über seine Mondreise mit Neil Armstrong und Michael Collins ist äußerst aufschlußreich; nicht weil sie Interessantes über diesen großen Triumph der modernen Technik enthält, sondern weil darin Wesentliches über die persönlichen, zuinnerst menschlichen Erfahrungen der Astronauten zu lesen ist. Der ungeheure Konkurrenzkampf und die Rivalität, um auf die Liste derer zu kommen, die als erste den Mond betreten dürfen, dazu die überwältigenden Erfahrungen nachher: durch die Welt zu reisen und sich von Präsidenten, Königen und Königinnen die Hände schütteln zu lassen als „der Mann, der einen Spaziergang auf dem Mond gemacht hat" – all dies wird auf dem Hintergrund eines amerikanischen Familienlebens der Mittelklasse zu einem beachtlichen Drama.

Aldrins Buch ist sehr aufrichtig. Nie zuvor habe ich solch allgemeinmenschliche Erfahrungen im Zusammenhang mit einer solch ungewöhnlichen Reise beschrieben gefunden. Er schreibt über seine Depressionen, seine Hemmungen, öffentlich zu sprechen, seine sexuellen Probleme, seine psychotherapeutische Behandlung, die Konflikte mit seiner Gattin, und schließlich beschreibt er sein Bemühen, sich seiner Familie besser zu widmen und ein normales bürgerliches Leben zu führen.

Nur wenige Menschen sind imstande, über ihr alltägliches Familienleben erfolgreiche Bücher zu schreiben. Doch Aldrins Geschichte ist interessant, weil sie sich auf dem Hintergrund seiner heroischen Weltraumfahrt abspielt. Und so erfahren wir mehr über die seltsame Hohlheit und Leere des Lebens einer modernen Familie als über den Mond.

Noch kann ich nicht ganz zum Ausdruck bringen, was mich an diesem Buch so fasziniert. Irgendwie scheint es genau an den wunden Punkt unserer modernen Zivilisation zu rühren. Vielleicht ist es die merkwürdige Abwesenheit des Geistigen, des Numinosen, des Transzendenten, was dieses Buch so befremdlich macht. Obwohl Aldrin Angehöriger der Episkopalkirche ist und in der Raumkapsel die heilige Kommunion zu sich nimmt, scheint seine Einstellung zu diesem ganzen Unternehmen auf seltsame Weise aller geistlichen Tiefe zu entbehren. In den Ereignissen nach der Reise wird dies besonders deutlich. Aldrin hat wenig geistliche Substanz, die ihm Halt gibt, wenn Spannungen auftreten. Er ist auf den Mond geflogen. Nun muß er in die Herzmitte des Lebens hineinfinden, um so den Mond daran zu hindern, ihn zu zerstören.

Donnerstag, 3. Oktober

Morgen: Gedenktag des heiligen Franz von Assisi; ein Tag, der meine besondere Aufmerksamkeit erfordert, denn ich brauche eine gute Führung, um eine Antwort auf die Frage zu finden: „Welchen Stellenwert nimmt die Armut wirklich in meinem Leben ein?" Unter statistischem Gesichtspunkt gehöre ich zu den wenigen sehr wohlhabenden Menschen dieser Welt. Ich verdiene mehr Geld, als ich brauche, ich habe genug zu essen, gute Kleidung, eine angenehme Wohnung, und ich bin umgeben von meiner Familie und meinen Freunden, die sehr hilfsbereit sind, wenn ich irgendwelche Probleme habe.

Und doch: ohne ernstes Bemühen, ein Leben der Armut zu führen, kann ich mich nie und nimmer als echten Christen bezeichnen. Einfach alles wegzugeben, was ich habe, wäre wohl nicht sehr realistisch. Zunächst einmal habe ich gar nicht viel Eigentum, und wenn ich mein Geld weggeben würde, hieße das lediglich, daß ich von anderen abhängig würde, die genug haben, um mir zu helfen.

Eine Form der Armut, an die ich gedacht habe, wäre, mein Mönchshabit als ständige Bekleidung beizubehalten. So wäre für mich der ständige Bedarf an neuer Kleidung hinfällig. Das hätte auch den Vorteil, daß ich von anderen leicht als ein Mensch erkannt werden könnte, der ein religiöses Leben führen möchte und sich von Lebensformen fernhalten will, die diesem Wunsch nicht entsprechen. Bei zwei Unterredungen habe ich mit John Eudes darüber gesprochen. Zunächst schien das ein guter Gedanke zu sein. Aber inzwischen hat sich herausgestellt, daß es in meinem Arbeitsmilieu nichts als eine Absonderlichkeit wäre, und aus dem scheinbaren Zeichen des Willens zur Armut könnte leicht eine Pose werden, anders als die anderen sein zu wollen. Jetzt bin ich genauso felsenfest davon überzeugt, kein Mönchshabit tragen zu sollen, wie ich zuvor davon überzeugt war, eines tragen zu sollen. Nachdem mir John Eudes gesagt hatte, er finde das Beibehalten dieser Art Kleidung unpassend, hat sich die ganze Idee für mich vollständig aufgelöst, und ich konnte kaum mehr glauben, daß sie noch vor kurzem in meinen Überlegungen über meinen zukünftigen Lebensstil eine so beherrschende Rolle gespielt hatte.

Drei Aspekte der Armut bleiben mir auch in Zukunft wichtig: erstens, ein einfaches und nüchternes Leben zu führen; zweitens, nicht zu versuchen, mich im Äußeren von meinen Kollegen zu unterscheiden; drittens, eine beträchtliche Zeit darauf zu verwenden, mit den Armen zusammen zu arbeiten und soviel Geld wie möglich den Menschen zu geben, die sich für die Behebung der Armut einsetzen. Ich hoffe, daß der heilige Franziskus mir hilft, die Mittel und Wege zu finden, wie ich das praktisch verwirklichen kann.

In seinem Buch über den heiligen Franz von Assisi schreibt G. K. Chesterton, das Argument des heiligen Franziskus für die Armut habe darin bestanden, „daß der geweihte Mann sich irgendwohin begeben könne, unter alle möglichen Menschen, selbst die schlimmsten, solange nichts da sei, womit sie ihn halten könnten. Wenn er irgendwelche Bande oder Bedürfnisse wie die gewöhnlichen Menschen hätte, so würde er gewöhnlichen Menschen gleich werden."[52]

Der Gedanke, daß Armut den Menschen frei macht, ist angesichts der Senatsverhandlungen über Nelson Rockefeller, der als Vizepräsident bestätigt werden möchte, von besonderem Interesse. Sein Reichtum ist dabei die Hauptsache.

Freitag, 4. Oktober

Chesterton gibt einen wunderbaren Einblick in die Bekehrung des heiligen Franziskus, indem er ihn als „Gottesnarren" beschreibt, der einen Kopfstand macht, um Gott Freude zu bereiten. Er sieht die Welt „mit allen Bäumen und Türmen kopfabwärts hängend" und entdeckt so, wie abhängig das alles ist. Das Wort „Abhängigkeit" hat mit „hängen" zu tun. Franziskus sieht seine Welt und seine Stadt auf den Kopf gestellt, und so sieht er die gleiche Welt und die gleiche Stadt wie die anderen Menschen, aber er sieht sie auf andere Weise. „Statt einfach auf seine starke Stadt stolz zu sein, weil sie nicht hinweggeschafft werden könnte, [ist] er Gott dem Allmächtigen dankbar, daß sie nicht hinuntergefallen [ist]."[53]

Diese Bekehrung, diese Umkehrung, diese neue Betrachtungsweise ließ in Franziskus das Lob und den Dank zur alles beherrschenden Grundhaltung werden, denn er hatte die grundlegende Abhängigkeit der Welt von Gott neu sehen gelernt.

Hier rühren wir an jenen geheimnisvollen Punkt, an dem Askese und Freude ineinander übergehen. Franziskus, der ein sehr strenger Asket gewesen ist, ist dennoch bekannt als der fröhlichste Heilige. Seine Freude über alle Geschöpfe stammte aus der klaren Erkenntnis, daß sie alle von Gott abhängen. In Fasten und Armut erinnerte er sich selbst und andere an die Herrschaft Gottes. In seinen Lob- und Dankliedern offenbarte er die Schönheit all dessen, was seinem Schöpfer gehorsam ist.

Sonntag, 6. Oktober

Chesterton schreibt über das Mitleid des heiligen Franziskus: „Für ihn blieb ein Mann immer ein Mann und verschwand ebensowenig in einem dichten Haufen wie in einer Wüste. Er ehrte alle Menschen, und das besagt, daß er sie nicht nur alle liebte, sondern auch alle achtete. Was ihm seine ungewöhnliche Macht verlieh, war dies: daß es vom Papste bis zum Bettler, vom Sultan von Syrien in seinem Gezelte bis zum zerlumpten Räuber, der aus dem Walde schlich, nie einen Menschen gab, der in jene braunen brennenden Augen gesehen hätte, ohne es als Gewißheit zu empfinden, daß Franziskus Bernardone ein wahrhaftes Interesse an *ihm* und an *seinem* eigenen Innenleben nahm, von der Wiege bis zum Grabe; daß er selber wertgeschätzt und ernst genommen und nicht nur der Beute irgendeiner Sozialpolitik oder der Namenliste eines amtlichen Dokuments einverleibt wurde ... er behandelte die ganze Menge der Menschen wie eine Menge von Königen."[54]

Dienstag, 8. Oktober

Heute nachmittag habe ich etliche Steine gewaschen. Die Steinsammelzeit geht anscheinend zu Ende. Und jetzt sind wir mit vollem Schwung in der Steinwaschzeit angelangt und schrubben den Kalk von den Granitsteinen. Inzwischen nimmt die Kirche allmählich Gestalt an. Die Hauptpfeiler sind gegossen, und die Konturen der Kirche werden sichtbar. Es sieht so aus, als würde es ein sehr intimer Bezirk für Mönche und Gäste. Ich vermute, daß es ein sehr meditativer, stiller Raum wird, der wie von allein zum Gebet einlädt.

Freitag, 11. Oktober

Unmittelbar vor dem Mittagessen ist Jay aufgetaucht. Es war eine große und freudige Überraschung, ihm zu begegnen. Er hatte beabsichtigt, nächste Woche für ein paar Tage zu kommen, aber nachdem ihm sein Auto gestohlen worden war, mußte er ein Flugzeug nach Rochester nehmen und ist von dort aus per Anhalter zur Abtei gelangt. Er wird für eine Woche bleiben, und ich hoffe, daß ihm der Aufenthalt guttun wird. Jay ist der erste meiner Studenten, der zur Abtei kommt. Ich entdecke in mir den Wunsch, ihn all das, was ich in den vergangenen vier Monaten getan habe, empfinden, sehen und erfahren zu lassen. Aber ich bin mir auch bewußt, daß Gott jeden auf andere Weise anrührt. Zumindest hoffe ich, daß er genug Stille und Schweigen finden wird, um Gottes Stimme zu hören.

Sonntag, 13. Oktober

Heute morgen im Kapitel hat John Eudes über den Herbst als eine Zeit der Fülle und der Erfüllung gesprochen. Im Herbst wird der Reichtum der Natur überschwenglich sichtbar, und zugleich weist die Natur über sich selbst hinaus, indem sie uns zu Bewußtsein bringt, wie hinfällig ihre vergängliche Schönheit ist. Er hat zu Beginn Psalm 64 vorgelesen, der über die Schönheit der Natur spricht. Er hätte keinen besseren Tag wählen können, um über diesen Psalm zu sprechen. Als ich hinauswanderte, war ich überwältigt von der Schönheit der Landschaft, die sich vor meinen Augen ausbreitete. Ich blickte weit über das Genesee-Tal und wurde von den hellen Farben der Bäume geblendet: vom Gelb der Hickory-Bäume, vom unterschiedlich schattierten Rot des Ahorns und der Eichen, vom Grün der Weiden, und alles zusammen ergab ein phantastisches Schauspiel. Über den Himmel zogen geheimnisvolle Wolkengestalten, und gerade als ich zum Gästehaus hinunterging, brachen die Sonnenstrahlen durch die Wolken, hüllten das Land in gleißendes Licht und ließen die Kornfelder wie einen goldenen Teppich leuchten.

Die Schönheit des Herbstes in diesem Teil des Landes ist unglaublich. Ich kann nur mit dem Psalmisten sagen: „Mit Freude umgürten sich alle Hügel. Sie jubeln dir zu und singen."

In zwei Wochen werden die bunten Blätter zur Erde gewirbelt sein, die Bäume werden kahl dastehen und den bevorstehenden

Winter und den Schnee ankündigen. Nur noch einige Monate, und die Hügel werden in Weiß gekleidet sein, und eine dicke Decke gefrorenen Schnees wird das Grün des Winterweizens verhüllen. Aber dann können wir uns an die unerschöpflichen Kräfte erinnern, die darunter verborgen sind und sich jedem erneut zeigen werden, der Geduld zum Warten hat.

Montag, 14. Oktober
Wenn ich darüber nachdenke, wie mir die Gedanken gekommen sind, die ich zu Papier gebracht habe, geht mir auf, wie sehr sie das Ergebnis meiner Beziehungen zu anderen Menschen sind. Ich schreibe vor dem Hintergrund meiner eigenen Geschichte und meiner eigenen Erfahrungen, und andere Menschen geben mir Antwort mit ihrer Geschichte und ihren Erfahrungen, und durch dieses Ineinandergreifen vieler Lebensgeschichten gewinnen die Gedanken ihre Gestalt.

Irgend jemand könnte lesen, was ich geschrieben habe, und darin etwas entdecken, was ich selbst gar nicht gesehen habe, und doch kann das, was er dann sieht, genauso wertvoll und wahr sein wie mein eigener Gedanke. Es scheint wichtig zu sein, daß man das zugesteht. Wollte ich die Leute daran hindern, aus meinen Gedanken „falsche" Schlüsse zu ziehen, so würde ich vielleicht der Versuchung erliegen, mir einzubilden, daß ich alle Schlüsse und Gedankenverbindungen kenne. Vielleicht sollte ich froh sein, daß ich sie nicht alle kenne. So können sich viele Menschen mit ganz unterschiedlichen Lebensgeschichten zwischen den Zeilen meiner unschlüssigen Ideen, Meinungen und Gesichtspunkte bewegen und darin ihre eigenen Gedanken entwickeln. Letzten Endes werden die Menschen niemals den Gedanken eines anderen, sondern nur ihren eigenen Ideen folgen; jedenfalls werden das jene Menschen tun, die sich zu reifen Persönlichkeiten entwickelt haben.

Dienstag, 15. Oktober
Heute morgen haben Jay und ich Bruder Elias besucht. Es war ein schönes Erlebnis. Um 7.15 Uhr sind wir gemeinsam durch den Wald zur Eremitage gewandet. Die Natur war noch im Erwachen. Die Wolken hingen schwer am Himmel, und die Pfade

waren mit den bunten Blättern übersät, die der heftige Regen von den Zweigen gepflückt hatte.

Voll Freude und mit einer Art himmlischer Erregung hieß uns Elias willkommen. Nach einem kurzen stillen Gebet vor dem Altar seiner Kapelle unterhielten wir uns miteinander. Elias' Augen leuchteten so von der Erfahrung, über die er sprach, daß Jay und ich den Eindruck hatten, wir seien in der Gegenwart eines Heiligen. „Der Herr ist so gut, so gut zu mir", sagte er wiederholt, und dann sprach er über die Sonne, über die Wolken, den Regen und den Wind, über den Weizen und die Pflanzen, über die Hitze und die Kälte; all das seien große Geschenke Gottes an Elias, um ihn in einen engeren, vertrauteren Kontakt mit ihm zu bringen.

Ganz natürlich verfiel er bald in Lachen, bald in Lächeln, war bald voll Zärtlichkeit, bald voll unerschütterlicher Überzeugungskraft, verriet bald eine Beobachtungsgabe, die zeigte, daß er mit beiden Füßen auf der Erde stand, und verfiel bald in ekstatisches Sprechen. Das offenbarte uns ganz deutlich eine andere Welt.

„Ist der Regen nicht herrlich?" sagte er. „Warum leisten wir dem Regen ständig Widerstand? Warum wollen wir immer nur Sonne, wo wir doch bereit sein sollten, uns vom Regen durchnässen zu lassen? Der Herr will uns mit seiner Liebe und Gnade durchtränken. Ist es nicht wunderbar, daß wir den Herrn auf so vielfältige Weise erfahren können und ihn so immer besser erkennen! Er läßt uns seine Gegenwart erfahren in allem, was uns umgibt – selbst in diesem Augenblick. Stellt euch vor, wie es erst sein muß, wenn wir ihn von Angesicht zu Angesicht schauen können!"

Strahlend vor Freude schaute Jay Elias an. Er fühlte, daß Elias nicht nur über Gott sprach, sondern daß er förmlich Gott aussprach. Jedesmal, wenn Elias das Wort „Gott" im Mund führte, hüpfte sein ganzer Körper vor Freude, und er strahlte vor himmlischer Zufriedenheit.

Wir sprachen über vieles: über den Libanon, wo die Eltern von Elias herstammen, über den libanesischen Eremiten Scharbel, der zu Ende des Zweiten Vatikanischen Konzils seliggesprochen worden ist; über Yoga, Fasten, Meditation, Schriftlesung, über Heiligenbiographien und über vieles andere. Aber alles schien immer nur die Variation über ein einziges Thema zu sein: Wie gut Gott ist.

Als Jay und ich zum Kloster zurückgingen, empfanden wir tiefe Dankbarkeit für die Gnade, diesen heiligen Mann kennengelernt zu haben. Es schien sogar, daß er uns beiden geholfen hatte, einander näherzukommen.

Donnerstag, 17. Oktober
Heute nachmittag habe ich Jay zum Flugplatz gefahren. Er war glücklich über diese Woche. Die Begegnung mit Elias hatte ihn mit Freude erfüllt, und er betrachtete es als eine große Gnade, einem Menschen begegnet zu sein, dessen Herz tief und weit genug war, um die Schönheit der Menschen und der Natur zu umfassen.

Auf dem Flugplatz sprachen wir noch eine Weile miteinander, und es schien, als befalle mich ein Geist der Bitterkeit, der mich plötzlich zwang, mich darüber zu beklagen, daß mir Leute, die ich beschenkt hatte, gar nicht geantwortet hatten. Ich ging sogar so weit, daß ich persönlich wurde und Jay vorhielt, auch er habe mir zu meinem großen Bedauern nicht einmal eine Antwort zukommen lassen, als ich ihm ein kostspieliges Buch geschickt hatte. Ich geriet ziemlich in Erregung. Jay wies darauf hin, daß ich offensichtlich nichts hergeben könne, ohne etwas dafür zurückzubekommen. Er sagte, ich solle mir Elias als Ideal vor Augen halten, und im übrigen offenbare mein Bedürfnis nach Antwort eine grundlegende Unsicherheit. Ich begann mich zu verteidigen, und so wurde unsere Debatte ausfällig.

Wie sehr wünsche ich mir, daß dies nicht passiert wäre. Als ich zum Kloster zurückfuhr, war ich so deprimiert, daß ich Kopfschmerzen bekam und über nichts anderes mehr nachdenken konnte als über meine Engstirnigkeit und meinen Mangel an Großherzigkeit. Warum hatte ich eine solch kleinliche Atmosphäre am Ende einer so guten Woche aufkommen lassen können?

Ich kann jetzt nur dazu sagen, daß dieser Vorfall meine Verwundbarkeit schonungslos an den Tag gebracht und mir deutlich gezeigt hat, eines wie geringen Anlasses es bedurfte, um in mir ein sehr unreifes Verhalten auszulösen. Es ist mir sogar danach noch äußerst schwergefallen, bei meinen Gedanken über diese Begebenheit in mir nicht wieder eine Haltung der Selbstverteidigung aufkommen zu lassen. Ich hoffe, schlicht und einfach sagen zu können, daß es mir leid tut und daß ich bereit bin, diese Wunde von Gott heilen zu lassen, der mir gezeigt hat, wie wenig ich erst begriffen habe.

Donnerstag, 24. Oktober

Ein geschäftiger Tag. Um 4.15 Uhr habe ich mit der Arbeit am Heiß-Brot-Band begonnen. Das Weizenbrot kam so schnell aus dem Ofen, daß ich es nicht rasch genug auf das Gestell und in den Abkühlraum schaffen konnte. Glücklicherweise half mir John Baptist und verhütete so, daß das Brot durch die Gegend flog. Unterdessen habe ich mir den Arm an einem heißen Backblech verbrannt. Dumm!

Theodor, der eifrig den „Ofen füttert", feiert heute den 25. Jahrestag seines Eintritts ins Kloster.

Heute nachmittag habe ich im Flußbett gearbeitet und weitere Steine für die Kirche gesammelt. Die Maurer brauchen große, schwere Granitsteine, die sie nur so lange vermauern können, wie das Dach noch nicht fertig ist. Denn nachher wird das flache Dach den Arm des Krans daran hindern, die schweren Steine an der richtigen Stelle abzusetzen. Wir bekamen sechs riesige Steine auf die Ladefläche des Lastwagens. Die schwere Maschine machte ihre Sache im Flußbett gut, und Pater Stephan manövrierte das „Biest" sorgfältig um die Kurven und zwischen den Hindernissen hindurch. Wir waren stolz auf unseren „Fang", und Joe, der Maurerpolier, war sehr zufrieden, machte uns aber klar, daß wir den Kalk abwaschen mußten, bevor er sie brauchen konnte.

Der Altar, ein einziger großer Kalksteinblock, wurde heute an seinen Platz geschoben. Er mußte gesetzt sein, bevor die Dachbalken eingezogen werden. Er ist zu schwer und zu groß, um nachher durch das Portal hereingebracht werden zu können. Mit dem großen Kran ist alles gutgegangen.

Bei all diesen schweren Geräten und diesem Material ist die Unfallgefahr ziemlich groß. Gestern ist Bruder Quentin ein Balken auf die linke Hand gefallen. Drei Finger sind böse zugerichtet worden. Sie haben ihn im nahen Krankenhaus „vernäht" und ihm schmerzstillende Mittel gegeben. Ich war überrascht, als er zurückkam und so tat, als sei überhaupt nichts geschehen.

Samstag, 26. Oktober

Gestern abend, heute morgen und heute nachmittag habe ich an einem Einkehrtag von fünfundzwanzig Studenten des Newman-Zentrums des Geneseo State College teilgenommen. Es ist seit Mai das erste Mal, daß ich wieder Konferenzen oder Meditationsübungen gehalten habe. Zur Veranschaulichung habe ich ein großes Wagenrad benutzt: Je mehr wir uns Gott nähern – der Nabe des Rades und dem Mittelpunkt unseres Lebens –, desto näher kommen wir uns auch gegenseitig, selbst dann, wenn wir auf ganz verschiedenen Pfaden – den Speichen des Rades – reisen. Während der ganzen Einkehrzeit blieb das Rad mitten im Raum.

Die Atmosphäre war herzlich, offen, freundlich und ruhig, und ich empfand mich selbst ganz mit einbezogen. Aber ich war auch völlig erschöpft, als ich heute nacht um elf Uhr zu Bett ging. Mehr denn je erfahre ich, wieviel Energie das Sprechen kostet. Wie schwer es ist, über Gott und über das Gebet von Herz zu Herz zu sprechen. Es wird mir nun klar, wie sorgsam ich abwägen muß, ob ich Einladungen zu Vorträgen annehme. Wenn meine Worte aus der Stille herauswachsen sollen, brauche ich viel Stille, um meine Worte daran zu hindern, flach und oberflächlich zu werden.

Die Äußerungen der Studenten über das Gebet waren wunderbar und von sehr tiefem Gehalt. Jedoch wußten sie selbst das gar nicht. Als ich gestern abend nach Hause ging, dachte ich: „Was kann ich diesen Männern und Frauen schon sagen, die so ernsthaft Gott suchen und ein so gewissenhaftes Leben führen?" Aber dann wurde mir klar, daß ich lediglich das, was sie in ihrem Herzen bereits wissen, ins Wort zu bringen brauche, damit sie es wirklich als ihr eigenes Wissen zu erkennen und voll Dankbarkeit zu bestätigen vermögen.

Sonntag, 27. Oktober

John Eudes hat heute morgen im Kapitel über die Berufung zum Mönchsleben gesprochen. Den Anlaß bot die Feier des 25. Jahrestages des Eintritts von Pater Beda, Pater Francis und Bruder Theodor und das 25. Profeßjahr von Bruder John Baptist. Ihre Feste fallen zwar auf verschiedene Tage, aber heute sollten sie alle gemeinsam gefeiert werden.

Ein Gedanke der Ansprache von John Eudes hat mich ganz besonders gepackt. John Eudes sagte, es sei ein großer Akt des Glaubens, wenn man auf Gottes Liebe antworte. Er verglich das mit Menschen, die viele Jahre ihres Lebens große Einsamkeit, Isolation und Verkennung erfahren und menschlicher Liebe entbehrt haben. Begegnet ihnen dann schließlich jemand, der sie gern hat, so fällt ihnen der Glaube sehr schwer, daß seine Liebe wirklich aufrichtig und ehrlich ist. Es bedarf eines großen Glaubensaktes, um die Liebe, die uns geschenkt wird, anzunehmen; nicht in Argwohn und Mißtrauen zu leben, sondern mit der tiefen Überzeugung, daß wir es wert sind, geliebt zu werden.

Darin besteht das große Abenteuer des Mönchs: wirklich zu glauben, daß Gott dich liebt, dich wirklich vertrauensvoll Gott auszuliefern, obwohl du dir deiner Sündhaftigkeit, deiner Schwächen und deiner Erbärmlichkeiten bewußt bist.

Plötzlich erkannte ich viel besser als vorher, daß eine der größten Versuchungen des Mönchs darin besteht, an Gottes Liebe zu zweifeln. Wer in ein kontemplatives Kloster mit der Absicht eintritt, dort ein Leben lang zu bleiben, muß sich seiner eigenen Gebrechlichkeit und Erlösungsbedürftigkeit klar bewußt sein. Sollte ihn das monastische Leben zu einer krankhaften Bespiegelung seiner selbst in seiner Sündhaftigkeit führen, so würde es ihn von Gott abbringen, um dessentwillen er doch ins Kloster gekommen ist. Je tiefer der Kontemplative deshalb seine Sünden und Schwächen erkennt, desto mehr muß er sich auch für die Erfahrung der Liebe und Sorge Gottes öffnen.

In der Eucharistiefeier sprach John Eudes über das Gleichnis vom reumütigen Zöllner. Er bemerkte, die Mönche seien nicht unbedingt besser oder heiliger als andere Menschen. Sie können sogar schwächer und verwundbarer sein als andere und dann ins Kloster kommen, um dort durch eine Gemeinschaft eine Stütze zu finden und so imstande zu sein, in ihrem Suchen nach Gott treu zu bleiben und unablässig auf seine immerwährende Liebe Antwort zu geben.

Ich war von diesen Gedanken tief bewegt. Sie besaßen für mich ganz besondere Klarheit und Hellsichtigkeit, und ich wurde von Dankbarkeit erfüllt, Mitglied dieser Gemeinschaft sein zu dürfen. Mir wurde auch bewußt, daß mein Aufenthalt hier eher als ein Zeichen meiner Schwäche als meiner Stärke zu betrachten ist.

Beim Mittagessen hörten wir die Fünfte Symphonie von Tschaikowski. Die Musik überwältigte mich durch ihre mächtigen melodischen Fluten und erfüllte mich mit einer tiefen Freude.

Montag, 28. Oktober

Gestern abend sind meine Freunde Claude und Don von Notre Dame hier eingetroffen. Heute morgen sah ich sie in den Laudes, und nach Beendigung meiner Arbeit mit den heißen Backblechen zeigte ich ihnen die Bäckerei. Sie schienen sich über meinen Bäckeranzug und die ungewöhnliche Situation, in der sie mich antrafen, köstlich zu amüsieren. Wir hatten uns so viel zu erzählen, daß wir beschlossen, alle unsere Berichte bis nächstes Jahr aufzusparen. Sie waren den ganzen Sommer kreuz und quer durch Lateinamerika gereist, hatten viele neue Erfahrungen bei ihrer Vorlesungstätigkeit an der Universität von Notre Dame gemacht und waren voll neuer Pläne für die Zukunft. Und ich hatte fünf Monate Erfahrung im Mönchsleben, über die ich berichten konnte. Statt ihren dreitägigen Besuch aufs gegenseitige Erzählen zu verwenden, versuchten wir, daraus eine echte Zeit gemeinsamer Einkehr zu gestalten.

Es tut mir sehr gut, meine Freunde wiederzusehen und sie zu einem Teil meines Lebens werden zu lassen, auch wenn es nur für wenige Tage ist. Unsere regelmäßigen gemeinsamen Besinnungen würden an Tiefe verlieren, wenn meine Erfahrungen hier nicht bis zu einem gewissen Grad auch die ihren werden könnten.

Morgen früh werden wir einige Zeit mit John Eudes verbringen, so daß auch er in unsere ständig wachsende Freundschaft einbezogen wird.

Dienstag, 29. Oktober

Die Begegnung von John Eudes mit Don, Claude und mir war sehr bedeutsam. Zuerst fragten wir John Eudes nach dem politischen Einfluß des Mönchtums, besonders im Hinblick auf die ungeheure politische Wirksamkeit des heiligen Bernhard, und schließlich kamen wir auf die Bedeutung des monastischen Lebens zu sprechen.

John Eudes stellte sehr deutlich heraus, daß das Mönchtum politische, soziologische, psychologische und wirtschaftliche

Auswirkungen haben kann, daß aber jeder, der um solcher Auswirkungen willen in ein Kloster eintritt, bald wieder gehen würde. Er erläuterte, daß er seine eigene Berufung als eine Antwort auf seine Umwelt verstanden habe, aber als eine Antwort, bei der Gott, und Gott allein, in den Mittelpunkt tritt.

John Eudes sagte, das Mönchsleben habe drei Grundelemente: die praktiké, die asketische Übung; die theoria physica, das tiefere Eindringen in das Verständnis der inneren Zusammenhänge der Dinge; und die theologia, die mystische Erfahrung Gottes. Durch Übungen der Selbstverleugnung, wie Fasten, Gehorsam und Beharrlichkeit, lernt der Mönch die Kräfte der Welt besser zu verstehen und über sie hinaus auf Gott zu schauen. John Eudes erklärte auch die nähere Bedeutung der Aussage, das Leben des Christen bestehe aus „Fasten, Almosen und Gebet". Wenn man unter Fasten die Selbstverleugnung, unter Almosengeben die Liebe und unter Gebet das Streben nach der Einheit mit Gott versteht, dann umschreibt diese knappe Formel wirklich das ganze Leben des Christen.

John Eudes hob hervor, daß große Politiker immer mehr sind als bloße Taktiker. Wer nicht imstande ist, über den Horizont taktischen Verhaltens hinauszublicken, der verliert die Übersicht, den Abstand und die Gesamtschau, aus der heraus er seine Handlungen planen kann. Darum war Platon der Ansicht, ein Politiker müsse Philosoph sein.

Claude sagte, John Eudes stelle ihm die Dinge auf den Kopf. Er selbst habe sich bei seinem Studium bemüht, in die Politik eine religiöse Dimension hineinzutragen, John Eudes dagegen behaupte, man müsse die Politik relativieren, indem man über sie hinausweist. Offensichtlich standen John Eudes und Claude nicht im Widerspruch zueinander, aber es war deutlich, wie verrschieden beide den Akzent setzten.

John Eudes leugnete nicht, daß das Mönchtum einen politischen Einfluß haben könne, so wie auch niemand den politischen Einfluß der Ehe leugnet. Aber genausowenig wie ein Mann und eine Frau um des politischen Charakters der Institution Ehe willen heiraten, tritt ein Mönch ins Kloster ein, um politisch wirksam zu werden. Sein einziges Interesse gilt Gott, und allein Gott.

Ich war sehr froh, daß Don und Claude Gelegenheit gefunden hatten, John Eudes kennenzulernen; auf diese Weise wurde er für sie mehr als nur jemand, von dem ich oft erzähle.

Mittwoch, 30. Oktober
Der heutige Tag war sehr ermüdend. Ich habe in der Bäckerei gearbeitet, Post beantwortet, mit einem alten Freund aus Bolivien gesprochen und einige Zeit Claude und Don gewidmet.

Es ist gut, daß mir aufgeht, wie ausgepumpt und müde ich mich fühle. Warum? Ich weiß es eigentlich nicht. Wahrscheinlich, weil ich versuche, die monastische Atmosphäre beizubehalten und unbewußt gegen all diese Störungen protestiere. Auf einer Ebene habe ich den Eindruck, ich sollte nicht soviel Post erhalten und mich nicht so stark auf das Leben anderer Menschen einlassen, und auf einer anderen Ebene meine ich, daß ich es doch tun soll. Darin besteht der Konflikt. Statt diese sinnvolle Unterbrechung schlicht und einfach anzunehmen und mich wirklich darüber zu freuen, halte ich mich zurück und sage mir: „Ich sollte doch eigentlich nicht soviel sprechen. Ich sollte beten."

Aber dennoch war alles recht gut und erfreulich. Die Gespräche waren weit davon entfernt, bloßes Geschwätz zu sein. Sie waren ein Gedankenaustausch von großer persönlicher Tiefe.

Donnerstag, 31. Oktober
Bevor Don und Claude abreisten, hielten wir eine gemeinsame Meditation. Auf Dons Vorschlag hin betrachteten wir miteinander Römer 12,3–21. Nach unseren gemeinsam verbrachten Tagen waren die Worte des heiligen Paulus für uns mit neuer und überzeugender Kraft erfüllt. Wir hatten über unsere eigene persönliche Erneuerung gesprochen, über die Erneuerung der geistlichen Gemeinschaft, der wir angehören, und über das „in der Welt", aber nicht „von der Welt".

In dem Text, den wir ausgesucht hatten, schien der heilige Paulus über alle diese Themen zu sprechen: „Paßt euch nicht der Welt an, sondern laßt euch innerlich von Gott umwandeln durch ein neues Denken... Die Liebe sei ungeheuchelt. Verabscheut das Böse, haltet fest am Guten! Seid einander in brüderlicher Liebe in Christus zugetan und kommt einander in Ehrerbietung zuvor. Seid nicht nachlässig im Eifer, seid glühend im Geiste, dient dem Herrn mit ehrfürchtigem Herzen. Seid fröhlich in der Hoffnung, geduldig in der Trübsal, beharrlich im Gebet. Nehmt

Anteil an den Nöten eurer Brüder und Schwestern und befleißigt euch der Gastfreundschaft" (Röm 12,2.9–12).

Die Worte, die alles zusammenzufassen schienen, lauteten: „Paßt euch nicht der Welt an, sondern laßt euch innerlich von Gott umwandeln durch ein neues Denken!" (Röm 12,2). Wir benutzten die Übersetzung von Phillips, wo es so formuliert ist: „Laßt euch nicht in die Schablone eurer Umwelt hineinpressen!" In diesen Tagen ist uns zu Bewußtsein gekommen, wie sehr wir der Welt erlaubt hatten, uns in ihre Schablone zu pressen, und daß wir deswegen auch nicht genügend Freiheit aufgebracht hatten, um Gott in unser innerstes Wesen einzulassen, damit er unsere Herzen und unsere Gedanken umwandle.

Es war eine fruchtbare Meditation, die uns einander sehr nahebrachte, und wir verabschiedeten uns voneinander mit neuer Zuversicht.

NOVEMBER   *Viele Heilige, aber ein einziger Herr*

Freitag, 1. November
Hochfest Allerheiligen. Die Lesungen, zum größten Teil aus der Apokalypse, zeichneten ein prachtvolles Bild des neuen Jerusalem. Eine Stadt mit strahlenden Toren, voller Schönheit und Majestät. Wir hörten vom Throne Gottes und von den vierundzwanzig Thronen der Ältesten, die mit weißen Gewändern bekleidet sind und goldene Kronen auf ihren Häuptern tragen. „Vom Throne gingen Blitze aus und Stimmen und Donner, und sieben Feuerfackeln brannten vor dem Thron, das sind die sieben Geister Gottes" (Offb 4,5).

Der ganze Tag war voll herrlicher Visionen, berauschender Klänge und hinreißender Schauspiele, und es wurde deutlich, daß uns so ein Bild der kommenden Welt vor Augen gehalten wurde.

Tagsüber las ich jedoch auch die Wochenrückschau der New York Times und war vom Elend dieser Welt überwältigt. Es sieht immer mehr so aus, als ballten sich dunkle Wolken über unserer Welt zusammen: in Asien, Afrika, Lateinamerika, Europa, in den Vereinigten Staaten – auf dem ganzen Planeten scheinen die Menschen voller Angst und Sorge angesichts der dunklen Mächte zu sein, die uns in den Hunger, den Krieg, die Gewalttätigkeit und in Armut und Unfreiheit treiben, und die Menschen sehen sich nach jemandem um, der einen Weg in eine bessere Zukunft sieht und mächtig genug ist, ihnen neue Hoffnung zu geben.

Diese beiden völlig gegensätzlichen Perspektiven haben mich tief erschüttert. In welcher Beziehung stehen sie zueinander? Wo überschneiden und wo verbinden sie sich? Die Kirche scheint nicht imstande zu sein, recht viel Vorgeschmack der himmlischen Herrlichkeit zu vermitteln.

Alles deutet darauf hin, daß die Vision des Allerheiligentages „in den Wolken" bleibt und daß selbst aufrichtige Bemühungen, ihr durch konkrete Änderungen in unserer gegenwärtigen dunklen Welt näherzukommen, wenig Erfolg haben. Alle diese Eindrücke ließen mir den Allerheiligentag irgendwie zu einem doppeldeutigen Fest werden.

Sonntag, 3. November

„Das Kloster ist der Mittelpunkt der Welt." Diese drastische Behauptung, die John Eudes heute morgen im Kapitel aufgestellt hat, erinnerte mich an genau die gleiche Behauptung Thomas Mertons, als er zum erstenmal zur Abtei Gethsemani gekommen war. Das Kloster ist nicht nur ein Ort, von dem die Welt ferngehalten werden muß, sondern auch ein Ort, an dem Gott wohnen kann. Die Liturgie, das Schweigen, der Tagesrhythmus, die Woche, das Jahr und der gesamte monastische Lebensstil mit seinem harmonischen Wechsel von Gebet, geistlicher Lesung und Handarbeit sollen Raum für Gott schaffen. Das Ideal des Mönches besteht darin, in der Gegenwart Gottes zu leben und in einer echten Lebensgemeinschaft mit Gott zu beten, zu lesen, zu arbeiten, zu essen und zu schlafen. Das monastische Leben ist die beständige Anschauung der Geheimnisse Gottes, nicht nur in Zeiten schweigender Meditation, sondern den ganzen Tag hindurch.

Betrachtet man das Kloster als den Ort, an dem sich die Gegenwart Gottes in der Welt am deutlichsten kundtut und zu Bewußtsein gebracht wird, so kann man es wirklich als Mittelpunkt der Welt bezeichnen. Man kann das in Demut und Reinheit des Herzens sagen, da ja der Mönch mehr als irgendein anderer weiß, daß Gott nur dort wohnt, wo der Mensch zurücktritt, um ihm Raum zu geben.

Die zahlreichen Gäste, die hierher kommen, scheinen das alle zu empfinden; selbst wenn ihr Besuch nur kurz ist, fahren sie von hier mit mehr Frieden und Harmonie im Herzen wieder fort. Einige kehren sogar mit der Erfahrung heim, „den Herrn gesehen" zu haben, und sie fühlen in sich eine neue Kraft, sich dem täglichen Lebenskampf zu stellen.

Mittwoch, 6. November

Um zehn Uhr hatte ich meine wöchentliche Aussprache mit John Eudes. Ich brachte meine Ermüdung zur Sprache, die mir jedesmal zu schaffen macht, wenn ich mich auf Menschen eingelassen habe. Besonders nach der Einkehrzeit für die Studenten des Geneseo-Colleges war das ein wirkliches Problem.

John Eudes sagte, ich solle diesen Umstand annehmen, indem

ich mir den notwendigen zusätzlichen Schlaf gönne. Aber er machte mir auch deutlich, daß es sich letzten Endes dabei um eine psychosomatische Wirkung handle. Ich stecke zuviel Energie in jede Begegnung, gleichsam als hätte ich jedesmal von neuem zu beweisen, daß ich es wert bin, daß sich der andere auf mich einläßt. „Sie setzen Ihre ganze Identität aufs Spiel – und fangen jedesmal wieder am Nullpunkt an", meinte John Eudes. „Da werden Gebet und Meditation sehr wichtig; denn darin finden Sie Ihre tiefste Identität, und das bewahrt Sie davor, jedesmal, wenn Sie mit anderen Menschen zusammenarbeiten, Ihr ganzes Wesen aufs Spiel zu setzen." Er sagte mir auch, es sei erwiesen, daß Menschen, die regelmäßig meditieren, weniger Schlaf brauchen. Sie sind in größerem Maß mit sich selbst eins und gebrauchen nicht andere in ihrem Kampf um Identität.

Wir hatten schon früher über dieses Thema gesprochen, aber heute hat es für mich eine neue Bedeutung bekommen.

Freitag, 8. November

In den letzten Wochen hat uns freitags abends immer ein Seminarprofessor eine Vorlesung gehalten. Er hat über die Lehre von der Dreifaltigkeit und vor allem über den Heiligen Geist gesprochen. Für mich sind diese Vorlesungen ein besonderes Erlebnis.

Was mich an ihnen fasziniert, ist das so mächtige Gefühl des déjà vu: als hätte ich das alles schon einmal mitgemacht. Während ich zuhöre, habe ich das Empfinden, als sei ich wieder im theologischen Seminar. Alles, was ich damals empfunden habe, scheint wieder Gegenwart zu werden. Ich schätze diese Vorlesungen, sie fesseln mich, und ich möchte keine davon missen. Aber gleichzeitig fühle ich mich auf einer Ebene enttäuscht, für die ich früher kein Gespür hatte, die mir aber inzwischen deutlicher zu Bewußtsein gekommen ist. Nach meiner Priesterweihe hat man mir aufgetragen, das Theologiestudium fortzusetzen. Ich habe aber den Bischof gebeten, diesen Auftrag abzuändern und mich statt dessen Psychologie studieren zu lassen. Irgendwie hatte ich damals das Gefühl, die Theologie habe einen ganzen Bereich meiner Lebenserfahrung unberührt gelassen. Ich hoffte, die Psychologie würde diesem Bedürfnis gerecht werden. Sie hat es auch getan, wenngleich nur auf sehr indirekte Weise.

Während ich in diesen Vorlesungen saß, wurden in mir alle Empfindungen meiner Seminarzeit wieder wach. So sagte ich immer wieder zu mir selbst: „Wie interessant, wie faszinierend, wie tiefgründig" – und gleichzeitig sagte ich auch: „Was soll das? Was haben alle diese Worte über Gott Vater, Sohn und Heiligen Geist mit mir, wie ich hier und jetzt bin, zu tun?" Sobald ich einen Schritt über den Kreis seiner mir vertrauten Terminologie hinaus setze, habe ich den Eindruck, als sei die ganze Ebene des Vortrags sehr weit weg von meiner Alltagswelt.

Wie kann man über den Heiligen Geist sprechen, daß es verständlich ist und etwas mit meiner konkreten Lebenserfahrung zu tun hat? Das war 1954 meine Frage gewesen, und nun stelle ich fest, daß sie sich mir wieder stellt. Doch verstehe ich sie jetzt ein wenig besser.

Samstag, 9. November

Den ganzen Nachmittag habe ich versucht, lange Nägel in einen dicken Balken zu klopfen. Von weitem sah das immer ganz einfach aus, aber meine Nägel hatten die merkwürdige Angewohnheit, sich immer kurz bevor der Kopf das Holz berührte zu verbiegen. Ich stand auf einem Gerüst und gab mir redlich Mühe, den richtigen Schwung zu bekommen. Michael erklärte mir geduldig, ich solle den Nagel nicht mit dem Hammer ins Holz treiben, sondern die „Gelenkkraft" ausnutzen. Das kann ich mir wohl vorstellen, aber es fehlt mir noch die Übung. Von vier Nägeln ist jeweils einer ans Ziel gekommen. In der Hoffnung, daß kommende Generationen das nicht bemerken werden, habe ich die anderen mit einer großen Zange abgekniffen und ins Holz gehämmert, was dann noch übrigblieb.

Aber es war ein angenehmer Nachmittag. Quentin und Michael haben unendliche Geduld bewiesen und meine Arbeit mit verständnisvollem Lächeln begleitet. Ross, mein Arbeitskamerad, hat mich mit Erzählungen aus seiner eigenen schweren Anfangszeit getröstet. Aber ganz sicher war er geschickter als ich. Überhaupt habe ich es nach der langen Steinsammelaktion als willkommene Abwechslung empfunden. Wenn ich noch ein paarmal die Gelegenheit dazu bekomme, werde ich vielleicht eine bessere Durchschnittsleistung an Nägeln, die ihr Ziel erreichen, erbringen können.

Inzwischen nimmt die Kirche allmählich Gestalt an, und man kann schon etwas Freude von dem Tag vorwegnehmen, an dem sie fertig dastehen wird, damit die Mönche sie zum Mittelpunkt ihres Lebens machen können. In der Liturgie haben wir heute die Kirchweihe der Basilika St. Johann im Lateran zu Rom gefeiert. Ich bin sicher, daß die Gedanken der Mönche mehr zur neuen Kirche als zur alten Basilika in Rom gewandert sind.

Montag, 11. November
Das war ein sehr oberflächlicher Tag. Drei Stunden am Heißbrot-Fließband, zwei Stunden zum Beantworten meiner Post und drei Stunden für den Versuch, eine Bücherliste für die nächsten Semesterkurse aufzustellen.

Zwischendurch hatte ich eine „Debatte" mit John Eudes über das Buch von Hitchcock „Die Wiederentdeckung des Sakralen", das bei Tisch vorgelesen wird. Ich habe ihm gesagt, daß ich es für ein „geschwätziges" Buch halte, das, bar allen Sinnes für Geschichte, die Dinge aus dem Zusammenhang reiße; daß es von Grund auf engstirnig, voreingenommen, ultra-konservativ und zuweilen sogar beleidigend sei. John Eudes sagte, daß meine Reaktion unangemessen scharf sei: das Buch wolle lediglich klarstellen, daß es eine Menge unverantwortlicher liturgischer Experimentiererei gegeben habe. Und er erklärte, er höre es gerne. Er sagte auch, daß er meine negative Reaktion erwartet habe, eine Bemerkung, die mich wütend machte.

Wir bewegten uns ständig im Kreis, ohne auf einen grünen Zweig zu kommen. Ich wollte nicht John Eudes' Behauptung auf mir sitzen lassen, daß meine Reaktion unangemessen scharf sei, und er wollte meine Behauptung nicht auf sich sitzen lassen, daß er in seinen Sympathien voreingenommen sei. So brachten wir es zu nichts und beendeten unser Gespräch mit ein paar scherzhaften Bemerkungen. In gewisser Hinsicht war es mir durchaus recht, diese Empfindungen zum Ausdruck gebracht zu haben. Jedoch hielt ich es nicht für sinnvoll, seine oder meine Zeit mit Auseinandersetzungen solcher Art zu vergeuden. Sie sind langweilig, und in Anbetracht der Kürze meines Aufenthaltes nützen sie niemandem viel – weder John Eudes noch den Mönchen, noch mir selbst.

Ich fühle mich jetzt etwas schwindlig und ausgelaugt. Schlafe am besten etwas.

Dienstag, 12. November
Ein geistliches Leben führen heißt: in der Gegenwart Gottes leben. Diese ganz schlichte Wahrheit wurde mir eindringlich vor Augen geführt von Bruder Lorenz, einem französischen Karmelitenbruder, der im 17. Jahrhundert gelebt hat. Das Buch: „Leben in der Gegenwart Gottes" enthält vier Gespräche mit Bruder Lorenz und fünfzehn Briefe von ihm.

Er schreibt: „Um bei Gott zu sein, ist es nicht nötig, immer in einer Kirche zu weilen. In unserem Herzen können wir eine stille Kammer des Gebets aufschlagen, wohin wir uns von Zeit zu Zeit zurückziehen und mit ihm liebende Zwiesprache halten. Jeder kann ganz nahe mit Gott umgehen; der eine mehr, der andere weniger. Er weiß, was wir leisten können. Beginnen wir also! Vielleicht wartet er auf einen hochherzigen Entschluß bei uns. Warum wollen wir den Einsatz nicht wagen?"[55]

„Allerdings ist nur das die rechte Übung, bei der das Herz von allem Irdischen frei ist. Gott will unser Herz allein. Er kann es so lange nicht in Besitz nehmen, solange es nicht durch und durch lauter ist. Er kann so lange nicht in ihm wirken, bis es ihm nicht ganz und bedingungslos übergeben ist."[56]

Trotz ihrer großen Schlichtheit ist die Botschaft von Bruder Lorenz sehr tief. Für ihn, der ganz nah zu Gott gekommen ist, fügt sich alles zur Einheit. Gott allein zählt, und in Gott werden alle Menschen und Dinge in Liebe umfangen. In Gottes Gegenwart zu leben bedeutet: in Reinheit und Einfalt des Herzens zu leben und seinen Willen vorbehaltlos anzunehmen. Das erfordert tatsächlich eine Wahl, eine Entscheidung und großen Mut. Und das ist ein Zeichen wahrer Heiligkeit.

Mittwoch, 13. November
„Gott erhört tatsächlich unsere Gebete!" Nachdem ich einen unerwarteten Anruf aus Kalifornien bekommen hatte, war der ganze Tag von diesem beglückenden Gedanken und diesem Gefühl erfüllt.

1971 hatte mein guter Freund aus Los Angeles, Richard, einen Unfall gehabt, in dessen Gefolge immer stärkere Rückenschmerzen auftraten. Bei seinem Besuch bei mir in Holland waren die Schmerzen so stark geworden, daß er ins Krankenhaus eingeliefert werden mußte. Als er schließlich wieder nach Los Angeles zurückkehrte, hatten die Schmerzen sich noch kaum verringert. Von da an schien sein Leben zu einem ständigen Kampf mit den Schmerzen zu werden, die ihn immer mehr zum Invaliden werden ließen. Er unterzog sich einer chirurgischen Behandlung, ging zu Chiropraktikern, ließ sich akupunktieren, konsultierte einen überaus fähigen Neurologen an der Ostküste, versuchte es mit Psychotherapie, saß in Thermalbädern, lag wochenlang flach, bemühte sich, so zu tun, als ob alles in Ordnung sei – und nahm eine Unmenge Tabletten zu sich. Erst vor zwei Wochen hatte er geschrieben: „Keine guten Nachrichten – nur ‚shit' – die Schmerzen werden ärger, und ich werde immer mutloser."

Vor ungefähr einem Monat habe ich Bruder James von Richard erzählt und zu ihm gesagt: „Bitte, beten Sie für meinen Freund. Er hat Ihr Gebet bitter nötig. Es geht nicht nur um seinen Rücken. Da muß viel mehr geheilt werden." James hat gebetet. Eines Abends in der Vesper hat er sogar laut gebetet „für den Mann, der unser Gebet braucht".

Nach Richards letztem verzweifelten Brief habe ich zurückgeschrieben: „Ich bete für Dich – ich bete wirklich – und ich bin sicher, daß es Dir bald besser geht. Ich bin sogar etwas ärgerlich, daß es noch nicht soweit ist." Im allgemeinen schreibe ich an Richard solche Dinge nicht, da bei ihm Worte wie „Gott", „Kirche", „Priester", „Gebet", „Jesus" leicht Ärger, Verwirrung und Feindseligkeit wecken. Aber diesmal habe ich es einfach getan.

Heute morgen hat mir John Eudes einen Zettel unter die Tür geschoben mit der Bitte, Richard anzurufen. „Es ist dringend, aber nichts Schlimmes", stand auf dem Zettel. Heute vormittag um zehn Uhr habe ich angerufen. Richards Stimme war voll Freude, als er zu mir sagte: „Seit fünf Tagen habe ich keine Tabletten mehr genommen. Nie zuvor habe ich mich so wohl gefühlt."

Dann erzählte er mir, was mit ihm geschehen war: Eine der älteren Studentinnen in seinem Seminar über lateinamerikanische Geschichte hatte zu ihm gesagt: „Ich werde Sie kurieren." Richard hatte gelacht, war aber dann doch zu ihrer Wohnung gegangen, wo sie ihn aufgefordert hatte, zu schreien, sich zu verdrehen, zu hüpfen und alles mögliche zu tun, wozu man normalerweise jemanden mit einem kranken Rücken nicht auffordern würde. Nach einer Stunde war ein guter Teil der Schmerzen verschwunden. Obwohl er immer noch viele Beschwerden fühlte, hatte Richard das Empfinden, ein anderer Mensch zu sein. Er hatte in den vergangenen Tagen so viel geschrien, daß sich seine Stimme ganz anders anhörte. Natürlich war es ein Gekrächze. Er hatte auch eine Menge Sprünge gemacht, überhaupt alles mögliche zur Abreaktion getan und fühlte sich nun in Form. Seiner Beschreibung nach ist seine Therapeutin eine sehr zuverlässige Frau, die weiß, was sie tut, und die imstande war, den Kern von Richards Problem zu ahnen. Nach mehreren Therapiestunden war Richard über den Erfolg so hoch erfreut, daß er mir die Angelegenheit am Telefon erzählen wollte. Plötzlich war er voller neuer Pläne: seine Dissertation zu beenden, nach Paraguay zu reisen und so weiter und so weiter. Obwohl ich sehr glücklich war, sagte ich ihm doch, er solle nicht aufgeben, falls sich ein Rückfall einstellen sollte.

Nach dem Mittagessen erzählte ich es James. Er strahlte vor Freude. Ich sagte: „Bitte hören Sie nicht auf, beten Sie weiter für ihn. Das ist erst der Anfang." Er entgegnete: „Man weiß so selten, ob Gott unsere Gebete erhört, und nun bin ich so froh, daß er mir diesmal gezeigt hat, wie er meine Bitte erhört." Dann sah ich, wie er wegging und sich in die Kapelle kniete. Unterdessen bete ich mit ihm, daß Richard diesmal imstande sein wird, in jeder Hinsicht ein neues Leben zu beginnen.

Donnerstag, 14. November

Mit großem Interesse habe ich Evelyn Underhills „Die Mystiker der Kirche" gelesen. In einer sehr lebendigen und treffenden Weise behandelt Underhill in diesem Buch die wichtigsten Mystikergestalten der westlichen Kirche. Eines der überzeugendsten Argumente für den christlichen Glauben besteht wohl darin, daß die Gottesliebe, wenn sie in ihrem vollsten Sinne gelebt wird, zu einer völlig selbstlosen Hingabe im Dienst an den Nächsten führt. Underhill zeigt, wie die Mystiker in vielen Fällen imstande sind, eine unglaubliche Aktivität zu entwickeln, nachdem sie die höchsten ekstatischen Erfahrungen gemacht haben. Paulus ist wohl dafür das Hauptbeispiel; doch Augustinus, Teresa von Ávila, Katharina von Siena und viele andere beweisen die gleiche Leistungsfähigkeit. Mystik ist das Gegenteil von Weltflucht. Innige Vereinigung mit Gott führt zu einer überaus schöpferischen Betätigung in der Welt, in der man lebt. Es hat den Anschein, als würden Ekstasen und Visionen nach und nach durch eine „ständige innere Gewißheit der Einheit mit Gott und durch neue Stärke und Ausdauer"[57] ersetzt. Obwohl er in diesem meist sehr aktiven Lebensabschnitt häufig „plötzliche Wellen glühender Empfindungen" erlebt, ist der Mystiker „dennoch ruhig und nüchtern in seinem alltäglichen Umgang mit den Menschen"[58].

Freitag, 15. November
Das Jesusgebet ist für mich während der ganzen Zeit, die ich hier bin, sehr wichtig gewesen. Während der ersten Wochen meines Aufenthaltes in der Abtei habe ich viele Artikel und Bücher über den Hesychasmus[59] gelesen, in dem ja das Jesusgebet eine zentrale Rolle spielt.

In den letzten Tagen ist mir deutlich geworden, wie ausgeprägt die Verehrung des Namens Jesus auch in der westlichen Kirche ist. Ich wußte wohl von dieser Verehrung, aber mehr im Sinne einer schwärmerischen Frömmigkeit als im Sinne eines echten Weges zu tieferem Gebet.

Der heilige Bernhard von Clairvaux spielt in der Verehrung des Namens Jesus eine wichtige Rolle. In seiner 15. Predigt über das Hohelied schreibt er: „Wenn ich Jesus sage, stelle ich mir einen Menschen vor, der von Herzen sanftmütig und demütig, gütig, nüchtern, keusch, barmherzig, vollkommen in der Wahrheit und in aller Augen heilig ist. Und dieser gleiche Mensch ist der allmächtige Gott, dessen Leben mich heilt, dessen Beistand meine Stärke ist. All dies klingt mir in den Ohren, wenn ich den Namen Jesu höre."[60]

So wird der Name Jesus wirklich zur Zusammenfassung und zum Ausdruck allen Betens. Das kommt sehr schön in der „Rosen-Sequenz" (Jesus dulcis memoria) zum Ausdruck, einem Gedicht, das früher dem heiligen Bernhard zugeschrieben worden ist; doch nimmt man jetzt an, daß es von einem unbekannten englischen Zisterzienser stammt. In der ersten Strophe heißt es:

„Süß ist das Gedenken Jesu,
senkt wahre Freuden mir ins Herz.
Doch süßer als Honig und süßer als alles
ist seine süße Gegenwart."[61]

Hier erfuhr ich wiederum, wie das Denken an Jesus ihn vergegenwärtigt und wie seine Gegenwart mich an ihn denken läßt. Im Beten des Namens Jesus fallen die Erinnerung an Gott und die Gegenwart Gottes zusammen und führen uns zu einer innigen Vereinigung mit ihm.

Montag, 18. November

Was tut man, wenn man Mönch ist und alle um einen herum die spielerische Angewohnheit haben zu fluchen, sobald etwas nicht so klappt, wie sie es gewollt hatten? Das ist keine theoretische Frage, sondern sie stellt sich ganz praktisch beim Bau der Klosterkirche, wo Mönche eng mit ordentlich gesinnten und ordentlich fluchenden Arbeitern zusammenarbeiten.

Ich habe mich gefragt, wie ich wohl reagieren würde. Wahrscheinlich würde ich überhaupt nichts sagen, jedoch langsam, aber sicher in Wut geraten, schließlich explodieren und die Leute anfahren: „Lassen Sie hier gefälligst das Fluchen bleiben!" Wir würden dann alle wütend aufeinander sein, die Atmosphäre wäre geladen, und von brüderlicher Liebe wäre nicht mehr viel zu spüren.

Anthony hat mir gezeigt, wie *er* diese Frage löst. Nachdem er gehört hatte, daß der Name Jesus „eitel", also unwirksam und unnütz zitiert worden war, hatte er bei sich gedacht: „Soll ich etwas dazu sagen?" und sich selbst die Antwort gegeben: „Warum eigentlich nicht?" Als dann wieder jemand einen Balken fallen lassen oder einen Nagel krummgeschlagen und den Namen des Herrn „eitel" ausgesprochen hatte, hat er seinen Arm um ihn gelegt und gesagt: „He, Sie wissen doch – das hier ist ein Kloster – und uns bedeutet dieser Jesus sehr viel." Der Mann hat ihn angeschaut, gelächelt und zur Antwort gegeben: „Mir eigentlich auch." Und beide haben freundlich miteinander gelacht.

Nachdem ich soviel über das Jesusgebet und die Macht des Namens Jesus gelesen hatte, war dieser rührende Zwischenfall von besonderer Bedeutung für mich. Wir sollten tatsächlich den Namen Jesus nicht sinnlos aussprechen, sondern nur, um dadurch Frucht zu bringen.

Dienstag, 19. November

Ich war gepackt von folgenden Worten in Heinrich Seuses Büchlein der Ewigen Weisheit. Jesus spricht: „Es wird etwa ein lauteres Auge schier ebenso von weißem Mehl geblendet wie von bleicher Asche. Sieh, war je eines Menschen Nahesein so unschädlich wie meines meinen lieben Jüngern? Da war kein unnützes Wort, da war keine ausgelassene Gebärde. Es wurde da nicht hoch im Geiste angefangen, um sich in Tiefen endloser Worte niederzulassen. Da war nichts anderes als rechter Ernst und ganze Wahrheit ohne alle Falschheit. Und doch mußte ihnen meine leibliche Gegenwart entzogen werden, ehe sie des Geistes empfänglich wurden. Wie soll da nicht menschliches Nahesein Hindernis geben! Ehe sie von einem hineingeführt werden, werden sie von tausenden hinausgeführt. Ehe sie einmal durch Lehre angeleitet werden, werden sie oft durch böses Vorbild verleitet."[62]

Mehr denn je scheint die Welt, in der wir heute leben und über deren Leiden wir soviel wissen, eine Welt zu sein, von der sich Christus zurückgezogen hat. Wie kann ich daran glauben, daß wir in dieser Welt unablässig darauf vorbereitet werden, den Heiligen Geist zu empfangen? Und doch glaube ich, daß gerade darin die Botschaft der Hoffnung besteht. Gott hat sich nicht zurückgezogen. Er hat seinen Sohn gesandt, damit er unsere menschliche Lage teile, und der Sohn hat uns seinen Geist gesandt, damit er uns mitten in sein göttliches Leben hineinführe. Gerade inmitten des verworrenen Leidens der Menschheit zeigt sich der Heilige Geist, der Geist der Liebe. Aber sind wir fähig, seine Gegenwart wahrzunehmen?

Mittwoch, 20. November

In meiner heutigen Aussprache mit John Eudes habe ich mit ihm die vollständige Übergabe an Christus erörtert. In den letzten Wochen war mir mehrmals unvermittelt klargeworden, was das bedeuten könnte. Ich hatte einen Schimmer des Zustandes erfaßt, in dem man sich befindet, wenn man sich Christus bedingungslos ausliefert, sich ihm vorbehaltlos übergibt. In diesen Augenblicken klarer Erkenntnis ging mir auch auf, wie geteilt ich immer noch bin, wie sehr ich mich gegen eine Bindung sträube und mit welchem Widerstreben ich mich ihm ausliefere. Es kam mir zu Bewußtsein, wie völlig neu mein Leben würde, wenn ich Christus zum alleinigen Mittelpunkt meines Sinnens und Trachtens machen würde, und gleichzeitig erkannte ich auch, wie schrecklich „alt" mein Leben immer noch ist. Häufig sage ich mir: „Ich interessiere mich sehr für Christus, aber auch für vieles andere." Das macht deutlich, wie ungebunden ich bin, wie weit entfernt von der Erfahrung, aus der heraus Heinrich Seuse schreibt.

Daraus erklärt sich wohl auch meine Angst vor körperlichen und seelischen Schmerzen. Wenn ich über die Folterungen lese, denen so viele Menschen ausgesetzt sind, frage ich mich häufig, wie lange ich wohl unter solch seelischem und körperlichem Druck zu meiner Überzeugung stehen würde. Ich komme dann immer zu dem Schluß, daß ich sehr schwach bin und daß es mir an Glauben und an Mut zu einer felsenfesten Bindung fehlt.

John Eudes machte mir klar, daß alle diese Fragen und Sorgen Aspekte ein und desselben Problems sind. Solange ich von Zweifeln über meinen Selbstwert geplagt werde, halte ich auch nach Bestätigung durch meine Mitmenschen Ausschau und bin schnell bereit, mich jeder Art von psychischem oder physischem Schmerz zu beugen. Aber wenn ich mich allmählich von diesem Bedürfnis nach menschlicher Bestätigung lösen kann und entdecke, daß ich in der Beziehung zu Gott mein wahres Ich finde, dann werde ich nicht nur fähig werden, mich ihm bedingungslos auszuliefern, sondern ich werde mich sogar einzig und allein danach sehnen; und Schmerzen, die mir von Menschen zugefügt werden, werden mich dann nicht mehr in meinem Innersten berühren. Wenn mein Ich nicht in Menschen, sondern in Gott verankert ist, werde ich eine viel größere Widerstandskraft gegen Schmerzen haben.

Wir sprachen kurz über Foltern und Gehirnwäsche. John Eudes erzählte mir, daß er in seiner Praxis als Psychiater einem Mann begegnet sei, der als Kriegsgefangener viel gefoltert worden war, aber nie auch nur einen Fingerbreit nachgegeben hatte. Es war ein sehr schlichter Mann, der mit beiden Füßen auf der

Erde stand und kaum durch Politik oder irgendeine Ideologie verbildet war. Aber keinerlei Erpressung vermochte ihn zu irgendeinem Geständnis zu zwingen. John Eudes erklärte das damit, daß dieser Mann ein hohes Maß an Ichstärke besessen habe. Er hatte keinerlei Zweifel an sich selbst, keine Unsicherheiten, keine falschen Schuldgefühle, die seine Feinde hätten ausnützen können.

Wie kann man zu solcher Einfachheit kommen, zu solch einer Ichstärke, zu einem solch sicheren Selbstwertgefühl? „Meditieren Sie", sagte John Eudes, „und entdecken Sie die täglichen kleinen Begebenheiten, in denen Ihre Unsicherheit am Werk ist. Durch Meditation können Sie Abstand schaffen, und was Sie auf Abstand halten können, das können Sie auch abschütteln."

Damit kamen wir in unserem Gespräch zu einer tieferen Frage. Wenn ich mein Ich einzig und allein von Gott bestimmen ließe, würde ich ihn dann wohl erkennen? Oder ist es in Wirklichkeit so, daß ich mich sogar in der Meditation Gott gegenüber genau wie den Menschen gegenüber verhalte, das heißt, daß ich manipuliere und projiziere? Wie ich mich in meinen mitmenschlichen Kontakten so verhalten kann, daß ich eine bestätigende Antwort provoziere, so kann ich auch mit Gott nach meinen eigenen Maßstäben in Beziehung treten und dadurch versuchen, ihn nach meinem Bild zu schaffen. Aber dann bin ich immer noch mehr mit mir selbst als mit Gott beschäftigt. Nach und nach muß ich lernen, nicht nach meinen eigenen Maßstäben, sondern nach den Maßstäben Gottes zu meditieren. Vielleicht kenne ich Gott überhaupt nicht; vielleicht habe ich ihm nie Einlaß in mein Inneres gewährt, damit er mir mein wahres Ich und mein Selbstverständnis geben konnte. Aber wenn ich Gott nach Gottes Maßstäben entdecke, dann werde ich imstande sein, mich von meinen eigenen Ängsten und Sorgen zu lösen und mich ihm auszuliefern, ohne mich vor den Schmerzen und Leiden zu fürchten, die das zur Folge haben könnte.

Ja, ich sehe das ein, ich verstehe das jetzt – aber wann wird Gott endlich alle meine Abwehrstellungen durchbrechen, damit ich das nicht nur mit meinem Verstand, sondern auch mit meinem Herzen erkenne und vollziehe?

Ich habe Bauholz von der Garage zur Kirche geschafft. Im Juni hatte ich geholfen, das ganze Holz in die Garage zu schaffen, und nun helfe ich wieder, es herauszuholen. Ich hatte das Empfinden, daß der Kreis sich schließt. Dadurch kam mir zu Bewußtsein, daß ich nicht nur an der Fertigstellung des Kirchendaches arbeite, sondern auch an der Vollendung meines Aufenthaltes hier. Heute in fünf Wochen werde ich in Holland sein, und ich werde mich fragen müssen, was diese sieben Monate für mich bedeutet haben. Noch sind sie nicht abgelaufen, aber ich sehe bereits das Ende, und langsam werde ich mich neuen Erfahrungen zuwenden. Während dieser Monate ist eine Kirche gebaut worden, ein neuer Raum für Gott. Wird das gleiche auch in meinem Leben der Fall sein?

Freitag, 22. November

In seinen Anti-Memoiren bemerkt André Malraux, eines Tages werde uns aufgehen, daß die Gestalt unserer Erinnerungen uns genauso stark von unseren Mitmenschen unterscheidet wie unser Charakter. Ich frage mich, welche Gestalt meine Erinnerungen wohl annehmen werden. Anscheinend hängt dies zu einem großen Teil von mir selbst ab. Ich kann nur wenig über gute oder schlechte, schöpferische oder zerstörerische Erlebnisse sagen, jedoch eine Menge darüber, wie ich mich ihrer erinnere – und das heißt also, über die Art, wie ich anfange, ihnen allmählich eine Gestalt in der Geschichte meines Lebens zu geben. Ich erkenne immer mehr, wie wichtig das für mein Alltagsleben ist. Oft sage ich mir: „Wie werde ich diesen Tag im Gedächtnis behalten, diese Enttäuschung, diesen Konflikt, dieses Mißverständnis, dieses Gefühl der Erfüllung, der Freude und der Zufriedenheit? Welche Rolle werden diese Erlebnisse bei der Lösung meiner ständigen Aufgabe spielen, mich selbst immer besser zu verstehen?"

Samstag, 23. November

Der Einfluß von Thomas Merton scheint seit seinem Tod im Dezember 1968 beständig zugenommen zu haben. Viele schreiben über ihn Examensarbeiten und sogar Dissertationen. Immer noch erscheinen Bücher und Artikel über Merton. Seit ich hier bin, sind wenigstens drei neue Bücher über ihn erschienen[63].

Was mir unter anderem auffällt, ist die Tatsache, daß Merton wie die Bibel ist: Man kann ihn fast für alles brauchen. Die Konservativen und die Progressiven, die Liberalen und die Radikalen, diejenigen, die sich für Änderungen einsetzen, und diejenigen, die sich über die Änderungen beklagen, politische Aktivisten und unpolitische Utopisten, sie alle zitieren Merton, um ihre eigenen Ideen und Überzeugungen zum Ausdruck zu bringen. Man sieht in ihm den Mann, der Dan Berrigan, Jim Forest und Jim Douglas[64] inspiriert hat, aber er wird auch als „sicherer" geistlicher Autor in den Refektorien vieler Ordenshäuser vorgelesen. Die Mönche sagen, man könne Merton nicht verstehen, wenn man ihn nicht in erster Linie als Kontemplativen sehe, viele Nicht-Mönche dagegen sehen ihn lieber als Sozialkritiker, als einen Mann, der am Rande des Klosters gelebt und sich intensiv in den Kampf für Frieden und Gerechtigkeit eingelassen hat. Christliche Verehrer betonen Mertons Rechtgläubigkeit, aber auch viele Nichtchristen, die im Fernen Osten nach neuer geistlicher Kraft Ausschau halten, betrachten ihn als ihr Vorbild und ihren Anwalt. Und obwohl Merton in seinen letzten Tagen in Asien in den unmißverständlichsten Worten davon gesprochen hat, er sei ein christlicher Mönch und wolle immer ein solcher bleiben, wollen manche doch glauben, er habe im Sinn gehabt, Buddhist zu werden.

Was soll man davon halten? Wer hat hier recht und wer nicht? Merton hat nie versucht, systematisch zu sein, und es hat ihm nichts daran gelegen, eine geschlossene Lehre zu entwickeln. Geschickt und kunstvoll brachte er die verschiedenen Entwicklungsstadien seiner eigenen Gedanken und Erfahrungen ins Wort und wandte sich neuen Entdeckungen zu, ohne sich darüber Gedanken zu machen, was die Leute mit seinen früheren Aussagen anfingen. Nun ist er tot. Auf die Frage: „Was haben Sie eigentlich wirklich gemeint?" kann er keine Antwort mehr geben. Wahrscheinlich wäre er durch eine solche Frage auch nur verwirrt worden. Aber durch seinen Tod ist er ein noch wirksamerer Katalysator geworden, als er es ohnehin schon zu seinen Lebzeiten gewesen ist. Er hat sein eigenes Leben den anderen Menschen zugänglich gemacht, um ihnen so zu helfen, ihren eigenen – und nicht etwa seinen – Weg zu finden. In diesem Sinne war und ist er immer noch ein echter Diener für andere, der einen Freiraum schafft, in den andere eintreten können, um Gottes Stimme in ihrem eigenen Leben zu entdecken.

Sonntag, 24. November

Heute ist Christkönigsfest. Kein leichter Festtag für mich; denn dieses Fest habe ich immer als Ausdruck eines gewissen Triumphalismus in der Kirche und einer militanten Spiritualität empfunden, und beides waren wesentliche Bestandteile meiner Ausbildung bei den Jesuiten vor dem II. Vaticanum. Das ist auch der Tag, an dem ich mich immer mit dem Problem der Autorität in der Kirche konfrontiert sehe; denn an diesem Tag wird mir bewußt, wie viele Menschen in der Kirche sich darin gefallen, im Namen Jesu König zu spielen. Und schließlich ist es der Tag, an dem ich mich meinem eigenen ungelösten Konflikt mit dem Gehorsam und der Unterwerfung stellen muß, einem Konflikt, der mir in einem Kloster wie diesem hier wieder sehr deutlich wurde, wo der Abt eine so klar umschriebene Autoritätsgestalt ist.

Der heilige Benedikt sagt im Prolog seiner Regel: „Mein Wort richtet sich an dich: an jeden, der dem Eigenwillen entsagen und die starken und herrlichen Waffen des Gehorsams ergreifen will, um dem wahren König, Christus, dem Herrn, zu dienen."[65]

Diese Worte lassen keinen Raum für Ausflüchte. Christus ist König, und darum sollte sein Wille und nicht der meine der letzte Maßstab aller meiner Handlungen sein. Das genügt, daß es einem recht unbehaglich zumute wird. Aber in der Liturgie und auch bei meiner Betrachtung habe ich heute ein wenig verstanden und gespürt, daß Christus durch Gehorsam und Demut unser König geworden ist. Seine Krone ist eine Dornenkrone, sein Thron ist ein Kreuz. Die Soldaten beugten das Knie vor ihm und sagten: „,Heil dir, König der Juden!' Sie spuckten ihn an, nahmen das Rohr und schlugen damit auf sein Haupt" (Mt 27,30). Als er am Kreuz hing, sagten sie: „,Wenn du der König der Juden bist, so hilf dir selbst.' Über ihm war eine Inschrift angebracht: ,Dies ist der König der Juden'" (Lk 23,36–38).

Das große Geheimnis dieses Festes besteht darin, daß wir aufgefordert werden, dem zu gehorchen, der bis zum Tod am Kreuz gehorsam war; daß wir aufgefordert werden, unserem Willen dem gegenüber zu entsagen, der zu seinem Vater gebetet hat: „Nicht mein Wille geschehe, sondern der deine" (Lk 22,43); daß wir aufgerufen werden, uns um dessentwillen erniedrigen zu lassen, der unseretwegen erniedrigt worden ist. Christus ist dadurch König geworden, daß er ganz leer von sich selbst und uns gleich geworden ist.

Wir werden aufgefordert, dem zu gehorchen, dem kein menschliches Leiden fremd ist. Wie oft sage, denke oder empfinde ich gegenüber einem andern: „Für wen halten Sie sich eigentlich, daß Sie mir befehlen, was ich zu tun und zu denken oder wie ich mich zu verhalten habe?" Wenn ich das zu Jesus sage, gibt er zur Antwort: „Ich bin der Sohn Gottes, der nicht an seiner göttlichen Machtfülle festgehalten, sondern für dich das Los eines Sklaven angenommen hat" (vgl. Phil 2,6-8). Die Autorität Christi beruht auf Christi Demut und Gehorsam; er hat durch diese Haltung die Situation des Menschen tiefer, weiter und umfassender erfahren, als das je ein anderer Mensch erfahren hat oder erfahren wird.

Das muß mich zur Erkenntnis bringen, daß das Königreich Jesu „nicht von dieser Welt" ist (Joh 18,36). Es ist nicht auf Macht, sondern auf Demut gegründet; es ist nicht durch einen Aufstand errungen, sondern um des Gehorsams willen geschenkt worden. Gerade in dieses Reich konnte Jesus den Mann aufnehmen, der an seinem Kreuz gebetet hat: „Denk an mich, wenn du in dein Reich kommst." „Heute", so lautet die Antwort, „wirst du mit mir im Paradiese sein" (Lk 23,43).

Auf dieses Königreich will der heilige Benedikt seine Mönche vorbereiten, und darum zeigt er ihnen als Weg dorthin den Gehorsam und die Demut. Das ist der Weg, den der König selbst gegangen ist.

Nun ist es aber eine schmerzliche Tatsache, daß in unserer Welt Demut und Gehorsam nie vollständig von Macht und Manipulation getrennt sind: Wir sollen Gottes Willen in Menschen sehen, die wie wir Sünder sind und ständig dazu neigen, ihre Autorität eher für das irdische Königreich – mag es selbst „Kirche" heißen – als für das Königreich Christi zu gebrauchen. Aber Jesus hat es akzeptiert, daß ihm der Wille seines Vaters durch Pilatus, durch Herodes, durch spottende Soldaten und durch eine gaffende, verständnislose Menge vermittelt worden ist. Wie wenig wird dagegen von mir verlangt! Ich soll nur Menschen gehorchen, die mit mir in der Liebe zu Christus einig sind und oft mehr Anteil an seinen Leiden gehabt haben als ich.

Es genügte schon, wenn mir heute wenigstens eines klar würde: Sollte ich jemals Autorität über andere annehmen oder ausüben, so müßte das eine Autorität sein, die darin gründet, daß ich die Leiden derer teile, von denen ich Gehorsam verlange.

Montag, 25. November
Immer stärker kommt uns der Hunger in der Welt zu Bewußtsein. Jahrelang habe ich davon gehört und darüber gelesen, aber nun ist er das beherrschende Thema. Zweifellos ist der Hunger die Frage, die Sorge, das Problem und die Herausforderung der siebziger Jahre. Zu Beginn der sechziger Jahre haben die Bürgerrechte unsere Aufmerksamkeit in Anspruch genommen, und Ende der sechziger Jahre war der Vietnam-Krieg die zentrale Frage. Und jetzt ist es der Hunger, das Verhungern, die Hungersnot, der Tod. Dieses Problem ist derart enorm und überwältigend, daß seine Auswirkungen fast unbegreiflich sind. Millionen Menschen sehen dem Tod ins Gesicht, und täglich sterben Tausende von Menschen, weil sie nichts zu essen haben. Das Ganze wirkt noch bedrückender, wenn man darüber in einem Kloster nachdenkt, wo wöchentlich an drei Tagen je 15 000 Brotlaibe aus dem Backofen kommen und wo die Weizen- und Maisernte besser als in vielen früheren Jahren ausgefallen ist.

Donnerstag, 28. November
Der Thanksgiving Day ist ein durch und durch amerikanischer Tag[66]. Wie mir scheint, ist es auch der Tag, den die Menschen dieses Landes am besten zu feiern verstehen. Es ist ein Tag der Familie, ein Tag der Gastfreundschaft, ein Tag der Dankbarkeit. Es ist ein Tag, der – anders als der Vatertag, der Muttertag und Weihnachten – der Kommerzialisierung entgangen ist. Es ist der Tag, an dem ich in mir den Wunsch spüre, mit einer Familie hier zu sein. Es ist der einzige Tag, der mich ein wenig melancholisch stimmt; denn den Thanksgiving Day kann man in einem Trappistenkloster nicht in der üblichen Weise feiern. Es ist bezeichnend, daß der Wein, der dem Kloster für den Thanksgiving Day geschenkt worden ist, nicht an diesem Tag, sondern statt dessen am Christkönigsfest auf den Tisch gekommen ist. Abgesehen von der Preiselbeersoße – ohne Truthahn! –, hatte das Mittagessen wenig mit dem Thanksgiving Day zu tun. Ich frage mich immer wieder, warum Mönche allem Anschein nach für nationale Feste kein Interesse haben. Ich hatte erwartet, daß der Thanksgiving Day als ein großes Fest gefeiert würde, zumal er das Fest ist, an dem tiefe nationale und religiöse Empfindungen ineinanderfließen. Aber obwohl Anthony unter dem Altar

kunstvoll Ähren und Früchte aufgebaut hatte, obwohl uns Pater Marcellus beim Mittagessen Beethovens Sechste Symphonie vorspielen ließ und obwohl wir die Messe von der Danksagung feierten, konnte man doch förmlich spüren, daß die Mönche nicht so echt in Feierstimmung waren wie an Pfingsten oder Himmelfahrt oder an Allerheiligen. Vielleicht liegt es daran, daß die Pilgerväter nicht katholisch waren! Vielleicht ist der Thanksgiving Day seiner Geschichte und Eigenart nach wirklich eher ein protestantisches Fest. Aber vielleicht liegt es auch einfach daran, daß man den Thanksgiving Day schwerlich ohne seine eigene Familie feiern kann.

Jedenfalls ist Thanksgiving in erster Linie ein nordamerikanisches Fest. Diese Nation ist wohlhabend und hat mehr, als sie braucht. Die Erkenntnis, daß das, was wir haben, ein freies Geschenk ist, kann unseren Wunsch vertiefen, dieses Geschenk mit anderen zu teilen, die um Hilfe schreien. Wenn wir den Ertrag unserer Ernte segnen, dann sollten wir uns doch wenigstens klarmachen, daß gesegnete Früchte unbedingt geteilt werden müssen. Sonst wird aus dem Segen ein Fluch.

Samstag, 30. November
Die Vesper heute abend hat die Adventszeit eröffnet. Ein großer grüner Kranz mit vier Kerzen, Sinnbild der vier Sonntage vor Weihnachten, ist mitten im Chor aufgehängt worden. Dieser schlichte Schmuck in der sonst so nüchternen Kapelle hat mich tief berührt. Vier Wochen der Erwartung haben begonnen. Ich erwarte Weihnachten, ich erwarte den letzten Tag in der Abtei, ich erwarte meinen Besuch in Holland, und ich erwarte meine Rückkehr nach New Haven. Es ist wertvoll, äußerst wertvoll, daß mir diese Wochen der Erwartung geschenkt werden. Ich kann mir so tiefer dessen bewußt werden, daß all diese kleinen Erwartungen mein Gespür für jenen großen Tag schärfen wollen, an dem der Herr wiederkommen wird, um alle seine Verheißungen zu erfüllen.

Die adventliche Erwartung ist im Ereignis der Menschwerdung Gottes verankert. Je mehr ich mich von dem, was in der Vergangenheit geschehen ist, anrühren lasse, desto mehr komme ich auch mit dem in Berührung, was noch kommen wird. Das Evangelium erinnert mich nicht nur an das, was einmal war, sondern zugleich an das, was geschehen wird. Wenn ich das erste Kommen Christi betrachte, kann ich die Zeichen seines zweiten Kommens entdecken. Wenn ich meditierend zurückschaue, kann ich hoffnungsvoll in die Zukunft blicken. Durch Reflektieren kann ich projizieren; wenn ich die Erinnerung an Christi Geburt in mir bewahre, kann ich Schritte nach vorn auf sein Reich zu machen. Mich beeindruckt die Tatsache, daß die Propheten, wenn sie von der Zukunft Israels sprachen, ihr Volk immer wieder an die Großtaten Gottes in der Vergangenheit erinnert haben. Sie konnten mit Vertrauen vorwärtsschauen, weil sie mit Ehrfurcht auf Jahwes Großtaten zurückschauen konnten.

In einer Zeit, da unser Sinn für Geschichte so schwach ist, scheint mir das äußerst wichtig zu sein. Immerhin war es die Besinnung auf das Anliegen der Gründerväter, wie es in der Verfassung der Vereinigten Staaten niedergelegt ist, was den USA während des Watergate-Traumas genügend Kraft erhalten und ihnen ermöglicht hat, sich in ihrer nationalen Selbstachtung wieder zu fangen. Wenn ein Volk nicht in den Verheißungen und Bestrebungen seiner Anfangszeit Anker geworfen hat, ist es in Gefahr, sich treiben zu lassen und die Richtung zu verlieren. Und das trifft nicht nur für ein Volk zu, sondern ebenso für die Kirche. Es scheint, daß ein echter Fortschritt immer mit einer Auffrischung des kollektiven Gedächtnisses zusammenhängt. Praktisch haben sich alle Reformen in der Kirche und in den Orden der Kirche an einer neuen Wertschätzung der Ideale der Frühkirche und an einer intensiven Auseinandersetzung mit der Vergangenheit entzündet; man wollte diese nicht einfach wiederholen, aber man wollte sich von dort zu einer echten Erneuerung inspirieren lassen. George Santayana hat einmal gesagt: „Wer die Vergangenheit vergißt, ist dazu verurteilt, sie zu wiederholen."

Ich bete darum, der Advent möge mir Gelegenheit bieten, meine Erinnerung an Gottes Großtaten gründlich aufzufrischen, und mich innerlich so frei machen, daß ich mutig der Vollendung der Zeit durch den, der gekommen ist und immer noch kommt, entgegenblicke.

DEZEMBER　　　　　*In Stille und Freude warten*

Sonntag, 1. Dezember
Dieser erste Adventssonntag war ein herrlicher Tag, und die Liturgie hat mir ständig die große Erwartung zu Bewußtsein gebracht. Ich habe einen wunderbaren lateinischen Versikel vor mich hingesungen, der immer wieder aus meinem Inneren hervorgesprudelt ist: „Rorate, coeli, desuper, et nubes pluant justum – Tauet, ihr Himmel, von oben, ihr Wolken, regnet den Gerechten"; und die eindrucksvolle Antwort: „Aperiatur terra, et germinet Salvatorem. – Es öffne sich die Erde und sprosse den Heiland hervor." Seine inständig flehende Melodie geht mir unablässig durch den Kopf, und ich sehe im Geist, wie der himmlische Tau die Erde bedeckt. Gottes Gnade ist wirklich wie ein sanfter Morgentau und wie ein weicher Regen, der der ausgedorrten Erde neues Leben schenkt. Bilder der Güte. Tatsächlich besteht meine Berufung darin, immer empfänglicher für den Morgentau zu werden und meine Seele dem Regen zu öffnen, so daß mein innerstes Wesen den Heiland hervorbringen kann.

Montag, 2. Dezember
Ein starker Schneefall hat heute das ganze Bild verändert. Starker Wind hat die Arbeit draußen praktisch unmöglich gemacht. Das Dach der neuen Kirche ist noch nicht fertig, und bei diesem Schnee ist es auch schwierig, an solch hohen, glitschigen Stellen zu arbeiten. Alle hoffen auf noch eine sonnige Woche, bevor der Winter endgültig die Herrschaft antritt, aber niemand kann sagen, wie groß die Aussichten dafür sind. John Eudes ist heute abend spät von Exerzitien zurückgekommen, die er in Kalifornien gehalten hat. Sein Flugzeug mußte in Syracuse statt in Rochester landen, und er brauchte ziemlich lange, um zur Abtei zu kommen.

Dienstag, 3. Dezember
„Das Gras verdorrt, die Blume welkt, doch das Wort Gottes bleibt in Ewigkeit" (Jes 40,8). Gottes Wort ist wirklich mächtig. Nicht nur das Jesusgebet, sondern auch viele andere Schrift-

worte vermögen unser Inneres umzuformen. Wenn ich die Worte, die mich im Gottesdienst ansprechen, mit in den Tag hineinnehme und sie langsam beim Lesen oder Arbeiten wiederhole, indem ich sie sozusagen ständig wiederkäue, schaffen sie neues Leben in mir. Manchmal, wenn ich nachts aufwache, sage ich sie immer noch vor mich hin, und sie werden wie Flügel, die mich über die Stimmungen und Stürme der Tage und Wochen hinwegtragen.

Bei Jesaja lese ich: „Die Jungen werden müde und matt, junge Männer stolpern und stürzen. Die aber auf den Herrn vertrauen, schöpfen neue Kraft, sie bekommen Flügel wie die Adler. Sie laufen und werden nicht müde, sie gehen und werden nicht matt" (Jes 40,30–31). Die Worte Gottes sind tatsächlich wie Adlerflügel. Vielleicht kann ich meine Hoffnung auf Gott dadurch vertiefen, daß ich seinen Worten mehr Zeit und Aufmerksamkeit schenke.

Ab und zu sehe ich einen Mönch in einer kleinen Taschenbuchausgabe der Psalmen lesen, während er mit etwas anderem beschäftigt ist, z.B. die Suppe umrührt. Ich weiß, daß er versucht, die Psalmen auswendig zu lernen. Kürzlich habe ich den Brief einer Trappistin gelesen, in dem sie schreibt, daß sie mehr als die Hälfte der 150 Psalmen auswendig kann. Was für ein Geschenk, imstande zu sein, jederzeit und überall diese Worte beten zu können! Ich kann jetzt besser verstehen, wie sie uns Adlerflügel geben und unsere Kraft ständig erneuern können.

Die Worte vom Kommen Gottes erinnern uns nicht nur daran, daß Gott erscheinen wird, sondern auch, daß er unser ganzes Sein in Erwartung umwandeln wird. Dann werden wir keine Erwartung mehr *haben,* sondern wir werden ganz Erwartung *sein;* alles, was wir sind, ist dann zu einer einzigen Erwartung geworden.

Mittwoch, 4. Dezember
Trudy Dixon, die das Buch „Zen Mind, Beginner's Mind" herausgegeben hat, schreibt über die besondere Beziehung zwischen dem Zen-Lehrer und seinem Schüler: „Ein Roshi ist ein Mensch, der jenes Maß an vollkommener Freiheit verwirklicht hat, das in jedem Menschen steckt. Er lebt in der Fülle seines ganzen Seins. Die Strömung seines Bewußtseins ist nicht auf die

sich wiederholenden Schablonen des Bewußtseins festgelegt, das gewöhnlich in Ichbezogenheit verfangen ist, sondern sie quillt spontan und natürlich aus den wirklichen Umständen der Gegenwart. Hinsichtlich der Lebensqualität sind die Folgen dieses Bewußtseinszustandes außerordentlich: er ist voller Spannkraft, Energie, Aufrichtigkeit, Einfachheit, Demut, Gelassenheit, Heiterkeit, von ungeheurer Scharfsichtigkeit und von unermeßlichem Mitleid erfüllt. Sein ganzes Wesen gibt Zeugnis davon, was es heißt, in der Wirklichkeit der Gegenwart zu leben. Ohne daß er überhaupt etwas sagt oder tut, kann schon allein die Tatsache, einem solch ausgereiften Menschen zu begegnen, ausreichen, daß sich der ganze Lebensweg eines Menschen ändert. Aber letzten Endes ist es nicht die Außergewöhnlichkeit des Lehrers, was den Schüler verblüfft, fesselt und zu größerer Tiefe führt, sondern gerade seine ausgesprochene Gewöhnlichkeit. Weil er ganz einfach er selbst ist, dient er seinen Schülern als Spiegel. Wenn wir bei ihm sind, erfahren wir unsere eigenen starken und schwachen Seiten, ohne daß er uns im mindesten zu loben oder zu kritisieren braucht. In seiner Gegenwart sehen wir unser ursprüngliches Antlitz, und die Außergewöhnlichkeit, die wir erkennen, ist lediglich unsere wahre Natur. Wenn wir es lernen, unsere eigene Natur ans Licht kommen zu lassen, verschwinden die Grenzen zwischen Lehrer und Schüler in einem tiefen Strom des Seins und der Freude in der Entfaltung des Buddha-Bewußtseins."[67]

Diese ansprechende Beschreibung der Lehrer-Schüler-Beziehung ist mir eine große Hilfe, um zu verstehen, was die Apostel erfahren haben müssen, als sie Jesus begegnet sind und mit ihm gelebt haben.

Donnerstag, 5. Dezember
Heute tauschen in Holland alle Leute Geschenke aus. Der Nikolausabend ist wohl die phantasievollste und volkstümlichste Feier Hollands, voller Überraschungen. Die Kinder stehen im Mittelpunkt, aber auch an alle andern wird gedacht. Ich vermisse diese Feier heute abend. Viele Holländer, die nicht in Holland sind, werden sie genauso vermissen oder mit anderen Holländern, mit denen sie sich zusammentun, ihren eigenen Nikolausabend gestalten.

Ich lese gerade einen sehr unholländischen Gedanken: „Der Anfänger hat nicht die Meinung: ‚Ich habe etwas erreicht.' Alle Gedanken, die um uns selbst kreisen, beschränken die Weite unseres Geistes. Wenn wir nicht an das Erreichthaben und nicht an uns selbst denken, dann sind wir wahre Anfänger. Dann können wir wirklich etwas lernen. Die Gesinnung des Anfängers ist die Gesinnung des Mitleids. Wenn unser Geist von Mitleid erfüllt ist, ist er grenzenlos." [68]

Diese Worte gefallen mir. Sie sind auch sehr bedeutsam für den Advent. Offen sein, frei, beweglich und empfänglich: das ist die Haltung, die uns bereit macht. Ich sehe, daß man im Zen nichts und niemanden erwartet. Dennoch habe ich den Eindruck, daß alles, was Shunryu Suzuki seinen Schülern sagt, auch für uns Christen zu hören und zu verwirklichen wichtig ist. Ist nicht die Gesinnung des Anfängers, die Gesinnung ohne den Gedanken „Ich habe etwas erreicht", genau die Gesinnung, die für die Gnade offen ist? Ist nicht das die Gesinnung von Kindern, die über alles, was sie sehen, staunen? Ist nicht das die Gesinnung, die sich nicht von Sorgen um den morgigen Tag beschweren läßt, sondern bereit und wach für den gegenwärtigen Augenblick ist?

Wenn man Shunryu Suzuki liest, ist es, als höre man von weit her Klänge, die im Innersten der Seele widerhallen. Sie sind weit fort, sie sind nah, sie sind fremd, sie sind vertraut, es sind buddhistische Klänge, es sind christliche Klänge. Sie sind wie die fremden Magier aus dem Osten, die unter den ersten waren, die das Kind finden durften.

Suzuki sagt: „In einigen Jahren werden wir sterben. Wenn wir einfach denken, das sei das Ende unseres Lebens, verstehen wir das falsch. Andererseits ist es ebenso falsch zu denken, daß wir nicht sterben werden. Wir sterben, und wir sterben nicht. Das ist das rechte Verständnis." [69]

Dies ist ein Klang, der von weit her kommt, und doch in meinem tiefsten Innern widerhallt. Er hilft mir, die Worte des Mannes von Nazaret in neuem Licht zu sehen, des Mannes, der fortgegangen ist und dennoch bleibt, der gestorben ist und dennoch lebt, der gekommen ist und immer noch kommt.

Freitag, 6. Dezember
Sylvester hat mir heute erzählt, er habe von Bob, einem meiner Studenten, der einige Tage in der Abtei verbracht hatte, eine Postkarte bekommen. Er hat vor Freude und Dankbarkeit gestrahlt. Das bringt mir zu Bewußtsein, wie kleine Zeichen der Aufmerksamkeit große Freude und kleine Störungen zwischen Menschen große Traurigkeit hervorrufen können, während uns die „großen" Tagesereignisse oft gar nicht so tief berühren. Der unerwartete Gruß eines Freundes oder die beiläufige Bemerkung eines Menschen neben mir können meinen Tag gefühlsmäßig ganz erfüllen oder völlig zerstören, während Inflation und Rezession, Krieg und Unterdrückung meine Gefühle nicht unmittelbar anrühren. Eine große Katastrophe irgendwo in der Ferne wirkt sich weniger auf mich aus als ein kleines Mißgeschick in meiner Nähe, und eine kleine Meinungsverschiedenheit mit einem anderen Menschen versetzt mich mehr in Rage als ein weltweites Unheil. Würde das ganze Kloster abbrennen, so wäre das weniger „gefährlich", als wenn innerhalb seiner unbeschädigten Mauern zwischen einigen Mönchen Haß und Zwietracht aufkäme.

Aber wie wenig machen wir uns dieses Wissen zunutze! Was ist leichter, als einen Dankesgruß zu schreiben, was einfacher, als eine Karte zu schicken, um einfach wieder einmal „Grüß dich" zu sagen oder jemandem einen kurzen Besuch zu machen, nur um zu sehen, wie es ihm geht. Aber wie selten tue ich das! Jedesmal dagegen, wenn jemand sagt: „Mir hat Ihr Vortrag gut gefallen" oder „Ich fand Ihre Äußerung sehr gut" oder „Ihr Hinweis hat mir wirklich geholfen" oder „Sie scheinen sich hier ganz und gar zu Hause zu fühlen", spüre ich, wie sich mein inneres Leben hebt, und der Tag scheint heller, das Gras grüner und der Schnee weißer als vorher zu sein. Es ist ein großes Geheimnis, daß eine kleine, oft ganz unbedeutende Geste mein Herz so sehr verändern kann. Der Weg zum Herzen scheint stets ein ruhiger, sanfter Weg zu sein. Kurz nach dem Thanksgiving Day hat mir eine Frau geschrieben, die ich gar nicht kenne; sie wollte mir sagen, daß sie dank meiner Bücher sehr intensiv an meinem Leben teilnehme. Allem Anschein nach sind solche Begebenheiten die kostbarsten Ereignisse des Lebens.

Sylvesters strahlende Augen haben mir etwas beigebracht, was ich hoffentlich niemals vergessen werde.

Samstag, 7. Dezember

In diesem Jahr wird die Unbefleckte Empfängnis Mariens einen Tag vor dem eigentlichen Datum gefeiert. An diesem Hochfest scheint die stille Freude des Advents plötzlich in überschwenglichen Jubel auszubrechen. In Maria ist alle Schönheit des Advents zusammengefaßt. Sie ist diejenige, in der das Harren Israels am vollkommensten und reinsten offenbar geworden ist. Sie ist die Erwählte aus dem Rest Israels, dem Gott seine Gnade erweist und an dem er seine Verheißungen erfüllt. Sie ist die treue Magd, die geglaubt hat, daß in Erfüllung gehen wird, was ihr vom Herrn verheißen worden ist. Sie ist die demütige Magd, die gehorsame Dienerin, die stille Kontemplative. Sie ist am besten dafür bereitet, den Herrn zu empfangen.

Offensichtlich gibt es keine bessere Zeit für die Feier dieses Festes als diese adventlichen Tage. Es ist das Fest der Schönheit derer, die bereit ist, den Herrn zu empfangen. Es ist wie ein Bewundern des Palastes, in den der König einziehen wird, des Gemachs, in das der Bräutigam kommen wird, des Gartens, in dem die Begegnung stattfinden wird.

Ich muß an das Deckengemälde der Sixtinischen Kapelle denken, auf dem Gott seine Hand nach Adam ausstreckt, um ihn ins Leben zu rufen. Wie wunderbar wurde die Menschheit erschaffen! Nun streckt Gott wieder seinen Arm nach ihr aus; sie wartet auf dieses Angerührtwerden, durch das sie noch wunderbarer wiedererschaffen werden soll. Die Feier dieses Festes ist die Vorwegnahme des großen Weihnachtsgeschehens. Es versetzt mich in die Stimmung eines Kindes am Vorabend einer Hochzeit, voller Freude und Erwartung. Ich habe schon das Brautkleid gesehen, habe schon den Duft der Blumen gerochen, habe schon das Hochzeitslied gehört. Es gibt keinen Zweifel mehr: morgen wird es sicher wahr werden, alles ist bereit für die Erfüllung.

Dieser Festtag gibt dem Advent seinen eigentlichen Charakter. Er ist in erster Linie eine Zeit der Freude, und nicht wie die Fastenzeit eine Zeit der Buße. Nein, dafür ist er zu sehr von freudiger Vorwegnahme erfüllt. Die Erfahrung der Freude übertönt alles andere.

Sonntag, 8. Dezember

John Eudes hat im Kapitel gesagt, wir sollten nicht nur das erste Kommen Christi in seiner menschlichen Niedrigkeit und Güte ersehnen, sondern auch sein zweites Kommen als Richter unseres Lebens. Ich spürte, daß die Sehnsucht nach dem Gericht Christi wirklich ein Aspekt der Heiligkeit ist, und mir kam zu Bewußtsein, wie wenig ich diese Sehnsucht in mir habe.

In seiner Adventspredigt zeigt Guerric von Igny[70] Verständnis dafür, daß es nicht leicht ist, das zweite Kommen Christi mit aller Sehnsucht zu erwarten. Wenn wir uns also nicht durch Sehnsucht auf den Tag des Gerichts vorbereiten können, so sagt er, sollten wir uns wenigstens durch Furcht darauf vorbereiten. Nun sehe ich deutlicher, daß es zum christlichen Reifungsprozeß gehört, seine Furcht langsam, aber beständig bis zu dem Punkt zu vertiefen, an dem sie zur Sehnsucht wird. Die Gottesfurcht steht nicht im Widerspruch zu seiner Gnade. Darum müssen wir Worte wie Furcht und Sehnsucht neu lernen und verstehen, wenn wir sie für unsere vertraute Beziehung mit Gott verwenden.

Montag, 9. Dezember

Die Bücherschau der New York Times vom 1. Dezember hat eine faszinierende Übersicht über die neuen, 1974 erschienenen Bücher geboten. Nicht allein die Artikel, sondern auch – und sogar mehr noch – die Anzeigen gaben einen guten Einblick in das, was die Köpfe der Autoren und Leser zur Zeit beschäftigt.

Unter den Hunderten von Büchern, die angekündigt, beschrieben, empfohlen und kritisiert worden sind, waren nur sehr wenige religiöse Bücher. Wie einen einzigen weißen unter lauter schwarzen Raben entdeckte ich die Anzeige für die „Aufrichtigen Erzählungen eines russischen Pilgers" von Seabury Press. Es heißt darin: „Jetzt erhältlich in einer schönen Leinen-Ausgabe im Schuber für $ 7.50." Diese Ironie um den armen Wanderer in Christus hat mich nachdenklich gemacht; sein einziges Interesse hat darin bestanden, unablässig zu beten, und jetzt hält er in dieser kostspieligen Aufmachung seinen Einzug in die vom Konkurrenzkampf bestimmte Welt amerikanischer Verleger. Aber mit Ausnahme des „Russischen Pilgers" haben die meisten Autoren und ihre Themen andere Interessen. Ich habe den Eindruck, daß die meisten neuen Bücher eher zurück als vorwärts schauen und mehr von der guten alten Zeit als von der guten neuen Zeit sprechen. Zweifellos durchläuft eine wiedererstandene romantische Welle das Land. Zahlreiche Bücher wecken die Erinnerung an vergessene Reichtümer früherer Generationen und helfen die wenigen noch verbliebenen stillen Winkel der Welt aufzuspüren oder schwärmen vom einfachen Lebensstil vergangener Zeiten. Selbst ihre Titel: „The Way Life Was" („So war das Leben damals"), „Farmboy" („Bauernbub"), „Times to Remember" („Zeiten, an die sich zu erinnern lohnt"), „The Last of the Nuba" („Der Letzte der Nuba") unterstellen, daß es bessere Zeiten und Gegenden als die unsrigen gegeben hat.

Die Feststellung, daß so viele Bücher auf den Markt kommen und besprochen werden, nimmt mir durchaus nicht den Mut, auch meinerseits zu schreiben. Im Gegenteil, immer mehr verspüre ich den Wunsch, mich in diese Welt zu mischen und ein Wort der Hoffnung zu sagen. In Zeiten politischer oder wirtschaftlicher Krisen neigen die Menschen dazu, introvertierter und nachdenklicher zu werden. Manchmal unterstützen Bücher eine Art kollektiver Tagträumerei und schaffen eine Welt, in die man sich flüchten kann. Aber Bücher können auch Trost und neue Kraft anbieten. Hoffentlich werden die Leser dieser Bücher ihr Gedächtnis auffrischen und daraus neue Sehnsucht und neuen Antrieb schöpfen, der Wirklichkeit des Hier und Heute die Stirn zu bieten und gemeinsam am Bau einer neuen Welt mitzuarbeiten.

Dienstag, 10. Dezember

Am 10. Dezember 1941 ist Thomas Merton in Gethsemani eingetreten. Am 10. Dezember 1966 ist er in Bangkok gestorben. Heute morgen in der Messe haben wir für ihn gebetet.

Ich habe versucht, diese letzten Wochen in der Abtei zu Wochen besonderer Sammlung zu machen, zu einer Art Einkehrzeit innerhalb einer Einkehrzeit. Ich wollte nicht, daß die letzten Wochen zu Wochen einer Art geistigen Kofferpackens würden, sondern es sollten Wochen eines tieferen Sicheinlassens in die Erfahrung des Mönchslebens werden. Der Advent ist da sehr hilfreich. Seit der Advent begonnen hat, empfinde ich großen Frieden und innere Ruhe. Ich habe mich genügend an das

Leben und die Menschen hier gewöhnt, um mich zu Hause zu fühlen. Ich muß nicht allzuviel Handarbeit verrichten, und was ich tue, ist Routinearbeit in der Bäckerei und mit den Steinen. Ich verspüre nicht besonders stark den Wunsch, große Werke zu lesen oder neuen Stoff und neue Ideen zu sammeln. So bin ich ziemlich frei, mich vor allem dem Gebet, der Schriftlesung und ganz einfach einer stillen Lebensweise zu widmen. Zuweilen habe ich ein leichtes Schuldgefühl, daß ich mich nicht stärker bei der Arbeit einsetze, denn alle sind so beschäftigt mit der neuen Kirche. Aber ich sehe ein, daß diese Schuldgefühle falsch sind und daß ich mich nicht von ihnen verleiten lassen sollte. Zuweilen reizt es mich, mich in irgendein neues Buch zu vergraben, aber dann geht mir auf, daß das nicht das ist, worauf es ankommt, und ich lasse diese Anwandlung als Versuchung vorübergehen. Ich versuche einfach, still zu sein, die Haltung der Erwartung des Kommens des Herrn in meinem Herzen wachsen zu lassen und mich schlicht und einfach zu freuen, daß ich hier und jetzt leben darf.

Stille, Ruhe, innere Ausgeglichenheit, friedvolle Freude, Güte: das sind die Empfindungen, die mein augenblickliches Leben beschreiben. Keine großen Gefühle der Feindseligkeit oder Enttäuschung, keine besonderen Ängste im Hinblick auf meinen Weggang von hier, keine Befürchtungen angesichts meiner Heimkehr. Nichts von alldem. Keine Besorgnis, selbst nicht um die gesellschaftlich-wirtschaftliche oder politische Zukunft. Ich habe heute die Zeitung gelesen, und obwohl die vergangene Woche keineswegs besser als die Woche zuvor war, so war ich doch nicht besonders verwirrt oder beunruhigt. Den größten Teil des Nachmittags habe ich damit verbracht, glitschige, schneebedeckte Steine, die für die Innenwände gebraucht werden, in die Kirche zu schleppen. Zuweilen meinte ich, einen Stein, den ich im Juni im Bachbett aufgelesen hatte, wiederzuerkennen. Ich freute mich darüber und war voll freundschaftlicher Gefühle für Menschen und Steine. Ich sprach, wann ich wollte, und ich war still, wann ich wollte. Und ob ich das eine oder das andere tat, schien wirklich nicht viel auszumachen. Ich fühle mich mit Gott und der Welt versöhnt und von tiefem innerem Frieden erfüllt, und weder Lärm noch Worte, noch Arbeiten scheinen einen solchen Frieden zu stören. Es ist eine Zeit voller Gnade, und Gott ist spürbar nahe.

Mittwoch, 11. Dezember

Ich hatte eine recht fruchtbare Unterredung mit John Eudes. Als ich ihm sagte, daß ich mich zutiefst im Frieden befände, weniger Unruhe in mir spürte, stärker vom Gebet erfüllt, weniger verkrampft und innerlich freier sei, bemerkte er, wenn ich mit dem Wunsch gekommen wäre, hier zu bleiben, wäre jetzt der rechte Zeitpunkt, um das Habit der Novizen zu empfangen. Er war angenehm überrascht, daß ich die allgemeine Erfahrung bestätigen konnte, derzufolge ein Postulant nach sechs Monaten hinreichend heimisch ist, um ins Noviziat einzutreten.

Ich erklärte John Eudes, daß ich mich von meinen Zwängen einigermaßen frei fühlte. Wenn ich viele Briefe bekomme, beklage ich mich normalerweise, daß ich zu beschäftigt bin, und wenn ich keine bekomme, beklage ich mich, daß man mich zu sehr vergißt; wenn ich viel arbeite, beklage ich mich über den Mangel an Zeit für Studium und Gebet, und wenn ich wenig arbeite, fühle ich mich schuldig, weil ich nicht zur Genüge meinen Teil beitrage. In dieser Hinsicht kann ich voll und ganz die Auffassung des französischen Kaplans bestätigen, der nach fünfzehn Jahren Beichthörens zwei Dinge gelernt hatte: „Die Menschen sind nicht besonders glücklich, und wir werden nie erwachsen."[71] Aber während der letzten paar Wochen habe ich einen inneren Abstand von mir selbst empfunden, der es mir ermöglicht hat, meine Zwänge zu *sehen* und sie deshalb loszuwerden, und ich habe etwas mehr innere Freiheit verspürt.

John Eudes zeigte mir, in welchem Maß man mein zwanghaftes Benehmen als Teil einer Grundeinstellung zum Dasein betrachten kann, in der alles unter dem Vorzeichen des „Müssens" erfahren wird. Ich *muß* hier sein, ich *muß* so und so denken, und so weiter. Diese Grundeinstellung hat viele Ebenen und berührt viele Bereiche der Persönlichkeit. Aber wenn ich fähig werde, allmählich aus einem gewissen Abstand einige ihrer Symptome zu erkennen und sie als Symptome dieses Zwangs zum „Müssen" zu entlarven, kann ich mit der Zeit bis zu ihren Wurzeln vordringen und mich frei entscheiden, eine andere Grundeinstellung zur Welt zu wählen.

John Eudes machte mich darauf aufmerksam, daß die „Muß-Einstellung" eng mit dem Kampf um die eigene Identität verknüpft ist. Solange ich noch ständig besorgt danach frage, was ich eigentlich sagen, denken, tun oder fühlen „müßte", bin ich noch von meiner Umgebung abhängig und bin unfrei. Dann bin ich gezwungen, mich nach bestimmten Mustern zu verhalten, um meinem selbstgemachten Bild von mir zu entsprechen. Aber wenn ich meine Identität von Gott annehmen kann und ihm erlaube, der Mittelpunkt meines Lebens zu sein, werde ich von diesen Zwängen befreit und kann mich ungehemmt bewegen.

Samstag, 14. Dezember

Gestern abend hat Pater van Torre vom St.-Bernhards-Seminar in Rochester zu den Mönchen gesprochen. In seinem Vortrag brachte er einen Vergleich, den ich früher schon gehört hatte, der mich aber plötzlich stark angesprochen hat, weil er sehr aufschlußreich und überzeugend ist. Wenn jemand ganz begeistert von den bunten Glasfenstern ist, die Marc Chagall für die Synagoge der Universitätsklinik in Jerusalem geschaffen hat, dann besteht die einzige Möglichkeit, seine Freunde von ihrer Schönheit zu überzeugen, darin, daß er sie in die Synagoge hineinführt.

Dieser Gedanke hat mich den ganzen Tag begleitet, denn mehr als je zuvor habe ich eingesehen, wie wichtig es ist, das geistliche Leben von innen her zu lehren. Im nächsten Semester werde ich wieder voll mit Vorlesungen beschäftigt sein. Meine Aufgabe besteht nicht darin, herrliche Fenster zu schaffen, sondern die Studenten in die Synagoge hineinzuführen, wo sie die herrlichen Farben bestaunen können, wenn das Sonnenlicht hindurchscheint. Solange Studenten sagen, daß sie sich für das geistliche Leben interessieren, aber lieber draußen bleiben, wird sie kein Argument, keine begeisterte Beschreibung und kein noch so reicher Wortschatz so weit bringen, daß sie sehen, was ich sehe. Nur wenn sie mit mir in die Erfahrung hineingehen, die das geistliche Leben mit sich bringt, werden sie wirklich etwas lernen. Das soll nicht heißen, daß es keine kritische Distanz geben darf und daß die Subjektivität zum einzigen Kriterium würde. Ganz im Gegenteil. Sogar im Inneren können wir Abstand nehmen und kritisch bleiben. Nicht alles, was wir von innen sehen, ist unbedingt schön, wertvoll oder gut. In Wirklichkeit sind wir von innen her leichter als von außen imstande, zwischen gut und schlecht, häßlich und schön, angemessen und unpassend zu unterscheiden.

Bedeutet das, daß die einzige Möglichkeit, sinnvoll über das Gebet zu sprechen, darin besteht, gemeinsam zu beten? Das glaube ich nicht. Man muß ja auch kein Jude sein, um sich an Chagalls Fenstern zu erfreuen oder sie zu schätzen, obwohl man natürlich als Jude ihre Schönheit tiefer erfassen wird als jemand, der die jüdische religiöse Überlieferung nicht kennt. Aber man muß in die Welt der Juden, in die Synagoge, hineingehen, um die bunten Glasfenster überhaupt sehen zu können. Um den Sinn des Gebets zu verstehen, muß man bereit sein, die Welt betender Männer und Frauen zu betreten und die Macht und Schönheit des Gebetes von innen her zu entdecken. All das führt zu der wichtigen Frage: Wie kann man Unerfahrene in die Welt des Betens einführen, ohne sie zu einer Verhaltensweise zu zwingen, bei der sie sich nicht wohl fühlen?

Manchmal bin ich von meinen neuen Erfahrungen hier in der Abtei so begeistert, daß ich es kaum glauben kann, wenn ein anderer diese Begeisterung nicht zu teilen vermag. Aber dann habe ich vergessen, daß ich von innen her rufe und daß meine achselzuckenden Freunde die Angelegenheit von außen betrachten und sich fragen, warum ich dauernd „übertreibe".

Es besteht für mich kein Zweifel, daß sich der Zeit- und Kraftaufwand lohnt, meine Freunde zuerst ins Innere zu führen, bevor ich anfange, sie von der Schönheit der Glasfenster zu überzeugen. Sonst werde ich mich durch Ungeduld und Mangel an ganz normalem pädagogischem Geschick lächerlich machen.

Sonntag, 15. Dezember

Heute ist der Sonntag „Gaudete", ein Sonntag der Freude. Als Eingangslied der Eucharistiefeier haben wir die Worte des heiligen Paulus gesungen: „Freuet euch! Noch einmal sage ich: freuet euch! Der Herr ist ganz nahe!"

Im Kapitel hat John Eudes mit uns eine wunderbare Betrachtung über diese Vorfreude gehalten. Wir freuen uns jetzt schon, weil wir wissen, daß der Herr kommen wird. Unsere Erwartung führt zur Freude, und unsere Freude weckt in uns den Wunsch, andere damit zu beschenken. Echte Freude will immer teilen. Es gehört zur Natur der Freude, sich anderen mitteilen und andere einladen zu wollen, daß sie an den Geschenken teilhaben, die wir empfangen haben.

Der Advent ist wirklich eine Zeit frohen Wartens und frohen Schenkens. John Eudes sagte, diese Stimmung strahle sogar auf unsere ganze Gesellschaft aus. Die Zeit vor Weihnachten hat dieses erstaunliche Gepräge der Freude, das anscheinend nicht nur die Christen anrührt, sondern alle, die in unserer Gesellschaft leben. Wenn man als Mensch des Westens in einer anderen Gesellschaft lebt, zum Beispiel in der japanischen, wo Advent und Weihnachten als gesellschaftliche Festzeiten unbekannt sind, spürt man sehr schmerzlich, wie sehr dort diese Vorfreude fehlt.

Aber der Advent ist nicht nur eine Zeit der Freude. Es ist auch die Zeit, in der sich die Vereinsamten noch einsamer fühlen als zu anderen Zeiten des Jahres. In dieser Zeit unternehmen viele Menschen Selbstmordversuche, oder sie werden mit ernsten Depressionen ins Krankenhaus eingeliefert. Die Menschen, die Hoffnung haben, empfinden große Freude und möchten andere beschenken. Die Menschen, die keine Hoffnung haben, fühlen sich niedergedrückter denn je und werden oft voll Verzweiflung auf sich selbst zurückgeworfen.

Wenn man von einer liebevollen, hilfsbereiten Kommunität umgeben ist, scheinen Advent und Weihnachten reine Freude zu sein. Aber ich will auch nicht meine einsamen Augenblicke vergessen, denn es bedarf nur eines geringen Anstoßes, und diese Einsamkeit ist wieder da. Wenn ich fähig bin, mich in der Zeit der Freude an die Einsamkeit zu erinnern, werde ich in Zukunft wohl auch imstande sein, mich in der Zeit der Einsamkeit an die Freude zu erinnern, und so werde ich stärker sein, sie auszuhalten, und ich werde auch anderen dabei helfen können. 1970 habe ich mich so einsam gefühlt, daß ich einfach nichts verschenken konnte. Nun bin ich so mit Freude erfüllt, daß mir das Schenken leicht vorkommt. Ich hoffe, daß der Tag kommen wird, an dem mir der Gedanke an meine augenblickliche Freude die Kraft geben wird, selbst dann noch andere zu beschenken, wenn die Einsamkeit an meinem Herzen nagt. Als Jesus am einsamsten war, hat er uns am meisten gegeben. Diese Erkenntnis sollte mir helfen, meine Dienstbereitschaft zu vertiefen; sie sollte meinen Wunsch, andere zu beschenken, unabhängig davon werden lassen, ob ich augenblicklich Freude empfinde. Nur eine Vertiefung meines Lebens in Christus wird mir dazu die Kraft geben.

Montag, 16. Dezember
Bei meinem heutigen Treffen mit John Eudes habe ich ihn gefragt, ob er einige Gedanken, Beobachtungen, Anregungen oder Ratschläge für meinen Aufenthalt hier oder für mein zukünftiges Leben habe. In so gut wie allen Unterredungen während der letzten sieben Monate hatte ich den Ton angegeben und den Gesprächsgegenstand bestimmt. Nun wollte ich gerne wissen, ob er vielleicht etwas bemerkt hatte, das mir entgangen war, oder ob er etwas empfunden hatte, das noch zur Sprache kommen mußte.

John Eudes meinte, wir hätten in diesen sieben Monaten über die wichtigsten Dinge gesprochen, und er habe nicht den Eindruck, daß ich etwas von besonderer Bedeutung übersehen hätte. Doch war er der Ansicht, es sei entscheidend für mich, daß ich nun konkrete Wege fände, um mich selbst davor zu bewahren, bei meiner Rückkehr wieder in Beschäftigung und Sorgen zu versinken. Wir hatten oft über meine Neigung gesprochen, mich zu sehr in Anspruch nehmen zu lassen, mich von einer plötzlichen Begeisterung hinreißen zu lassen, zu viele Einladungen anzunehmen und zuviel Energie zu investieren, ohne zu überlegen, ob es sich lohne oder nicht. Wenn ich ein beständiges Gebetsleben beibehalten und inmitten aller meiner Beschäftigungen eine gewisse Reinheit des Herzens bewahren wollte, müßte ich Grenzen setzen und Möglichkeiten finden, öfter einmal „nein" sagen zu können.

Ich versuchte zu formulieren, wie sich das Bild meiner Berufung für mich in dieser Zeit der Einkehr abgeklärt hat. Zwei Gesichtspunkte scheinen mir wesentlich zu sein: Ich bin Priester, und ich bin berufen, auf dem Gebiet der christlichen Spiritualität zu studieren und zu unterrichten. Seit meinem sechsten Lebensjahr habe ich den Wunsch verspürt, Priester zu werden, ein Wunsch, der bei mir niemals ins Wanken geraten ist, abgesehen von den kurzen Augenblicken, in denen ich allzusehr von der Uniform eines Seekapitäns beeindruckt gewesen war. Seit meiner Ausbildung zum Priesteramt habe ich mich immer besonders zur „aszetischen und mystischen Theologie" hingezogen gefühlt, wie man das damals nannte. Und alle meine anderen Studien in Psychologie, Soziologie und in ähnlichen Bereichen kamen mir nur in dem Maß fruchtbar vor, in dem sie mich zu einem tieferen Verständnis der Fragen des geistlichen Lebens führten.

Ich bin immer von der psychologischen zur theologischen Ebene und von klinischen Erwägungen zu geistlichen Fragen übergegangen. Eine ganze Vorlesungsreihe – Persönlichkeitstheorie, klinische Psychologie, Religionspsychologie, Pastoralpsychologie, Amt und Spiritualität, Geschichte der christlichen Spiritualität, Gebet und geistliches Leben – scheint mir die Richtung, in der ich mich immer bewegt habe, zu veranschaulichen.

Worauf sollte ich jetzt den Akzent legen? Mir scheint, meine Besinnungszeit hat eine schon vorhandene Neigung bestätigt und vertieft. Mir wird immer klarer, daß ich vor dem Anspruch stehe, mich auf beide Wirklichkeiten tief einzulassen: auf das Priesteramt als Dienst und als Lebensstil und auf das geistliche Leben als Feld besonderer Konzentration, und zwar tiefer, voller, umfassender und auch theologisch-wissenschaftlich gründlicher. „Weniger sprechen, mehr beten, mehr studieren und mehr schreiben": ich finde, so läßt sich am besten auf eine Formel bringen, welche Richtung ich nun einschlagen muß.

John Eudes bestätigte mir voll und ganz meine Selbstbeurteilung. Er meinte, daß die Richtung, die ich angegeben hatte, wirklich der Weg sei, den ich gehen müßte. Er sagte, so werde es für mich viel leichter sein, eine geistliche Disziplin zu wahren und mich vor allzu großer Verzettelung zu hüten. Auch ermutigte er mich sehr in meinem Vorsatz, auf dem Gebiet der Spiritualität intensiver theologisch zu arbeiten und mich zugleich eher auf langfristige Vorhaben zu konzentrieren. Er war überzeugt davon, daß ich mich mehr dem Schreiben als dem Sprechen, mehr dem Studium als der Beratung, mehr dem Gebet als der sozialen Aktivität widmen sollte.

All dies bringt mir zu Bewußtsein, daß meine letzte volle Woche in der Abtei angebrochen ist und daß der „Abschlußprozeß" schon wirklich begonnen hat.

Dienstag, 17. Dezember
Richard hat mir einen Brief geschrieben, in dem es heißt: „... nun bin ich schon über einen Monat ohne Schmerzmittel! Zur Zeit nehmen die Schmerzen immer mehr ab. Gestern bin ich vier Stunden lang gefahren. Ich habe fast den Punkt erreicht, wo ich überhaupt nicht mehr daran denke. Die Kopfschmerzen sind zwar immer noch ein Problem, aber ich arbeite daran. Habe

auch in den vergangenen Tagen geschrieben. Es scheint, daß ich es doch noch schaffen werde."

Ich möchte Freudensprünge machen über diesen Brief. Nach meinem intensiven Gebet, bei dem ich seinen schmerzenden Rücken fast hatte mitfühlen können, nach meiner Bitte an James um besondere Gebete und nachdem ich Richard dem Gebet der ganzen Kommunität empfohlen hatte, klang dieser Brief für mich wie Musik. Jetzt stelle ich fest, daß ich wirklich nicht einen Augenblick lang daran gezweifelt habe, daß Gott unsere Gebete erhören und Richard sehr bald und vollständig heilen würde, und auch, wie dankbar und froh ich war, als er wirklich derart spürbar Antwort gab. „Nicht überrascht" zu sein und „vollkommen überrascht" zu sein ist anscheinend ein und dieselbe Empfindung geworden.

Seit ich seinen Brief bekommen habe, ist Richard sehr häufig in meinen Gedanken und Gebeten gegenwärtig gewesen. Ich habe James und die ganze Kommunität gebeten, weiter für ihn zu beten. Ich weiß, wie schwer es ist, zur Heilung unserer ganzen Person ja zu sagen, zur Heilung von Leib, Geist und Seele. Aber ich weiß auch, daß jetzt Richards „Stunde" gekommen ist und daß er die Kraft hat, sich von seinen Schmerzen zu lösen und sich für andere und für den Anderen zu öffnen, die ihre Hand nach ihm ausstrecken. Dieses Wissen erfüllt diese letzten Tage hier noch mit einer besonderen Freude.

Heute nachmittag habe ich drei Stunden lang Steine getragen und hatte Freude daran. Das Wetter war mild, und der Schmutz war nicht allzu schlimm.

Donnerstag, 19. Dezember

In der letzten Adventswoche ist es, als könne die Liturgie ihre Begeisterung über das Kommen des Herrn nicht länger verbergen, und sie bricht in jubelnde Vorfreude aus. In der Vesper sind die O-Antiphonen von überströmender Freude erfüllt. „O Weisheit, die hervorgeht aus dem Munde des Allerhöchsten; O Adonai und Führer des Hauses Israel; O Wurzel Jesse, gesetzt zum Zeichen für die Völker; O Schlüssel Davids und Zepter des Hauses Israel; O Aufgang, Glanz des ewigen Lichtes; O König der Völker und von ihnen Ersehnter; O Emmanuel, Erwartung und

Retter der Heiden, komm zu uns, o Herr, unser Gott." Jeden Abend zwischen dem 17. und 24. Dezember wird ein neues „O" gesungen, und ganz allmählich, im Warten und Willkommenheißen, in der Ausschau und im Sehen, in der Hoffnung und im Empfangen verschmelzen Zukunft und Gegenwart ineinander zu einem Lobgesang auf den Herrn, der sein Volk heimgesucht hat.

Es fällt mir auf, daß das Warten eine Zeit des Lernens ist. Je länger wir warten, desto mehr hören wir von dem, auf den wir warten. Je weiter die Adventswochen fortschreiten, desto mehr hören wir von der Schönheit und Herrlichkeit dessen, der kommen wird. Die Abschnitte des Evangeliums, die während der Messe vorgelesen werden, sprechen alle von den Ereignissen vor der Geburt Jesu und von den Menschen, die bereit sind, ihn zu empfangen. In den übrigen Lesungen häuft Jesaja Prophezeiung auf Prophezeiung, um unsere Hoffnung zu stärken und zu vertiefen, und die Gesänge, Lesungen, Kommentare und Antiphonen wetteifern alle in dem Bemühen, den Empfang des Herrn, der kommen soll, vorzubereiten.

All das ist von vollendeter Schönheit. Aber ist das nicht eine Vorbereitung, die nur zu einer Enttäuschung führen kann? Ich glaube nicht. Der Advent weckt keine nervöse Spannung, wie man sie hat, wenn man auf etwas Spektakuläres wartet. Im Gegenteil, der Advent führt zu wachsender innerer Stille und Freude, die mich gewahr werden läßt, daß der, den ich erwarte, schon gekommen ist und in der Stille meines Herzens zu mir spricht. Es ist, wie wenn eine Mutter das Kind in ihrem Schoß wachsen fühlt und am Tag der Geburt gar nicht überrascht ist, sondern voll Freude das Wesen empfängt, das sie während ihres Wartens bereits kennengelernt hat; so kann Jesus in meinem Leben langsam und beständig geboren werden, und ich kann ihn als denjenigen aufnehmen, den ich während meines Wartens bereits kennengelernt habe.

Diese letzte Woche ist wirklich eine glückliche Woche.

Brian ist bei der Arbeit verletzt worden und wird eine ganze Weile das Bett hüten müssen. Er war mit dem rechten Fuß unter die mit Steinen beladene Schaufel des Frontladers geraten. Der große Zeh wurde zerquetscht, und der Nagel war dahin. Nun thront Brian im Bett, und ein riesiger Zeh ragt unter der Decke hervor. Der Arzt hat ihm gesagt: eine Woche im Bett und zwei Wochen auf Krücken. Brian hat es als „ärgerlichen Zwischenfall" bezeichnet und mit dieser Untertreibung die Dinge in die rechte Perspektive gerückt. Der Schmerz hat praktisch aufgehört, und er kann lesen, Briefe schreiben und Besuche empfangen. Am ersten Tag hatte er über Mangel an Aufmerksamkeit nicht zu klagen. In den Laudes hat Bruder Pat „für Brian, der sich den Zeh gebrochen hat", gebetet.

Samstag, 21. Dezember
Extrabrote und Extrasteine. In der Hoffnung, in Cleveland neuen „shelf space" („Raum für Brotregale") zu erobern, wurden heute morgen 10 000 Brote mehr gebacken. Der Großhändler ist der Meinung, die Abtei solle das Absatzgebiet ihres Mönchsbrotes vergrößern, da mit dem Anstieg der Preise der Absatz zurückgehen wird, wenn er auf ein kleines Gebiet beschränkt bleibt. Für einen Versuch in dieser Richtung sind heute alle Maschinen auf vollen Touren gelaufen.

Heute nachmittag sind wir noch einmal zum Flußbett gegangen, um einige schwere Steine zu sammeln. Der Bach, der im Juni so still und friedlich gewesen war, wirkte jetzt wie ein kleiner reißender Strom. Ich hatte ein Loch in meinem rechten Stiefel, und das eisige Wasser fand schnell einen Weg zu meinem Schuh und meinem Fuß. Nachdem ich mit Bruder Patrick, der hoch und trocken auf dem Traktor saß, die Stiefel getauscht hatte, konnte ich John Eudes besser helfen, die Steinbrocken aus dem Wasser auf die Schaufel des Frontladers zu schieben.

Um drei Uhr habe ich mein Zimmer geputzt. Große Staubwolken bestätigten die Tatsache, daß ich es drei Wochen lang nicht mehr gereinigt hatte. Ich bekam die Putzwut, warf jedes Kleidungsstück, das ich entbehren konnte, in die Wäsche, duschte mich, kämmte meine Haare, die inzwischen wieder lang genug sind, um sich kämmen zu lassen, zog ein neues Habit an und erschien frisch geschniegelt zur Vesper. Vier Kerzen brannten auf dem Adventskranz: die erste Vesper vom letzten Sonntag im Advent.

Sonntag, 22. Dezember

Heute morgen im Kapitel hat mich John Eudes aufgefordert, die Kommunität ein wenig an den Eindrücken von meinem Aufenthalt hier teilhaben zu lassen. Er hatte mir das eine Woche vorher angekündigt, und ich freute mich, auf diese Weise mit „meinen Brüdern" meine Empfindungen der Dankbarkeit und der Freude teilen zu können.

Dennoch ist es nicht leicht, in einem Zeitraum von wenigen Minuten Erfahrungen und Empfindungen, die tief und zuweilen recht umfassend sind, zum Ausdruck zu bringen. Schließlich sagte ich einiges über Gott, einiges über die Welt, einiges über die Brüder und einiges über die Heiligen. Ich will hier versuchen, den wesentlichen Inhalt niederzuschreiben.

Als ich ein kleines Kind war, lehrte mich meine Mutter das schlichte Gebet: „Alles für dich, mein lieber Jesus." Das ist ein ganz einfaches Gebet, aber es ist schwer zu verwirklichen. Ich machte die Entdeckung, daß mein Leben wohl eher dem Gebet entsprach: „Jesus, laß uns miteinander teilen, etwas für dich und etwas für mich." Die Verpflichtung, dem Herrn zu dienen, und zwar ihm allein, ist schwer zu erfüllen. Und doch ist gerade dies das Merkmal der Heiligkeit. Mein Leben ist immer eine Art Kompromiß gewesen. „Gewiß, ich bin Priester, aber wenn man mich als Priester nicht mag, dann kann ich immer noch den Psychologen hervorkehren, und vielleicht mag man mich dann in dieser Rolle." Mit dieser Einstellung hat man sozusagen nebenbei einige Hobbys, die einem Befriedigung verschaffen, falls man mit seiner Hauptaufgabe keinen Erfolg hat. Die vergangenen sieben Monate haben mir gezeigt, wie anspruchsvoll die Liebe Gottes ist. Ich werde erst dann wirklich glücklich sein, wenn ich mich ihm total und bedingungslos ausgeliefert habe. Mein Wunsch und mein Ziel bestehen darin, „einfältig" zu sein, „nur *eines* zu wollen". Dann kann ich viele Schmerzen und Verwirrungen loslassen, die sich aus einem geteilten Geist ergeben. Wenn man Gott erlaubt, im Mittelpunkt seines Lebens zu stehen, wird das Leben einfacher, einheitlicher und konzentrierter.

Mein Aufenthalt im Kloster hat mich jedoch nicht nur Christus näher gebracht, er hat mich auch der Welt näher gebracht. Tatsächlich hat der Abstand von der Welt mein Mitgefühl für die Welt verstärkt. Bei meiner Arbeit in New Haven werde ich oft derart von augenblicklichen Aufgaben in Anspruch genommen, die sofort erledigt werden wollen, daß meine Welt auf meine eigenen täglichen Sorgen zusammenschrumpft und ich den Blick für die größeren Probleme verliere. Hier im Kloster war es mir leichter möglich, über die Grenzen des Ortes, des Staates, des Landes, des Kontinents hinauszuschauen, mich tiefer auf den Schmerz und das Leid der ganzen Welt einzulassen und durch Gebet, Korrespondenz, Geschenke oder Schreiben darauf einzugehen. Ich empfand in dieser Einkehrzeit auch, daß mir meine Freunde und meine Familie nähergekommen sind. Ich machte vor allem die Erfahrung, daß in dem Maß, wie meine Vertrautheit mit Gott wuchs, auch ein immer größerer Raum für die anderen im Gebet entstand. Ich empfand sehr spürbar die Macht des Gebetes für andere, und ich erfuhr, was es bedeutet, seine leidenden Freunde mitten in seinem Herzen in die Gegenwart Gottes zu stellen.

Aber ohne Hilfe durch die Gemeinschaft der Brüder wäre all dies praktisch unmöglich gewesen. Mein Aufenthalt hat in mir einen wirklich neuen Sinn für Gemeinschaft geweckt. Als ich spürte, daß ich von der Kommunität angenommen wurde, daß meine Fehler kaum kritisiert und meine guten Taten kaum gelobt wurden, daß ich nicht ständig um Anerkennung kämpfen mußte und daß ich auf einer tieferen Ebene als der meiner augenblicklichen Erfolge oder Mißerfolge geliebt wurde, konnte ich in einen viel tieferen Kontakt mit mir selbst und mit Gott treten. Gott ist die Nabe unseres Lebensrades. Je näher wir Gott kommen, desto näher kommen wir auch zueinander. Was unsere Gemeinschaft zusammenführt, sind nicht in erster Linie unsere Gedanken, Gefühle und Empfindungen füreinander, sondern das ist unser gemeinsames Suchen nach Gott. Wenn wir unsere Gedanken und Herzen beharrlich auf Gott ausgerichtet halten, finden wir auch besser zueinander. Während meines Aufenthaltes in der Abtei habe ich gesehen und erfahren, wie viele Menschen aus ganz unterschiedlichen Verhältnissen und mit ganz verschiedenem Charakter miteinander in Frieden leben können. Sie können das nicht, weil sie sich gegenseitig so zueinander hingezogen fühlen, sondern weil sie gemeinsam von Gott, ihrem Herrn und Vater, angezogen werden.

Neben der Gemeinschaft mit den Brüdern entdeckte ich die Gemeinschaft mit den Heiligen. In der Vergangenheit waren die Heiligen sehr in den Hintergrund meines Bewußtseins gerückt.

In den letzten paar Monaten sind sie mir neu als mächtige Führer auf dem Weg zu Gott zu Bewußtsein gekommen. Ich habe die Lebensbeschreibungen von vielen Heiligen und großen geistlichen Männern und Frauen gelesen, und sie sind anscheinend richtige Mitglieder meiner geistlichen Familie geworden, die immer bereit sind, mir Anregungen, Gedanken, Rat, Trost, Ermutigung und Kraft zu geben. Es ist sehr schwer, Herz und Geist auf Gott gerichtet zu halten, wenn es keine Vorbilder gibt, die einem bei seinem Kampf helfen. Ohne die Heiligen verlegt man sich leicht auf weniger inspirierende Leute und folgt schnell den Wegen anderer, die eine Zeitlang einen begeisternden Eindruck machen, aber nicht imstande sind, ständigen Beistand zu gewähren. Ich bin froh darüber, daß ich meine Beziehung zu vielen großen heiligen Männern und Frauen der Geschichte auffrischen konnte, die durch ihr Leben und Wirken für mich echte Ratgeber sein können.

Die Worte und Fragen nach meiner kurzen Ansprache waren voller Herzlichkeit und Sympathie. John Eudes sagte, er habe den Eindruck, ich sei auch ohne Gelübde oder formelle Bindungen ein wirkliches Mitglied der Kommunität geworden, und er hoffe, daß die Beziehung, die sich in den vergangenen Monaten entwickelt habe, in Zukunft fortdauere und wachse. Das erfüllt mich mit Freude.

Dienstag, 24. Dezember
In jeder Hinsicht ein Tag des Abschieds. Viele Mönche haben mich beiseite gewinkt, um sich von mir zu verabschieden und mir alles Gute zu wünschen. Anthony hat einige Aufnahmen von mir gemacht. Das erstemal tauchte er mit seiner Kamera um drei Uhr früh im Refektorium auf, um mich beim Frühstück zu „erwischen". Als ich dann um 4.15 Uhr in der Bäckerei aufkreuzte, um mit John Eudes an den heißen Blechen zu arbeiten, hatte Bruder Anthony dort seine große Lampe aufgebaut und wartete auf mich. Er machte einige interessante Schnappschüsse – einige mit Bruder Theodor am Ofen, einige mit John Eudes bei den Kühlregalen und einige bei den Backblechen. Er machte auch noch einige Aufnahmen während der Messe und vollendete seine Serie „Monastische Szenen" mit einigen weiteren Schnappschüssen in der Kapelle und in der Bibliothek.

Unterdessen war der ganze Tag von Vorbereitungen erfüllt. Benedikt war fleißig dabei, die Kapelle zu putzen. James und Joseph hatten alle Hände voll mit zwei Weihnachtsbäumen zu tun. Gregory schleppte einen mit Glühbirnen gespickten großen Davidsstern durch die Gegend. Anthony versuchte, die Krippenfiguren unter dem Altar möglichst kunstvoll aufzubauen. Ich rannte indes auf und ab mit Schachteln, Büchern und Kleidern, um alles noch vor der Vesper fix und fertig gepackt zu bekommen.

Alle waren in einer spielerischen Stimmung, weniger ernst als gewöhnlich, wie große Kinder. Um 18.15 Uhr sangen wir die Komplet, mit einem Weihnachtslied zu Beginn, und jetzt ist alles einige Stunden lang still, sehr still. In der Hoffnung, ganz frisch und wach für die Weihnachtsvigil und für den Empfang Gottes in dieser unserer leidgeprüften Welt zu sein, die so dringend den Erlöser braucht, will ich versuchen, etwas zu schlafen. Möge sein Licht in unserer Dunkelheit leuchten, und möge ich bereit sein, ihn voll Freude und Dankbarkeit aufzunehmen.

Mittwoch, 25. Dezember

Wie soll ich diese Heilige Nacht beschreiben? Wie der Fülle von Empfindungen und Gedanken Ausdruck verleihen, die diese freudige Feier begleiten? In dieser Nacht wird die Erwartung von vier Wochen erfüllt; in ihr feiern wir das Gedächtnis des tiefsten Mysteriums des Lebens, die Geburt Gottes in einer Welt, die im Sterben liegt. In dieser Nacht wird in einer von Grausamkeit, Unfreiheit und Haß erfüllten Gesellschaft der zarte Schößling des Mitleids, der Freiheit und des Friedens eingepflanzt. Die Hoffnung auf eine neue Erde, die kommen soll, wird grundgelegt. All das und noch viel mehr ereignet sich in dieser Nacht. Für mich ist sie auch der Abschluß einer gesegneten und gnadenreichen Zeit der Einkehr und der Anfang eines neuen Lebens. Ein Schritt hinaus aus der Stille und hinein in den vielstimmigen Lärm der Welt, ein Schritt hinaus aus dem Kloster und hinein in den verwilderten Garten ohne Hecken und Zäune. In vielfacher Hinsicht kommt es mir vor, als hätte man mir ein kleines verletzliches Kind in die Arme gelegt und mir gesagt, ich solle es aus der Geborgenheit des Klosters in eine Welt hinaustragen, die auf ein Licht wartet.

Dies ist der Tag, an dem ich nicht nur die Schönheit einer Nacht voller Friedensgesänge erfahren will, sondern auch die Weite des Ozeans, der sich zwischen zwei Kontinenten ausstreckt. An diesem Tag ergreifen sowohl das Kleinsein und die Verwundbarkeit des Kindes als auch die unermeßliche Weite der Welt meine Seele. Ich weiß, daß mein Leben ohne das Kind keinen Sinn hat, aber ich weiß auch, daß ich dem Auftrag des Kindes an mich nicht treu bin, wenn ich mich nicht immer tiefer auf die Leiden der Menschheit einlasse.

Die Mönche lächeln und umarmen mich, die Nacht ist mild und still, noch hallen die sanften Glockenklänge zum mitternächtlichen Gloria in meiner Seele wider. Alles ist jetzt still und ruhig. Die Zweige der Bäume draußen sind mit frischem weißem Schnee überzogen, und der Wind hat sich gelegt, damit wir einen Augenblick lang die unglaubliche Schönheit der Nacht des Friedens, der Heiligen Nacht, genießen können.

Was kann ich schon sagen über eine Nacht wie diese hier? Alles ist sehr klein und sehr groß, sehr nah beieinander und sehr weit entfernt, geradezu handgreiflich und doch sehr schwer zu fassen. Ich muß an die Krippe denken, die Anthony unter dem Altar aufgestellt hat. Wahrscheinlich ist es die vielsagendste Krippe, die ich je gesehen habe. Drei kleine holzgeschnitzte Figuren aus Indien: eine arme Frau, ein armer Mann und zwischen ihnen ein kleines Kind. Die Schnitzerei ist schlicht, fast primitiv. Keine Augen, keine Ohren, keine Münder, nur die Konturen der Gesichter. Die Figuren sind kleiner als eine Hand – fast zu klein, als daß man darauf aufmerksam wird. Aber dann fällt ein Lichtstrahl auf die drei Figuren und wirft große Schatten auf die Wände der Kapelle. Das besagt alles. Das Licht, das auf die winzigen Gestalten Mariens, Josefs und des Kindes fällt, projiziert sie als große Schatten der Hoffnung auf die Wände unseres Lebens und unserer Welt. Während wir die vertraute Szene betrachten, erkennen wir schon die ersten Andeutungen der Majestät und Herrlichkeit, die sie ankündigt. Und während ich Zeugnis für das menschlichste aller menschlichen Ereignisse ablege, erkenne ich, wie die Majestät Gottes am Horizont meiner Existenz aufgeht. Während ich von der Hingabe dieser drei Menschen erschüttert bin, ergreift mich auch schon die Ehrfurcht vor der gewaltigen Größe der Liebe Gottes, die in meiner Welt erscheint. Ohne den hellen Lichtstrahl, der in die Dunkelheit hineinleuchtet, kann man kaum etwas erkennen. Ich würde an diesen drei schlichten Menschen einfach vorübergehen und meinen Weg in der Finsternis fortsetzen. Aber durch das Licht wird alles anders.

Während dieser sieben Monate hat mich das Licht nicht nur die drei kleinen Gestalten erkennen lassen, sondern auch ihre unermeßlichen Schatten in weiter Ferne. Dieses Licht macht alle Dinge neu und enthüllt die Größe, die in dem unscheinbaren Geschehen dieser Heiligen Nacht verborgen ist. Ich bete um die Kraft, das Licht in meinem Herzen lebendig zu halten, damit ich sehen und die andern auf die verheißungsvollen Schatten hinweisen kann, die an den Wänden unserer Welt erscheinen.

Das einzige, was ich jetzt an diesem Weihnachtsmorgen, am Ende des Unternehmens, das an Pfingsten begonnen hat, sagen kann, ist: „Gott sei Dank daß ich hier gewesen bin."

Nachwort

Mehr als ein halbes Jahr ist nun vergangen, seit ich die letzte Eintragung in mein Tagebuch in Genesee gemacht habe. Als ich die vielen Seiten nachlas, die ich während jener sieben Monate geschrieben hatte, wurden in mir nicht nur viele schöne Erinnerungen wachgerufen, sondern ich fand mich auch mit dem gegenwärtigen Zustand meines Herzens und meines Geistes konfrontiert. Vielleicht hatte die größte und verborgenste meiner Illusionen darin bestanden, daß ich nach sieben Monaten Trappistenleben ein anderer Mensch sein würde, ganzheitlicher, geistlicher, tugendhafter, mitfühlender, gütiger, froher und verständnisvoller. Irgendwie hatte ich erwartet, daß sich meine Rastlosigkeit in Ruhe, meine Spannungen in einen friedvollen Lebensstil und meine vielen Unklarheiten und Unentschiedenheiten in eine lautere Hingabe an Gott verwandeln würden.

Nichts von diesen Erfolgen, Ergebnissen oder Errungenschaften ist zustande gekommen. Wenn ich mir nach meinen sieben Monaten in der Abtei die Frage stellen würde: „Hat es geklappt, bin ich meine Probleme losgeworden?", hieße die schlichte Antwort: „Es hat nicht geklappt, meine Probleme sind dadurch nicht gelöst worden." Und ich weiß, daß es auch in einem Jahr, zwei Jahren oder selbst einem ganzen Leben als Trappistenmönch nicht „geklappt" hätte. Denn Klöster baut man nicht, um darin Probleme zu lösen, sondern um Gott aus all seinen Problemen heraus zu loben. Ich hatte das schon die ganze Zeit gewußt, aber ich mußte dennoch zu meinem alten geschäftigen Leben zurückkehren und wieder mit meinem alten rastlosen Ich konfrontiert werden, um das wirklich zu glauben. Meine Freunde und Bekannten, die mich bei meiner Rückkehr willkommen hießen, erwarteten einen anderen, einen besseren Menschen. Und ich hatte sie nicht enttäuschen wollen. Aber ich hätte es besser wissen müssen. Hätte ich das Kloster benutzen wollen, um es „mit Erfolg" zur Heiligkeit zu bringen, so hätte ich dadurch jenem Besessenen geglichen, von dem Jesus sagt: „Wenn der unreine Geist vom Menschen ausgefahren ist, schweift er durch öde Gegenden, sucht Ruhe und findet sie nicht. Dann sagt er zu sich: Ich will in mein Haus zurückkehren, von wo ich ausgegangen bin. Und bei seiner Rückkehr findet er es leer, gefegt und geschmückt. Dann geht er hin und nimmt sieben andere Geister mit sich, die ärger sind als er, und sie ziehen dort ein und wohnen darin. Und die letzten Dinge dieses Menschen werden schlimmer als die ersten sein" (Mt 12, 43–45). Diese Worte Jesu kamen mir oft in den Sinn, als alte und neue Dämonen in meiner Seele einzogen. Mir wurde rasch die Illusion genommen, sieben Monate als Trappistenmönch hätten mein Herz auch nur genügend gereinigt, um für das kommende Jahr geläutert zu sein. Es bedurfte nur weniger Wochen nach meiner Rückkehr, bis ich feststellen konnte, daß bereits wieder einige lästige Besucher eingezogen waren. Ohne zu übertreiben, kann ich behaupten, daß ich einige meiner demütigendsten Erfahrungen nach meiner Rückkehr gemacht habe. Aber sie waren notwendig, um mich wieder einmal davon zu überzeugen, daß ich mich nicht als mein eigener Exorzist betätigen kann, und auch um mich daran zu erinnern, daß es nicht das Ergebnis meiner eigenen geistlichen Klimmzüge ist, wenn in meinem Leben irgend etwas Wichtiges geschieht, sondern daß dies einzig und allein eine Wirkung der unverdienten Gnade Gottes ist. Gott selbst ist sicher der letzte, der sich von sieben Monaten Mönchsleben beeindrucken ließe, und er hat nicht lange gezögert, um mich das wissen zu lassen.

Warum bin ich überhaupt ins Kloster gegangen? Weil ich ein inneres „Müssen" verspürte, auf das ich eine positive Antwort erhalten habe. Warum bin ich dort so lange geblieben? Weil ich wußte, daß ich am rechten Platz war, und weil mir niemand etwas anderes aufgetragen hat. Warum bin ich dort gewesen? Noch weiß ich es nicht ganz genau. Wahrscheinlich werde ich das vor Ablauf meines ganzen Lebens niemals genau wissen. Dennoch kann ich sagen, daß ich eine überaus kostbare Erinnerung daran bewahrt habe, die sich in allem, was ich tue oder zu tun gedenke, ständig weiter entfaltet. Es ist für mich unmöglich, künftig zu leben, ohne mich an den Schimmer der Güte Gottes zu erinnern, der mir in meiner Einsamkeit aufgegangen ist; an den Lichtstrahl, der in meine Dunkelheit gedrungen ist; an die zarte Stimme, die in mein Schweigen hinein gesprochen hat; an die sanfte Brise, die mich in meinen stillsten Stunden angerührt hat. Diese Erinnerung ruft mir jedoch nicht nur reiche Erfahrungen der Vergangenheit ins Gedächtnis. Sie eröffnet mir auch ständig neue Perspektiven für die gegenwärtigen Ereignisse und hilft mir bei Entscheidungen für die kommenden Jahre. Mitten in all meinen Zwängen, Illusionen und Einbildungen, die geblieben sind, wird mir diese Erinnerung immer gegenwärtig sein, um falsche Träume zu verscheuchen und mir Hinweise für den richtigen Weg zu geben. Als Petrus, Jakobus und Johannes den Herrn in seiner Herrlichkeit auf dem Berge Tabor sahen, waren sie vor Müdigkeit ganz benommen. Aber die Erinnerung an dieses Geschehen erwies sich inmitten ihrer späteren Bedrängnisse als Quelle der Hoffnung. Vielleicht ist in meinem Leben nur eine einzige Tabor-Erfahrung möglich. Aber die neue Kraft, die ich aus dieser Erfahrung gewonnen habe, könnte genügen, um mich in der Niederung, im Garten von Gethsemani und in der langen dunklen Nacht meines Lebens aufrechtzuerhalten. Die sieben Monate in der Abtei Genesee könnten tatsächlich genügen, um mich ständig daran zu erinnern, daß ich jetzt nur ,,undeutlich wie im Spiegel" erkenne, aber eines Tages ,,von Angesicht zu Angesicht" schauen werde (1 Kor 13,12).

Anmerkungen

(Die Anmerkungen wurden für die deutsche Ausgabe etwas erweitert.)

[1] Eine kleine Mönchsgruppe, die auf einer Art Bauernhof ein „vereinfachtes" Mönchsleben versucht, d. h. ohne die herkömmlichen großen Klostergebäulichkeiten und in einem unkomplizierteren Lebensstil.

[2] Robert M. Pirsig, Zen and the Art of Motorcycle Maintenance, Wm. Morrow, New York 1974, 211f (hier zitiert nach der deutschen Ausgabe: Zen und die Kunst, ein Motorrad zu warten. Ein Versuch über Werte. Aus dem Amerikanischen von Rudolf Hermstein, S. Fischer, Frankfurt [Main] 1976, 223).

[3] Ebd. 286 (hier zitiert nach der deutschen Ausgabe, 302).

[4] Die „Vigilien" sind das gemeinsame nächtliche Gebet ab 2.30 Uhr, das in der Hauptsache aus Psalmen und Lesungen besteht.

[5] Johannes Klimakus (ca. 579–649), Mönch auf dem Sinai, später Eremit.

[6] Evagrius Ponticus (345–399), Schüler von Basilius und Gregor von Nazianz, dann Mönch in Ägypten; wichtiger Theoretiker des frühen Wüstenmönchtums. Sein starker Einfluß auf die geistlichen Schriftsteller in Ost und West bis ins Mittelalter ist erst in jüngster Zeit entdeckt worden.

[7] Wer sich im Kloster mit der Absicht meldet, evtl. einzutreten, wird zunächst eingeladen, einige Wochen ganz in der Gemeinschaft mitzuleben. Solche Gäste nennt man in Amerika „observer – Beobachter". In unserem deutschen Trappistenkloster nennen wir sie scherzhaft „Sehmänner" – weil sie kommen, um sich das Mönchsleben erst einmal anzu„sehen", und weil auch wir sie erst einmal „sehen" wollen, ehe über ihre Aufnahme entschieden wird.

[8] Larry Collins and Dominique Lapierre, Or I'll Dress You in Mourning, Simon and Schuster, New York 1968, 104 (hier zitiert nach der deutschen Ausgabe: Oder du wirst Trauer tragen. Das phantastische Leben des El Cordobés. Aus dem Französischen von W. Teuschl, Molden, Wien 1974; Molden-Taschenbuch 5, Wien und München 1976, 110).

[9] H. D. Thoreau (1817–1862), Dichter und Schriftsteller in den USA, lehnte die aufkommende technische Zivilisation ab, zog sich in die Einsamkeit zurück und pries das einfache, natürliche Leben. Eine Auswahl aus seinem bekanntesten Werk, „Walden oder Leben in den Wäldern" erscheint im Sommer 1978 im Verlag Herder, Freiburg.

[10] Henry D. Thoreau, Walden, and Other Writings, The Modern Library, Random House, New York 1950, 290.

[11] New York Review of Books vom 30. 5. 1974, 42.

[12] Ebd.

[13] Ebd. 38.
[14] Die Psalmen-Zitate dieses Buches folgen der „Einheitsübersetzung der Heiligen Schrift", Katholische Bibelanstalt, Stuttgart 1974.
[15] Dositheus, ein Mönch im 6. Jahrhundert in Palästina, Schüler des Dorotheus von Gaza.
[16] Dorothée de Gaza, Œuvres Spirituelles, in: Sources Chrétiennes 92, Éditions du Cerf, Paris 1963, 145.
[17] Ebd. 259.
[19] Georges Gorrée, Charles de Foucauld, Éditions du Chalet, Lyon 1957, Einleitung.
[19] Dorothée de Gaza, a.a.O., 307.
[20] Ebd. 319.
[21] Marion Mill Preminger, The Sands of Tamanrasset, Hawthorn, New York 1961, 95f.
[22] Dorothée de Gaza, a.a.O. 527.
[23] Ebd. 307.
[24] Diadoque de Photicé (ein orientalischer Bischof des 5. Jahrhunderts), Œuvres Spirituelles, in: Sources Chrétiennes 5bis, Éditions du Cerf, Paris 1955, 97f.
[25] Bernhard von Clairvaux, De conversione ad clericos c. V, in: PL 182, 839 A.
[26] Ebd. c. VII, in: PL 182, 841 C.
[27] Thomas Merton, The Last of the Fathers, Harcourt, Brace, New York 1954, 52.
[28] Wilhelm von St-Thierry († 1148), Benediktinerabt und Freund Bernhards von Clairvaux; trat zu den Zisterziensern über und wurde neben Bernhard einer der geistlich tiefsten und fruchtbarsten Autoren der Frühzeit des Ordens.
[29] Bernhard von Clairvaux, Brief 85, in: PL 182, 209 C.
[30] Louis Bouyer, La spiritualité de Cîteaux, Le Portulan, Paris 1954, 98.
[31] U. S. News and World Report vom 29.7.1974, 41.
[32] Robert Jay Lifton and Eric Olson, Living and Dying, Praeger, New York and Washington 1974, 116.
[33] Thomas Merton, Disputed Questions, Farrar, Straus & Cudahy, New York 1960, 3–67.
[34] Boris Pasternak, Doktor Schiwago. Aus dem Russischen von Reinhold Walter, S. Fischer, Frankfurt (Main) 1958, 396.
[35] Murray Hoyt, The World of Bees, Coward McCann, New York 1965, 25f.
[36] Thomas Merton, Conjectures of a Guilty Bystander, Doubleday, New York 1966, 140ff.
[37] Baal-Schem-Tow („Herr des Guten Namens"), Beiname des Israel ben Eliezer († 1759 oder 1760), Stifters der Chassidim, einer mystischen Bewegung des Judentums in Osteuropa.

[38] Abraham Joshua Heschel, A Passion for Truth, Farrar, Straus & Giroux, New York 1973, XIV f.
[39] Theophan der Rekluse (ein russisch-orthodoxer Bischof 1815–1894) in: Igoumen Chariton, The Art of Prayer, hrsg. v. T. Ware, Faber and Faber, London 1966, 125.
[40] Ebd. 131.
[41] Heschel, a. a. O. 87.
[42] Die Benediktus-Regel lateinisch-deutsch, hrsg. v. P. Basilius Steidle OSB, Beuroner Kunstverlag, Beuron 1973, Kap. 6 v. 3–6 (S. 79).
[43] Elie Wiesel, Souls on Fire, Portraits and Legends of Hasidic Masters, Random House, New York 1972, 235.
[44] Ebd. 240.
[45] Heschel, a. a. O. 131.
[46] Ebd. 265.
[47] Ebd. 269.
[48] Ebd. 271.
[49] Ebd. 303.
[50] Ebd. 298.
[51] Ebd. 201.
[52] Gilbert Keith Chesterton, Der heilige Franziskus von Assisi. Deutsch von J. L. Benvenisti, Herder, Freiburg 1959 (Herderbücherei 47), 92.
[53] Ebd. 67.
[54] Ebd. 87 f.
[55] Die deutsche Ausgabe trägt den Titel: „Du bist mir nahe. Gespräche – Briefe von Bruder Lorenz, Karmelit", Schriftenreihe zur Spiritualität des Karmel Nr. 2, Kaffke-Verlag, Frankfurt 1977, 35.
[56] Ebd. 31.
[57] Evelyn Underhill, The Mystics of the Church, Schocken Books, New York 1964, 43.
[58] Ebd. 44.
[59] Hesychasmus, von griech. „hesychia", „Ruhe", „Stille", eine Tradition ostkirchlicher Mystik, die vor allem von den Mönchen des Berges Athos gepflegt wird. Am anschaulichsten wird die darin entwickelte Gebetsmethode des „Jesusgebets" beschrieben in den „Aufrichtigen Erzählungen eines russischen Pilgers", Herder, Freiburg [6]1976.
[60] Bernhard von Clairvaux, In Cantica XV, 6, in: PL 183, 847 C.
[61] Eine deutsche Übertragung vermag kaum die Poesie dieser lateinischen Verse wiederzugeben, geschweige ihren Gehalt zugänglich zu machen:
Jesu dulcis memoria,
Dans vera cordi gaudia;
Sed super mel et omnia
Ejus dulcis praesentia (PL 184, 1317).
Die ganze Sequenz besteht aus 48 solchen vierzeiligen Strophen.

[62] Heinrich Suso, Büchlein der Ewigen Weisheit, übertr. v. Oda Schneider, Verlag Fr. Gegenbauers Erben, Wil (Schweiz) 1966, 59 f.

[63] Das sind: Frederic Joseph Kelly SJ, Man Before God: Thomas Merton on Social Responsibility, Doubleday, New York 1974; Dennis Q. McInerny, Thomas Merton: The Man and His Work, Cistercian Studies No. 27, Consortium, Washington 1974; Br. Patrick Hart OCSO (Hrsg.), Thomas Merton – Monk: A Monastic Tribute, Sheed, New York 1974.

[64] Vorkämpfer der Pazifisten und Wehrdienstverweigerer in den USA und vor allem Gegner des Vietnamkriegs.

[65] Die Benediktus-Regel, a. a. O. (Anm. 42), Prolog v. 3 (S. 55).

[66] Der Thanksgiving Day („Danksagungstag"), jeweils am 4. Donnerstag im November, ist ein US-amerikanischer Nationalfeiertag, 1621 erstmals von den Pilgervätern in Plymouth, Massachusetts, als religiöses Erntedankfest begangen, wurde er 1863 von Präsident Lincoln als Dankestag an Gott für die Bewahrung des Landes in der schweren Bürgerkriegszeit zum Nationalfeiertag erklärt. Von daher stammt sein eigentümliches Gepräge als religiös-nationaler Feiertag.

[67] Shunryu Suzuki, Zen Mind, Beginner's Mind, hrsg. v. Trudy Dixon, Weatherill, New York and Tokyo 1970, 18.

[68] Ebd. 22.

[69] Ebd. 25.

[70] Guerric von Igny († 1157), ein Schüler des heiligen Bernhard und Abt von Igny; neben Bernhard einer der wichtigsten geistlichen Autoren des „Goldenen Zeitalters" der Zisterzienser.

[71] Aus einem Interview mit William Sloane Coffin, Yale Alumni Magazine, Dezember 1974, 17.

Nachts bricht der Tag an
Tagebuch eines geistlichen
Lebens
3. Auflage, 272 Seiten,
Paperback.
ISBN 3-451-21443-1

„In diesen Tagebuchaufzeichnungen wird der Leser Zeuge eines geistlichen Ringens um den Weg mit Gott. In den Beobachtungen, Begegnungen, Erlebnissen, Reflexionen von Tag zu Tag geht es darum, Gott in allen Dingen zu finden. So kann der Leser Einsicht und Mut für seinen eigenen Weg schöpfen." *Kath. Sonntagsblatt, Würzburg*

„Nouwens psychologischer Scharfblick, geistliche Sensibilität und sein großes Erzähltalent machen diese Tagebuchaufzeichnungen zu einem eindrucksvollen Leseerlebnis." *Erbe und Auftrag, Beuron*

Verlag Herder Freiburg · Basel · Wien

*Weitere Bücher von Henri J. M. Nouwen
im Verlag Herder*

Du bist der geliebte Mensch
Religiöses Leben in einer säkularen Welt
128 Seiten, gebunden.
ISBN 3-451-22964-1

Jesus, Sinn meines Lebens
Briefe an Marc
2. Auflage, 120 Seiten, Paperback.
ISBN 3-451-21329-X

Nimm sein Bild in dein Herz
Geistliche Deutung eines Gemäldes von Rembrandt
174 Seiten, gebunden.
ISBN 3-451-22404-6

Schöpferische Seelsorge
Vorwort von Rolf Zerfaß
2. Auflage, 176 Seiten, gebunden.
ISBN 3-451-21544-6

Seelsorge, die aus dem Herzen kommt
Christliche Menschenführung in der Zukunft
4. Auflage, 80 Seiten, Paperback.
ISBN 3-451-21442-3

Sterben, um zu leben
Abschied von meiner Mutter
4. Auflage, 128 Seiten, Paperback.
ISBN 3-451-19857-6

Zeige mir den Weg
Texte für alle Tage von Aschermittwoch bis Ostern
Herausgegeben von Franz Johna
2. Auflage, 144 Seiten, gebunden.
ISBN 3-451-21839-9